Afetividade e Práticas Pedagógicas

Sérgio Antônio da Silva Leite (Org.)

Afetividade e Práticas Pedagógicas

Casa do Psicólogo®

© 2006, 2011 Casapsi Livraria e Editora Ltda.
É proibida a reprodução total ou parcial desta publicação, para qualquer finalidade,
sem autorização por escrito dos editores.

1ª Edição
2006

2ª Edição
2008

1ª Reimpressão
2011

Editores
Ingo Bernd Güntert e Myriam Chinalli

Editora Assistente
Christiane Gradvohl Colas

Produção Gráfica & Capa
Renata Vieira Nunes

Imagem da Capa
Sala de aula, foto Agência Estado®

Editoração Eletrônica
Renata Vieira Nunes

Revisão
Christiane Gradvohl Colas

Dados Internacionais de Catalogação na Publicação (CIP)
(Câmara Brasileira do Livro, SP, Brasil)

Afetividade e práticas pedagógicas / Sérgio Antônio da Silva
Leite, (org.). — São Paulo : Casa do Psicólogo®, 2011.
1ª reimpr. da 2. ed. de 2008.

Bibliografia.
ISBN 978-85-7396-449-3

1. Afeto (Psicologia) 2. Pedagogia 3. Prática de ensino
4. Psicologia educacional I. Leite, Sérgio Antonio da Silva.

11-01495   CDD-370.153

Índices para catálogo sistemático:
1. Afetividade e práticas pedagógicas : Psicologia educacional 370.153

Impresso no Brasil
Printed in Brazil

*As opiniões expressas neste livro, bem como seu conteúdo, são de responsabilidade de
seus autores, não necessariamente correspondendo ao ponto de vista da editora.*

Reservados todos os direitos de publicação em língua portuguesa à

Casapsi Livraria e Editora Ltda.
Rua Santo Antônio, 1010
Jardim México • CEP 13253-400
Itatiba/SP – Brasil
Tel. Fax: (11) 4524-6997
www.casadopsicologo.com.br

Sumário

Apresentação *7*
SÉRGIO ANTÔNIO DA SILVA LEITE

Prefácio *11*
ANA LUIZA BUSTAMANTE SMOLKA

PARTE I
AFETIVIDADE E PRÁTICAS PEDAGÓGICAS

Afetividade e práticas pedagógicas *15*
SÉRGIO ANTÔNIO DA SILVA LEITE

Dimensões afetivas na relação professor-aluno *47*
ELVIRA CRISTINA MARTINS TASSONI

Afetividade e condições de ensino: histórias de professores inesquecíveis *75*
DANIELA CAVANI FALCIN

Meu professor inesquecível: a construção de uma memória coletiva *97*
ARIANE ROBERTA TAGLIAFERRO

6 Afetividade e Práticas Pedagógicas

As dimensões afetivas no processo de avaliação *113*
SAMANTHA KAGER

Mediação e afetividade: histórias de mudanças na relação sujeito – objeto *147*
FLÁVIA REGINA DE BARROS

As dimensões afetivas nas atividades de ensino em classes de alfabetização *175*
FABIANA AURORA COLOMBO

PARTE II
AFETIVIDADE NA CONSTITUIÇÃO DO LEITOR

Constituição do sujeito-leitor: análise de alguns aspectos relevantes *195*
ELLEN CRISTINA BAPTISTELLA GROTTA

O papel da família na constituição do leitor *223*
JULIANA SIMÕES ZINK DE SOUZA

Significação das práticas de leitura escolar sob a ótica do aluno leitor *253*
LÍLIAN MONTIBELLER SILVA

PARTE III
AFETIVIDADE E CONSTITUIÇÃO DO PROFESSOR

Análise de um memorial de formação: a afetividade no processo de constituição de uma professora *281*
MARIA CRISTINA ROSOLEN MORETTO PELLISSON

Apresentação

Desde a minha graduação, e durante os 35 anos de carreira acadêmica que se seguiram, venho atuando na área de interseção entre a Psicologia e a Educação, que vários autores caracterizam como Psicologia Educacional. Durante esse período, tenho me dedicado a questões concernentes à relação ensino-aprendizagem, em especial a alfabetização escolar e, mais recentemente, o letramento, porém, até recentemente, com o olhar direcionado somente para as dimensões cognitivas desses processos. Foi a partir da década de 1990 que a questão da relação afetividade-ensino foi se configurando como objeto de estudo, ganhando espaço e importância crescentes nas minhas atividades acadêmicas. É possível que esse "atraso" se deva às mesmas razões que também explicam por que a Psicologia demorou para reconhecer o papel da emoção e da afetividade no processo de aprendizagem: durante os últimos séculos observamos, no pensamento ocidental, uma quase hegemônica concepção de homem em que predomina a razão sobre a emoção.

No meu caso específico, essa aproximação se deu, no final daquela década, por meio das primeiras pesquisas que desenvolvi e orientei sobre a questão da constituição do sujeito leitor: desde o início, os dados que coletávamos foram indicando claramente que os processos vivenciados pelos nossos sujeitos eram profundamente marcados pela dimensão afetiva, nas respectivas histórias de mediações vivenciadas, o que exigiu um aprofundamento teórico e uma reordenação das pesquisas, em termos de objetivos e de metodologia.

No período que se seguiu, até 2003, orientei várias pesquisas que analisaram as dimensões afetivas nas relações "face a face" entre professor e alunos, cujos dados possibilitaram inferir, com segurança, sobre a importância das posturas corporais, gestos e conteúdos verbais, característicos do processo de mediação que o professor exerce na relação que se estabelece entre o sujeito (aluno) e o objeto de conhecimento (conteúdos escolares), em sala de aula. Tais estudos foram desenvolvidos, inicialmente, com crianças de pré-escola e, posteriormente, com alunos do ensino fundamental.

No entanto, também foi ficando evidente que as dimensões afetivas não se restringiam às situações de aproximação ou de contato epidérmico entre aluno e professor; envolviam todo o processo de planejamento e desenvolvimento das práticas pedagógicas, mesmo nas situações em que o professor não se encontra fisicamente presente no ambiente.

Assim, a partir de 2004, procurei direcionar pesquisas visando identificar o papel das dimensões afetivas no planejamento e desenvolvimento das práticas pedagógicas desenvolvidas pelo professor, envolvendo objetivos de ensino, organização dos conteúdos, respeito ao repertório de entrada dos alunos, atividades de ensino desenvolvidas em sala de aula, além das práticas de avaliação. Foi um ano em que realizamos – eu e meus orientandos – trabalhos sobre "Meu professor inesquecível".

Simultaneamente, durante esse período, vários aspectos e condições foram se constituindo que ajudam a entender todo esse processo vivenciado, inclusive a elaboração deste livro. Primeiramente, consegui aglutinar, em curto espaço de tempo, um grupo de jovens pesquisadoras em torno do tema – doutorandas, mestrandas e alunas de iniciação científica – que aceitaram o desafio de desenvolver estudos que permitissem demonstrar a nossa "tese", delineada a partir das bases teóricas assumidas e centradas na abordagem histórico-cultural: a relação que se estabelece entre o sujeito (aluno) e o objeto de conhecimento (conteúdos escolares) é, também, de natureza afetiva e depende, em grande parte, da história e da qualidade da mediação desenvolvida pelos agentes culturais, entre os quais se destaca o professor.

Nesse sentido, um segundo aspecto a ser citado nessa curta mas rica história vivida pelo nosso grupo – carinhosamente denominado de *grupo do afeto* – foi o aprofundamento das bases teóricas: a partir de autores clássicos da abordagem histórico-cultural, buscamos um maior densamento teórico, principalmente a partir dos trabalhos de Vigotski e Wallon. Assim, o período 2004-2005 foi marcado por nossos esperados encontros quinzenais, sempre nos finais de tarde, para acomodar todas as necessidades, onde se discutiam capítulos das obras desses autores, além de outras contribuições.

No segundo semestre de 2004, o grupo já contava com 10 participantes – nove orientandas e uma ex-orientanda – todas envolvidas com pesquisa e muito motivadas com o tema. Surgiu, então, a idéia de construirmos este livro, com base nas pesquisas desenvolvidas, direcionado, basicamente, aos educadores que atuam na escola; em especial, aos professores. Seguindo um procedimento semelhante ao utilizado em 2000, quando, com um outro grupo de orientandos, compusemos o livro *Alfabetização e Letramento – contribuições para as práticas pedagógicas"*, coloquei para os atuais orientandos a seguinte questão: a partir da pesquisa que realiza, ou realizou, o que você tem a dizer para os educadores que atuam na escola? A partir daí, iniciamos um período, durante 2005, em que também discutíamos, em nossas reuniões quinzenais, as propostas de construção de cada um dos capítulos aqui apresentados.

Como organizador da obra e orientador dessas jovens pesquisadoras, discuti, posteriormente, todos os textos produzidos com cada uma das autoras, até chegar à forma final. Sinto-me, portanto, profundamente comprometido com cada texto aqui apresentado.

No conjunto final, foram elaborados 11 capítulos, organizados em três partes: na Parte I, concentram-se sete textos relacionados diretamente com a temática da relação entre afetividade e a mediação pedagógica do professor. Na Parte II, estão reunidos três textos relacionados com a relação afetividade-constituição do leitor. E, na

Parte III, é apresentado um texto sobre afetividade e constituição do professor que, por ser considerado muito relevante pelo grupo, foi incluído.

Obviamente, são textos passíveis de um olhar crítico, dado que o tema é recente como objeto de pesquisa. Mas, devo testemunhar o empenho, a seriedade e a dedicação com que cada texto foi construído, demonstrando que essas jovens pesquisadoras podem ter um futuro brilhante na carreira acadêmica. Como orientador, não posso deixar de expressar minha alegria e – por que não dizer? – meu orgulho por ter orientado um grupo de jovens tão motivado e motivador. Isso reforça minha posição atual de que a pesquisa, hoje, é uma prática social que deve ser desenvolvida numa perspectiva de construção coletiva.

Apresento, portanto, esta obra – *Afetividade e Práticas Pedagógicas* – a todos os profissionais e estudiosos da área educacional, em especial aos professores que atuam na sala de aula. Representa uma humilde, porém séria, contribuição de um grupo de pesquisadores, profundamente comprometido – e preocupado – com a Educação em nosso país, e que tenta contribuir com o processo de construção de uma escola democrática e de qualidade para todos os cidadãos brasileiros.

SÉRGIO ANTÔNIO DA SILVA LEITE
UNICAMP, dezembro de 2005

Prefácio

O convite para escrever um prefácio a essa coletânea me fez relembrar os inúmeros diálogos dos quais pude participar ao longo dos últimos anos, em diversas situações, sobretudo em bancas de defesa de teses e dissertações, ou como leitora de trabalhos de conclusão de curso de Pedagogia. Lembro-me também do professor Sérgio Leite ao comentar, entusiasmado, sobre o trabalho que vinha realizando na Faculdade de Educação, com um grupo de mais de dez alunos de graduação e pós-graduação, que se reunia semanalmente para estudar e discutir teorias, problemas e pesquisas sobre a afetividade. Vejo que essa coletânea apresenta-se, assim, como o resultado de um intenso trabalho que envolveu um processo de investigação sistemática e um esforço coletivo, por ele coordenados.

O tema central do livro é a afetividade, relacionada às formas de mediação e atuação de professores na instituição escolar. A questão norteadora é a qualidade das interações nas relações de ensino. O argumento de base é a natureza eminentemente afetiva e intersubjetiva dessas relações, que marca e configura as relações dos sujeitos com o (objeto de) conhecimento. O referencial teórico que ancora as pesquisas é a perspectiva histórico-cultural do desenvolvimento humano, e mais particularmente, as contribuições de Wallon e Vigotski.

O projeto de investigação foi se construindo na busca, insistente, de compreensão da prática pedagógica articulada à tentativa de superação da dicotomia, historicamente estabelecida, entre razão e emoção. Foram diversos os focos de estudo delineados pelos pesquisadores no grupo, de maneira a abranger várias dimensões e pontos de vista: crianças em fase de alfabetização; adultos tornando-se leitores; professores em sala de aula; imagens e lembranças que (ex)alunos têm dos professores... E foram vários também os exercícios de análise que, simultâneos às discussões teóricas, contribuíram para a construção de um certo modo de olhar, conceber e interpretar a dimensão afetiva das relações humanas.

Ao problematizarem situações cotidianas em sala de aula e ao privilegiarem nas análises as experiências relatadas de alunos e professores, os textos apresentados levantam instigantes pontos de discussão. Em seu conjunto, os textos trazem uma tônica otimista em relação aos processos de mediação do professor e às características do trabalho pedagógico. Os resultados das pesquisas, em todas as instâncias, ressaltam o entretecimento das relações afetivas nos processos de ensinar e aprender e apontam para o estabelecimento dos vínculos positivos que persistem nas lembranças, nos relatos, nos depoimentos, nas diversas formas de (inter)ação, na ambiência escolar e familiar. Aprender a ler e a escrever, gostar de biologia, constituir-se professor... encontram-se inescapavelmente entrelaçados aos sentidos das experiências vividas nas relações com os outros.

Dentre essas relações, os modos como os professores afetam seus alunos, ou as marcas que os professores deixam, por suas palavras e gestos, adquirem especial relevância. Um dos argumentos centrais é que existem práticas pedagógicas que aparecem como mais eficazes, contribuindo para a aprendizagem dos alunos e favorecendo uma relação afetiva positiva, que repercute, por sua vez, nas formas de relação dos alunos com o conhecimento. O conhecimento que o professor tem do conteúdo a ser ensinado e o modo como ele se relaciona com esse conteúdo fazem diferença na relação de ensino; como fazem diferença os modos de planejar, interagir, as formas de avaliar. Permeando todas essas ações, intenções e relações, a dimensão afetiva é condição fundamental. Afeto e cognição estão intrinsecamente imbricados.

Transparece na leitura dos textos o esforço conjunto na procura do adensamento das questões teóricas e nos modos de tratamento do material empírico. O caráter coletivo da produção do grupo vai ganhando consistência na constante remissão e referência aos trabalhos uns dos outros, evidência do trabalho colaborativo e do contínuo diálogo entre os pesquisadores.

A coletânea traz uma ampla gama de informações, análises e reflexões, que certamente provocam e se desdobram em novas indagações. Ao apontarem para as possibilidades que se abrem nas análises das interações, nas formas de mediação, nas condições e nos modos de participação do outro na elaboração do conhecimento, os textos sem dúvida se apresentam como um fecundo lugar de inspiração para professores e pesquisadores.

ANA LUIZA BUSTAMANTE SMOLKA
Faculdade de Educação – UNICAMP

PARTE 1
AFETIVIDADE E PRÁTICAS PEDAGÓGICAS

Afetividade e práticas pedagógicas

SÉRGIO ANTÔNIO DA SILVA LEITE[1]

Às vezes, mal se imagina o que pode passar a
representar, na vida de um aluno, um simples gesto
do professor.

Paulo Freire

Introdução: apresentando a questão

A questão da afetividade nas práticas pedagógicas, desenvolvidas em sala de aula pelos professores, vem sendo crescentemente discutida em nosso meio. Na realidade, o tema está presente há vários anos em nossa agenda de discussões, mas só recentemente tem se constituído como um objeto específico de estudo e de pesquisa. Em nossa história, tal envolvimento iniciou-se, ainda nos anos 90, quando começamos a discutir e a pesquisar sobre a questão da constituição de leitores. Baseados na abordagem histórico-cultural, nosso objetivo inicial era analisar as características do processo de mediação

---

1. Psicólogo. Doutor em Psicologia. Professor na Faculdade de Educação da Unicamp. Membro do Grupo de Pesquisa ALLE –Alfabetização Leitura Escrita.

vivenciado pelos sujeitos, de forma a identificar e compreender as condições que possibilitaram aos mesmos constituírem-se como leitores Dentre os trabalhos pioneiros envolvendo o tema, destacamos a pesquisa de mestrado de Grotta (2000)[2], analisando, através das metodologias da história oral e entrevistas recorrentes, o processo de constituição de leitor em quatro sujeitos adultos. Seus dados demonstram, claramente, que a relação desses sujeitos com a escrita, por meio da leitura, ocorreu desde o ambiente familiar, através de mediadores (pai, mãe, avós, tios, professores, etc.) que já tinham uma presença marcadamente afetiva em suas vidas. Ou seja, os dados sugerem claramente que a história da relação desses sujeitos com a leitura se deu num ambiente marcado por mediações essencialmente afetivas, além, obviamente, das dimensões cognitivas presentes no processo.

Posteriormente, nosso interesse, gradualmente, foi se ampliando, passando a enfocar as dimensões afetivas identificadas nas práticas pedagógicas, desenvolvidas pelos professores em sala de aula, procurando entender como se constituem as relações que se estabelecem entre o sujeito (alunos) e os diversos objetos de conhecimento (conteúdos educacionais).

É possível entender, pela análise histórica, os motivos pelos quais a dimensão afetiva não tem sido considerada central nos processos de constituição humana, embora nunca tenha sido negada. Recebemos, como herança, uma concepção secular segundo a qual o homem é um ser cindido entre razão e emoção – a chamada concepção dualista do ser humano, cujas raízes estão na tradicional separação cartesiana entre corpo e alma. Mas no caso presente, além do dualismo razão/emoção, durante séculos o pensamento dominante sempre caracterizou a razão como a dimensão mais importante, sendo a emoção, em vários momentos históricos, considerada o elemento desagregador da racionalidade, responsável pelas reações inadequadas

---

2. Pesquisa orientada pelo autor. A autora apresenta um capítulo sobre o tema nesta obra.

do ser humano. É possível reconhecer que, até o século XX, predominou a interpretação de que a razão deve dominar e controlar a emoção, o que seria possível pelo processo de desenvolvimento, no qual os mecanismos institucionais educacionais, com destaque para a família e a escola, teriam um papel fundamental.

Nesse sentido, compreende-se que essas representações tiveram papel crucial nas instituições escolares, em especial nos currículos e programas educacionais, contribuindo para considerar apenas as dimensões racionais/cognitivas no trabalho pedagógico. Pedagogia, com base em concepções racionalistas e dualistas, tem caracterizado a aprendizagem como produto exclusivo da inteligência formal, sendo desconsiderada a influência dos aspectos afetivos. Como exemplo, podem-se citar os objetivos de ensino das disciplinas curriculares de nossas escolas: no caso da alfabetização, o grande desafio tem sido ensinar as habilidades de leitura e escrita, sendo muito rara a preocupação de levar o aluno a gostar de ler e se envolver com as práticas sociais de leitura e escrita, o que implicaria o trabalho pedagógico direcionado para as dimensões afetivas do processo.

O domínio histórico da razão sempre foi objeto de contestações esporádicas, mas, com o surgimento de novas concepções teóricas centradas nos determinantes culturais, históricos e sociais da condição humana, em especial durante o século XX, criaram-se as condições para uma nova compreensão sobre o papel das dimensões afetivas no desenvolvimento humano, bem como das relações entre razão e emoção. A partir da ampliação dos conhecimentos sobre a emoção e seus complexos processos de constituição, o conceito de homem centrado apenas na sua dimensão racional, típico da visão cartesiana, vem sendo revisto, em direção a uma concepção monista de constituição do ser humano, em que afetividade e cognição passam a ser interpretadas como dimensões indissociáveis do mesmo processo, não sendo mais aceitável analisá-las isoladamente. Aliás, é possível identificar, atualmente, alguns autores, como Damásio (2001), que situam a emoção como base do processo de desenvolvimento humano: a máxima cartesiana "penso, logo existo", é revista pelo autor, que propõe o "existo e sinto, logo penso", numa clara inversão do domínio secular da razão sobre a emoção. Nesse mesmo sentido, como veremos, os autores da abordagem histórico-cultural entendem que as primeiras reações do recém-nascido são de natureza emocional; assim, tal dimensão estaria na base de todo o processo de desenvolvimento humano.

Podemos também dizer que discutir a questão das dimensões afetivas na constituição humana significa discutir a questão da relação sujeito-objeto. Tal relação é central no processo de produção de conhecimento e da própria constituição do indivíduo. Tradicionalmente, a aprendizagem escolar era interpretada como um processo de transmissão de conhecimento, no qual quem sabe ensina quem não sabe. Nessa condição, o aluno era visto como um sujeito passivo e ao professor cabia o controle das condições de ensino: é o tipo de ensino que Paulo Freire denunciava como "bancário". Atualmente, as concepções dominantes são bem diferentes: entende-se que a aprendizagem ocorre a partir da relação entre o sujeito e os diversos objetos de conhecimento, sendo, no entanto, tal relação sempre mediada por algum agente cultural. O aluno passa a ser considerado como sujeito ativo no processo e, na escola, o professor visto como o principal mediador, mas não único, entre sujeito e objeto.

No entanto, mesmo nesse novo paradigma, o processo de ensino/aprendizagem, centrado na relação sujeito-objeto-mediador, era entendido, até recentemente, como envolvendo apenas a dimensão cognitiva, provavelmente como vestígio de concepções dualistas sobre o processo de constituição e desenvolvimento humano. O que se defende neste trabalho, e se caracteriza como eixo central de toda esta obra, é que a relação sujeito-objeto-mediação é profundamente marcada pelas dimensões afetivas, o que nos permite apresentar a "tese" aqui exposta: a qualidade da relação que se estabelece entre sujeito e objeto é também de natureza afetiva e depende da qualidade da história de mediações vivenciadas pelo sujeito em relação ao objeto, no seu ambiente cultural, durante sua história de vida. Praticamente, todos os capítulos deste livro foram baseados em pesquisas realizadas a partir desse pressuposto.

Obviamente, tais idéias têm implicações imediatas para os pais e professores, na medida em que estes se constituem, em nossa sociedade, como os principais mediadores entre as crianças/jovens e os diversos objetos culturais. As relações que eles estabelecem com seus filhos e alunos são marcadamente afetivas e determinarão, em grande parte, a qualidade da relação futura que se estabelecerá entre o jovem e os diversos objetos culturais.

Alguns fundamentos teóricos

Na abordagem histórico-cultural, vários autores têm sido importantes para a construção de uma base teórica que fundamente adequadamente nosso trabalho. Pino (mimeo), analisando as experiências afetivas, defende que tais fenômenos referem-se a experiências subjetivas, que revelam como cada indivíduo é afetado por acontecimentos da vida, ou seja, pelos significados e sentidos que têm para o sujeito. Afirma que tais experiências repercutem na subjetividade dos indivíduos e depende do "outro", o que torna a afetividade dependente da ação cultural. Para o autor, *"são as relações sociais, com efeito, as que marcam a vida humana, conferindo ao conjunto da realidade que forma seu contexto (coisas, lugares, situações,etc.) um sentido afetivo"* (p. 130-131)

Na mesma abordagem teórica, Wallon (1968, 1971, 1978) e Vygotsky (1993, 1998) são dois autores que desenvolveram teorias de desenvolvimento que têm sido muito importantes para reconceituar o papel da afetividade no processo do desenvolvimento humano e, por conseqüência, no processo educacional.

Wallon apresenta uma teoria psicológica sobre o desenvolvimento humano centrado na idéia da existência de quatro grandes núcleos funcionais determinantes desse processo: a afetividade, o conhecimento, o ato motor e a pessoa – sendo todo o desenvolvimento analisado e explicado pela contínua interação dessas dimensões. Para ele, o desenvolvimento é um processo de construção em que se sucedem fases com predominância alternadamente afetiva e cognitiva.

Segundo Galvão (1999), são cinco as etapas propostas pelo autor: a) *estágio impulsivo emocional*, marcado pelo domínio afetivo, no primeiro ano de vida; b) *estágio sensório-motor e projetivo*, até o terceiro ano, marcado pelo desenvolvimento da função simbólica e da linguagem, com predomínio das relações cognitivas com o meio; c) *estágio do personalismo*, dos três aos seis anos, caracterizado pelo processo de formação da personalidade, com predomínio das dimensões afetivas; d) *estágio categorial*, a partir dos seis anos, com importantes avanços no plano da inteligência e conseqüente predomínio cognitivo; e) *estágio da adolescência*, com a crise da puberdade, com nova definição dos contornos da personalidade e domínio afetivo.

Segundo a autora, Wallon chama de *predominância funcional* a alternância de predomínio das dimensões cognitiva/intelectual (elaboração do real e conhecimento do mundo físico) e da afetiva (etapa da construção do eu). Da mesma forma, em cada fase inverte-se a orientação da atividade de interesse da criança – é o princípio da *alternância funcional*. No entanto, *"afetividade e cognição não se mantêm como funções exteriores uma à outra"* (id. p. 45)

Para o autor, a emoção é o primeiro e mais forte vínculo que se estabelece entre o bebê e as pessoas do ambiente, constituindo as primeiras manifestações de estados subjetivos com componentes orgânicos. Para Wallon (1971), *"a emoção corresponde a um estádio da evolução psíquica situado entre o automatismo e a ação objetiva, entre a atividade motriz, reflexa, de natureza fisiológica e o conhecimento"* (p. 91). Assim, a emoção é a manifestação de um estado subjetivo com componentes basicamente orgânicos; portanto, de caráter mais efêmero. Ainda segundo o autor, as emoções apresentam três propriedades pelas quais agem e alteram o mundo social: a) a *contagiosidade* – capacidade de contaminar o outro; b) a *plasticidade* – capacidade de refletir no corpo os seus sinais; c) a *regressividade* – capacidade de regredir as atividades do raciocínio.

No início da vida, as emoções têm a função de garantir as necessidades básicas, mas vão se transformando em movimentos expressivos em função das pessoas do meio social. Assim, o "outro"

Afetividade e práticas pedagógicas

tem um papel fundamental na construção das formas de expressão emocional, das quais a criança vai se apropriando. Nesse processo, a emoção permite a passagem da vida orgânica para a vida psíquica. Por sua vez, a afetividade é situada como um conceito mais amplo, envolvendo vivências e formas de expressão humanas mais complexas, desenvolvendo-se com a apropriação dos sistemas simbólicos culturais pelo indivíduo, que vão possibilitar sua representação, mas tendo como origem as emoções. É um conceito que, *"além de envolver um componente orgânico, corporal, motor e plástico, que é a emoção, apresenta também um componente cognitivo, representacional, que são os sentimentos e a paixão"* (Dér, 2004, p. 61). Assim, a afetividade envolve as vivências e as formas de expressão mais complexas e humanas, apresentando um salto qualitativo a partir da apropriação dos sistemas simbólicos, em especial a fala – o que possibilita a transformação da emoção em sentimentos e sua representação no plano interno, passando a interferir na atividade cognitiva e possibilitando seu avanço.

Segundo Dantas (1992), é a atividade emocional que *"realiza a transição entre o estado orgânico do ser e sua etapa cognitiva, racional, que só pode ser atingida através da mediação cultural, isto é, social"*(p. 85-86).

No estrito entrelaçamento entre afetividade e cognição, as conquistas do plano afetivo são absorvidas pelo plano cognitivo, e vice-versa. De acordo com Almeida (1999), emoção e inteligência coexistem no indivíduo em todos os momentos, mesmo naqueles em que se observa aparente predomínio de um deles. *"A inteligência não se desenvolve sem a afetividade e vice-versa, pois ambos compõem uma unidade de contrários"*. (p. 29). Ainda segundo a autora, *"a emoção e a inteligência são duas linhas do desenvolvimento que, percorrendo equilibradamente seu percurso, cruzam-se continuamente, superpondo-se uma à outra quando necessário"* (p. 82).

Vygotsky, por sua vez, assume uma posição teórica segundo a qual o indivíduo nasce como ser biológico, com uma história filo e ontogenética, mas que, através da inserção na cultura, constituir-se-á como um ser sócio-histórico. Cabe à teoria psicológica descobrir e explicar os meios e os mecanismos pelos quais processos e funções elementares e naturais do "homem biológico" mesclam-se com os processos culturais para produzir o que o autor chama de funções psicológicas superiores.

Oliveira (1993) resume as idéias centrais que podem ser consideradas como os pilares básicos do pensamento de Vygotsky:

a) as funções psicológicas superiores têm suporte biológico pois são produtos da atividade cerebral: o cérebro, assumido como a base biológica do funcionamento psicológico, é entendido como *"um sistema aberto e de grande plasticidade, cuja estrutura e modos de funcionamento são moldados ao longo da história da espécie e do desenvolvimento individual"* (p. 24); tal plasticidade possibilita imensas possibilidades de realização humana e caracteriza a enorme capacidade de adaptação cultural do homem;

b) o funcionamento psicológico fundamenta-se nas relações sociais entre o indivíduo e o mundo exterior, as quais desenvolvem-se num processo histórico: ou seja, o homem transforma-se de sujeito biológico em sujeito sócio-histórico mediante sua inserção na cultura, sendo ela, pois, essencial para a constituição das funções superiores, características do desenvolvimento humano;

c) a relação homem-mundo é uma relação mediada por sistemas simbólicos: o que coloca o conceito de *mediação* como central na abordagem histórico-cultural; destaca-se o papel da fala, como o sistema simbólico considerado fundamental para a constituição das diversas funções superiores e , portanto, para a constituição do sujeito.

Em outras palavras, baseado nas concepções marxistas, Vygotsky assume que a origem das funções superiores do comportamento consciente deve ser buscada nas relações que o homem mantém com sua cultura. Deve-se, no entanto, destacar que, quando o autor aborda o conceito de *cultura*, refere-se ao grupo social que fornece aos indivíduos um ambiente estruturado, pleno de significados socialmente compartilhados, o que também inclui aspectos afetivos. Assim, *desenvolvimento* é entendido como o processo pelo qual o indivíduo apropria-se dos elementos e processos culturais, através da mediação dos diversos agentes culturais, representados pelo "outro". A aprendizagem desempenha, assim, um papel crucial, na medida em que antecede e possibilita o processo de desenvolvimento.

Assumindo, entretanto, uma concepção não reducionista sobre o desenvolvimento humano, em que o sujeito é ativo (interativo) e onde ocorre a interação entre a cultura e o mundo subjetivo de cada um, Vygotsky concebe quatro planos de desenvolvimento, também em contínua interação: a *filogênese* (plano da espécie humana), a *ontogênese* (plano do indivíduo/do organismo individual da espécie), a *sociogênese* (plano da cultura) e a *microgênese* (plano da vivência individual/da subjetividade). Assim, o processo de apropriação dos elementos culturais, vivenciado pelo indivíduo, não é passivo, mas um processo de transformação e de síntese, onde o sujeito desempenha continuamente um papel ativo/interativo.

Com relação à afetividade, Vygotsky (1993) denuncia a divisão histórica entre afeto e cognição. Para ele, a separação desses dois aspectos

> *enquanto objetos de estudo, é uma das principais deficiências da psicologia tradicional, uma vez que esta apresenta o processo de pensamento como um fluxo autônomo de 'pensamentos que pensam a si próprios', dissociados da plenitude da vida, das necessidades e dos interesses pessoais, das inclinações e dos impulsos daquele que pensa* (p. 6).

Defende, como Wallon, que o pensamento tem origem na esfera da motivação, a qual inclui inclinações, necessidades, interesses, impulsos, afeto e emoção.

Para o autor, as emoções, de modo semelhante às funções superiores, deslocam-se de um plano biológico inicial, para um plano de função superior, simbólico, pleno de significação e de possibilidade de constituição dos sentidos, constituído na/pela cultura. Nesse processo, internalizam-se os significados e sentidos emocionais atribuídos pela cultura aos objetos e processos. O acesso ao mundo simbólico se dá por meio das manifestações afetivas que permeiam as mediações que se estabelecem entre o sujeito e o "outro".

Assim, pode-se observar que Wallon e Vygotsky apresentam pontos comuns, com relação à constituição humana e, em especial, à questão da afetividade:

a) assumem que as manifestações, inicialmente orgânicas, vão ganhando complexidade à medida que o indivíduo desenvolve-se na cultura, passando a atuar no universo simbólico, ampliando-se suas formas de manifestação;

b) assumem, pois, o caráter social da afetividade;

c) assumem que a relação entre afetividade e inteligência é fundante para o processo de desenvolvimento humano.

Diante do exposto, podemos pressupor que as interações que ocorrem no contexto escolar também são marcadas pela afetividade em todos os seus aspectos (Leite e Tassoni, 2002). Da mesma forma, podemos dizer que a afetividade constitui-se como um fator de grande importância na determinação da natureza das relações que se estabelecem entre os sujeitos (alunos) e os demais objetos de conhecimento (áreas e conteúdos escolares), bem como na disposição dos alunos diante das atividades propostas e desenvolvidas. É possível, assim, afirmar que a afetividade está presente em todos os momentos ou etapas do trabalho pedagógico desenvolvido pelo professor, e não apenas nas suas relações *tête-à-tête* com o aluno.

Temos defendido a idéia de que todas as decisões pedagógicas que o professor assume, no planejamento e desenvolvimento do seu trabalho, têm implicações diretas no aluno, tanto no nível cognitivo quanto no afetivo. Essas decisões são inúmeras, considerando que parte delas é planejada mas grande parte é fruto das situações imprevistas que ocorrem no cotidiano da sala de aula.

Podemos sintetizar essa discussão, apontando que todas as decisões que facilitam o processo de aprendizagem pelo aluno certamente aumentam as possibilidades de que as relações que estão se constituindo entre ele e os referidos objetos de conhecimento sejam afetivamente positivas. Mas, o inverso também é considerado: decisões de ensino inadequadas dificultam o processo de aprendizagem e as implicações envolvem também as dimensões afetivas, podendo os referidos conteúdos tornarem-se aversivos para a vida futura do aluno. Tudo indica que o sucesso e o fracasso da aprendizagem têm claras implicações na auto-estima do aluno, entendida aqui como os sentimentos derivados da avaliação que o indivíduo faz sobre si mesmo. Na escola, tais sentimentos, em última instância, dependem das condições, facilitadoras ou não, que o aluno enfrenta no seu processo de aprendizagem, relembrando que o planejamento de tais condições é de responsabilidade do professor.

Para finalizar esse ponto, apresentamos, em síntese, alguns pressupostos assumidos aqui já apresentados, que têm direcionado nosso trabalho atual de pesquisa:

a) analisar a questão da afetividade em sala de aula, seja pela interação professor-aluno e/ou das condições de ensino propostas pelo professor, significa analisar as condições concretas pelas quais se estabelecem os vínculos entre o sujeito (aluno) e o objeto (conteúdos escolares); interessa-nos o efeito afetivo dessas experiências vivenciadas pelo aluno em sala de aula, na relação com os diversos objetos de conhecimento – esse é o eixo deste livro;

b) assume-se que a natureza afetiva da experiência (prazerosa ou aversiva) depende da qualidade da mediação vivenciada pelo sujeito, na relação com o objeto; na escola, as condições de mediação são planejadas e desenvolvidas, principalmente, pelo professor;

c) os efeitos da mediação não são somente cognitivos, mas, simultaneamente, afetivos, e esses efeitos subjetivos determinarão as futuras relações que se estabelecerão entre o sujeito e os objetos de conhecimento.

A afetividade nas relações professor – aluno

Podemos então pressupor que as interações que ocorrem no contexto escolar também são marcadas pela afetividade em todos os seus aspectos. Podemos reafirmar nossa "tese" já apresentada segundo a qual a afetividade se constitui como um fator de grande importância na determinação da natureza das relações que se estabelecem entre os sujeitos (alunos) e os diversos objetos de conhecimento (áreas e conteúdos escolares), bem como na disposição dos alunos diante das atividades propostas e desenvolvidas.

As pesquisas iniciais desenvolvidas pelo nosso grupo (Tassoni, 2000; Silva, 2001; Negro,2001; Colombo, 2002)[3] buscaram delimitar, com mais precisão, o possível papel da afetividade no processo de mediação do professor. Tais pesquisas direcionaram o olhar para as relações professor – aluno que se desenvolvem em sala de aula.

Tassoni (2000), por exemplo, realizou sua pesquisa em três classes de uma escola da rede particular de ensino, envolvendo alunos de seis anos em média, Na pesquisa, identificou que a interpretação que esses alunos fazem do comportamento das professoras em situações de ensino-aprendizagem é de natureza afetiva. A análise dos dados se deu pelo levantamento de categorias, a partir dos comentários dos alunos feitos ao assistirem a cenas videogravadas de inúmeras

---

3. Pesquisas orientadas pelo autor.

interações ocorridas em sala de aula entre as professoras e os alunos, durante as atividades pedagógicas[4]. As crianças comentavam sobre os comportamentos da professora, os quais eram permeados por sentimentos. Falavam do que gostavam no comportamento da professora e indicavam pistas sobre quando esses comportamentos influenciavam o desempenho e a aprendizagem.

Os comentários dos alunos foram organizados em duas grandes categorias, formadas por diversas subcategorias: posturas e conteúdos verbais. Nas condições observadas, foi através de ambas as categorias que os aspectos afetivos foram identificados e analisados pelo pesquisador. Tais categorias foram construídas com base nos relatos dos alunos referentes aos aspectos afetivos identificados por eles nas relações vivenciadas com o professor. Embora as diferentes formas de interação identificadas no comportamento das professoras, tanto pela postura como pela fala, constituam-se um conjunto único de ações, os alunos demonstraram que existem aspectos desse conjunto mais evidenciados e valorizados.

Na categoria *posturas*, os aspectos mais valorizados foram as subcategorias proximidade (referindo-se à presença física do professor mais perto dos alunos) e receptividade (referindo-se a uma postura em que as professoras voltam-se fisicamente aos alunos para atendê-los e/ou ouvi-los). Os relatos dos alunos sugerem que ambas foram interpretadas como uma forma de ensinar, de ajudar, assim como tranqüilizar e criar vínculos permeados de sentimentos de cumplicidade.

Na categoria *conteúdos verbais*, o que mais se evidenciou foram as verbalizações dos professores que encorajavam os alunos a avançarem na execução das atividades (subcategoria incentivos) e as que apontavam caminhos para possíveis soluções diante de dúvidas e dificuldades dos alunos.

Dados semelhantes foram apresentados por Colombo (2002), que realizou pesquisa em classe de pré-escola, porém com metodologia diferenciada, centrada na observação e análise de relações previa-

---

4. Procedimento denominado *autoscopia*.

mente gravadas, numa abordagem conhecida como microgenética.

Os dados foram organizados em dois núcleos temáticos – verbais e não verbais – mas assemelham-se aos de Tassoni (2000),

Esses dados sugerem que as interações em sala de aula são constituídas por um conjunto complexo de variadas formas de atuação que se estabelecem entre as partes envolvidas – professores e alunos. Uma maneira de agir está intimamente relacionada à atuação anterior e determina, sobremaneira, o comportamento seguinte.

Segundo Tassoni (2000), o que se diz, como se diz, em que momento e por quê – da mesma forma que o que se faz, como se faz, em que momento e por quê – afetam profundamente as relações professor-aluno e, conseqüentemente, influenciam diretamente o processo de ensino-aprendizagem, ou seja, as próprias relações entre sujeito e objeto. Nesse processo de inter-relação, o comportamento do professor, em sala de aula, através de suas intenções, crenças, seus valores, sentimentos e desejos, afeta cada aluno.

Negro (2001), em sua pesquisa, buscou identificar as dimensões afetivas presentes na relação professor-aluno e suas influências, numa classe de quarta série. Apresentava aos alunos material videogravado durante as atividades de leitura. Na análise de dados utilizou, a princípio, as mesmas categorias de Tassoni (2000) e obteve poucas alterações. Com relação às posturas, observou que se mantêm, como os aspectos mais valorizados, a proximidade e a receptividade. Os alunos expressavam que "estar próximo é ter amizade, é gostar deles, é se importar com o que fazem, é explicar com carinho". Quanto à categoria conteúdos verbais, observou que as subcategorias mais valorizadas foram incentivo e elogio, interpretadas pelos alunos como formas de encorajá-los a enfrentar suas dificuldades.

Silva (2001) investigou a relação professor-aluno em uma quinta série, durante as aulas de língua portuguesa. Seus dados foram coletados nas observações em classe e entrevistas individuais e coletivas com os alunos, além de entrevista com a professora. Na análise de dados, criou categorias diferentes das pesquisas anteriores: considerou as características pessoais – relatos dos alunos referentes à maneira de ser da professora. Comentários como "é gentil, não grita, se preocupa com a gente, é divertida, tem senso de humor, ensina bem, é exigente, briga, mas com motivo" fizeram parte dessa categoria. Os comentários que se referiam à mediação da professora no trabalho pedagógico desenvolvido em sala de aula foram agrupados na categoria práticas pedagógicas. Aqui se identificam comentários não só sobre o apoio dado pela professora durante as atividades, mas também esclarecendo dúvidas durante as provas. Destacam-se também os relatos dos alunos referentes à demonstração de atenção da professora quando eles não estão indo bem (a professora indica o que devem estudar para melhorar). Ainda fazem parte desta categoria os relatos apontando as atividades de que os alunos gostam mais.

A última categoria que Silva elaborou foi denominada *relação professor-aluno*. Refere-se a verbalizações que demonstram a influência do relacionamento na dinâmica de sala de aula. Comentários como "a gente se sente mais à vontade para perguntar, não dá medo, dá mais segurança, tenho vontade de ficar perto da professora" demonstram a influência positiva do relacionamento com a professora, no processo ensino – aprendizagem.

Em síntese, nas pesquisas citadas, observamos que a interpretação dos alunos, a respeito do comportamento das professoras, era centrada na natureza afetiva. Por esses comentários, foi possível obter uma amostra de como vêem, sentem e compreendem alguns aspectos do comportamento das professoras e a influência do mesmo na aprendizagem. Além disso, nas entrevistas realizadas com as professoras, evidenciou-se que havia uma intencionalidade no comportamento das mesmas; havia uma preocupação em cuidar da relação. Da mesma forma, o conjunto dos dados sugere que a mediação feita pelas professoras constituiu-se como um fator fundamental para determinar a natureza da relação do aluno com o objeto do conhecimento.

Embora a escola seja um local onde o compromisso maior que se estabelece é com o processo de transmissão/produção de conhecimento, pode-se afirmar que

30 Afetividade e Práticas Pedagógicas

as relações afetivas se evidenciam, pois a transmissão do conhecimento implica, necessariamente, uma interação entre pessoas. Portanto, na relação professor-aluno, uma relação de pessoa para pessoa, o afeto está presente (Almeida, 1999, p. 107).

Para Wallon, a afetividade manifesta-se primitivamente nos gestos expressivos da criança. "Enquanto não aparece a palavra, é o movimento que traduz a vida psíquica, garantindo a relação da criança com o meio" (Almeida, 1999, p. 42).

Pelas interações sociais, as manifestações posturais vão ganhando significado e, com a aquisição da linguagem, a afetividade adquire novas formas de manifestação, mais complexas, além de ocorrer também uma transformação nos próprios níveis de exigência afetiva. Ainda segundo a autora:

Com o advento da função simbólica que garante formas de preservação dos objetos ausentes, a afetividade se enriquece com novos canais de expressão. Não mais restrita às trocas dos corpos, ela agora pode ser nutrida através de todas as possibilidades de expressão que servem também à atividade cognitiva (idem, p. 75).

Assim, observa-se que a afetividade não se limita apenas às manifestações de contato físico, muitas vezes acompanhadas de elogios superficiais (por exemplo: "você é bonzinho, bonitinho, uma gracinha") que reforçam o caráter efêmero da relação.

Portanto, a afetividade não se restringe apenas ao contato físico. Como salienta Dantas (1993), conforme a criança vai se desenvolvendo, as trocas afetivas vão ganhando complexidade. "As manifestações epidérmicas da 'afetividade da lambida[5]' se fazem substituir por outras, de natureza cognitiva, tais como respeito e reciprocidade" (p. 75). A autora refere-se a essas formas de interação como "cognitivização" da afetividade. Como exemplo, citam-se as interações em que o pro-

---

5. Termo usado para referir-se à manifestação da afetividade, exclusivamente, através do contato físico.

fessor fornece meios para que o aluno realize a atividade confiando em sua capacidade, demonstra atenção às suas dificuldades e problemas. Conforme a criança avança em idade, torna-se necessário, pois, "ultrapassar os limites do afeto epidérmico, exercendo uma ação mais cognitiva no nível, por exemplo, da linguagem." (Almeida, 1999, p. 108). Mesmo mantendo-se o contato corporal como forma de carinho, falar da capacidade do aluno, elogiar o seu trabalho, reconhecer seu esforço, constituem formas cognitivas de vinculação afetiva.

A questão da afetividade em sala de aula, no entanto, não se restringe apenas às relações *tête-à-tête*, entre professor e aluno. Entendemos que as decisões sobre as condições de ensino, assumidas pelo professor, apresentam inúmeras situações com implicações afetivas para o aluno. É o que discutiremos a seguir.

A *afetividade nas condições de ensino*

Embora as pesquisas citadas tenham enfatizado a questão da afetividade nas relações que se estabelecem entre o professor e o aluno, principalmente através de categorias de análise centradas nas posturas e conteúdos verbais, é possível supor que a afetividade também se expressa em outras dimensões do trabalho pedagógico desenvolvido em sala de aula. Na realidade, é possível afirmar que a afetividade está presente em todos os momentos ou etapas do trabalho pedagógico desenvolvido pelo professor, o que extrapola a sua relação *tête-à-tête* com o aluno.

Na seqüência, pretendemos discutir a questão das condições de ensino, planejadas e desenvolvidas pelo professor, procurando, porém, identificar as possíveis implicações afetivas no comportamento do aluno, a partir das decisões por ele assumidas.

Para tanto, ratificam-se alguns pressupostos, aqui já assumidos, os quais, em síntese, podem ser assim apresentados:

a) analisar a questão da afetividade em sala de aula, seja pela interação professor-aluno e/ou das práticas pedagógicas desenvolvidas, significa analisar as condições oferecidas para que se estabeleçam os vínculos entre sujeito (aluno) e objeto (conteúdos escolares); ou seja, quando se discute esse tema, discute-se, efetivamente, a própria relação sujeito-objeto em um dos seus aspectos essenciais: o efeito afetivo das experiências vivenciadas pelo aluno, em sala de aula, na relação com os diversos objetos do conhecimento;

b) nesse sentido, assumimos que a natureza da experiência afetiva (se prazerosa ou aversiva, nos seus extremos) depende da qualidade da mediação vivenciada pelo sujeito, na relação com o objeto. Na situação de sala de aula, tal relação refere-se às condições concretas de mediação, planejadas e desenvolvidas, principalmente, pelo professor. Obviamente, reconhecemos a existência de outros mediadores culturais ali presentes, como os livros, os textos, material didático e os próprios colegas. No entanto, enfatizamos as atividades de mediação desenvolvidas pelo professor;

c) entendemos que a aprendizagem é um processo dinâmico, que ocorre a partir de uma ação do sujeito sobre o objeto, porém sempre mediada por elementos culturais, no caso, escolares; ou seja, a mediação é condição fundamental para o processo de construção do conhecimento pelo aluno. Reafirmamos, no entanto, que a qualidade da mediação determina, em grande parte, a qualidade da relação sujeito-objeto;

d) simultaneamente, assumimos que as condições de mediação também são da natureza essencialmente afetiva; entende-se o Homem como um ser único, numa concepção monista, em que cognição e afetividade entrelaçam-se e fundem-se em uma unidade, como os dois lados de um mesmo objeto. Em síntese, entendemos que o ser humano pensa e sente simultaneamente e isso tem inúmeras implicações nas práticas educacionais;

e) uma das principais implicações desses pressupostos relaciona-se com o planejamento educacional: as condições de ensino, incluindo a relação professor-aluno, devem ser pensadas e desenvolvidas levando-se em conta a diversidade dos aspectos envolvidos no processo, ou seja, não podemos mais restringir a questão do processo ensino-aprendizagem apenas à dimensão cognitiva, dado que a afetividade também é parte integrante do processo.

Como ilustração, podemos citar algumas pesquisas recentemente desenvolvidas por nosso grupo, relacionadas com o tema "Meu professor inesquecível". Como exemplo, refiro-me aos trabalhos de Tagliaferro (2003) e Falcin (2003)[6]. Nessas pesquisas, partimos do reconhecimento de que muitos jovens e adultos apontam algum professor inesquecível, na sua vida escolar, que foi de fundamental importância nos seus processos de desenvolvimento e, muitas vezes, nas suas escolhas profissionais. Nossa intenção foi caracterizar, detalhadamente, as práticas pedagógicas desenvolvidas por esses professores. No caso, enfocamos apenas docentes que tiveram uma influência afetivamente positiva na vida dos sujeitos, mas, obviamente, reconhecemos que a situação oposta é freqüentemente observada, o que pode ser constatado nas inúmeras histórias e pesquisas sobre o insucesso ou a exclusão escolar.

Os dados dessas duas pesquisas citadas mostram alguns aspectos comuns nos professores inesquecíveis citados:

a) desenvolvem um trabalho pedagógico sério, pautado por decisões sempre centradas no processo de aprendizagem dos alunos, ou seja, a perspectiva de sucesso do aluno é assumida como referência em todas as situações e decisões pedagógicas; isso envolve desde objetivos e conteúdos, passando pelas atividades de ensino desenvolvidas em sala de aula, material utilizado, até as atividades de avaliação;

---

6. Ver os respectivos capítulos das autoras neste livro.

b) demonstram amplo domínio nas suas respectivas áreas de ensino; ou seja, são professores reconhecidos pelo grande conhecimento que apresentam, sendo esse fato interpretado como motivo de segurança pessoal pelos alunos;

c) demonstram uma profunda relação afetiva com os seus próprios objetos de ensino, ou seja, os alunos percebem uma "relação de paixão" entre o professor e o objeto de ensino em questão, e são contagiados por essa emoção.

Essas questões reforçam a interpretação, aqui já expressa, sobre a diversidade das dimensões afetivas na mediação pedagógica desenvolvida pelo professor, extrapolando os aspectos interpessoais, mas envolvendo os efeitos que tais decisões exercem no processo de aprendizagem do aluno.

Nesse sentido, é possível, para efeito de síntese, identificar algumas decisões na mediação pedagógica desenvolvida pelo professor, identificando aspectos que, potencialmente, podem apresentar implicações afetivas na relação que se estabelece entre o sujeito (aluno) e o objeto (conteúdo envolvido).

Pensando em um professor que vai desenvolver uma determinada disciplina, independentemente do nível de ensino, podemos identificar, no mínimo, cinco decisões por ele assumidas no seu planejamento e desenvolvimento, as quais certamente terão implicações marcadamente afetivas, interferindo profundamente na futura relação que se estabelecerá entre o aluno e o objeto de conhecimento em questão. Segue-se uma síntese de cada uma dessas cinco decisões.

1) Para onde ir – a escolha dos objetivos de ensino

A escolha dos objetivos de ensino nunca foi uma questão técnica; ao contrário, é uma decisão que sempre reflete valores, crenças e determinadas concepções de quem decide, seja um professor ou uma equipe de trabalho. Por exemplo: a decisão sobre os objetivos da alfabetização escolar reflete inúmeras concepções do corpo docente, tais como concepção de escrita, concepção sobre o papel da escrita no desenvolvimento da cidadania, concepção de leitura, concepção sobre o papel do aluno, etc. Questões semelhantes podem ser discutidas com relação a cada componente curricular.

Uma das implicações marcadamente afetivas, relacionada à questão, refere-se à escolha de objetivos não-relevantes para determinada população, principalmente nos casos em que o aluno é obrigado a envolver-se com temas que, aparentemente, não têm relação alguma com a sua vida ou com as práticas sociais do ambiente em que vive. Grande parte do ensino tradicional é marcada por objetivos irrelevantes, do ponto de vista do aluno, o que colaborou com a construção de uma escola divorciada da realidade, principalmente no ensino público, caracterizada pelo fracasso em possibilitar a criação de vínculos entre os alunos e os diversos conteúdos desenvolvidos. Isso não significa que defendemos um ensino pragmático e superficial, mas reassumimos que o conhecimento acumulado em determinada área deve estar disponível para que as pessoas melhorem as suas condições de exercício da cidadania e de inserção social. Uma escola voltada para a vida implica objetivos e conteúdos relevantes, tomando-se como referência o exercício da cidadania, o que aumenta a chance de se estabelecerem vínculos afetivos entre o sujeito e os objetos.

2) De onde partir – o aluno como referência

Ausubel apresenta a questão da decisão sobre o ponto de partida do ensino de forma muito clara.

> *Se eu tivesse que reduzir toda a Psicologia da Educação a um único princípio, eu formularia este: de todos os fatores que influenciam a aprendizagem, o mais importante consiste no que o aluno já sabe. Investigue-se isso e ensine-se ao aluno de uma forma conseqüente* (Ausubel, 1968).

Juntamente com esse princípio, o autor propôs o conceito de *aprendizagem significativa*, que implica o relacionamento entre o

36 Afetividade e Práticas Pedagógicas

conteúdo a ser aprendido e aquilo que o aluno já sabe, "especificamente com algum aspecto essencial de sua estrutura cognitiva, como, por exemplo, uma imagem, um conceito, uma proposição" (Ronca, 1980). Isso significa que planejar o ensino a partir do que o aluno já sabe sobre o objeto em questão, aumenta as possibilidades de se desenvolver uma aprendizagem significativa, marcada pelo sucesso do aluno em apropriar-se daquele conhecimento. Tal sucesso tem inegáveis implicações afetivas. Por outro lado, iniciar o ensino desvinculado do conhecimento do aluno aumenta as chances do insucesso ocorrer logo no início do processo, deteriorando prematuramente as possibilidades de se estabelecer uma relação afetivamente saudável entre o sujeito e o objeto do conhecimento.

As implicações pedagógicas desse princípio parecem claras: a decisão sobre o início do ensino só deve ser assumida após o professor realizar uma avaliação diagnóstica sobre o que os alunos já sabem sobre o tema, e não a partir de decisões burocráticas ou de pressupostos irreais.

3) Como caminhar – a organização dos conteúdos

Quando os conteúdos de um curso são organizados de forma aleatória, não se respeitando a lógica da organização epistemológica da área, dificulta-se sobremaneira o processo de apropriação do referido conhecimento por parte do aluno. Em algumas situações, a falta de uma organização lógica pode aumentar as possibilidades de fracasso por parte do aluno, tendo como conseqüência a, já citada, deterioração afetiva das relações entre o aluno e o referido objeto em questão.

4) Como ensinar – a escolha dos procedimentos e atividades de ensino

A escolha das atividades de ensino é um aspecto bastante discutido pois envolve a relação professor-aluno naquilo que tem de mais visível. São relações observáveis, geralmente com efeitos prontamente identificados na própria situação. Nessa dimensão, são indiscutíveis os aspectos afetivos envolvidos, o que talvez explique a preferência das recentes pesquisas que têm estudado a afetividade em sala de aula através da relação professor-aluno.

No entanto, a questão da escolha dos procedimentos apresenta outra dimensão com implicações afetivas nem sempre prontamente identificáveis: trata-se da questão da adequação/inadequação da atividade escolhida, em função do objetivo que se tem. É até possível identificar situações de ensino que apresentam objetivos relevantes, porém com atividades inadequadas ou "desmotivadoras" para os alunos. Como exemplo, cita-se o caso do professor tradicional de língua portuguesa que propõe a leitura de um bom livro, mas impõe práticas pedagógicas aversivas, que acabam com toda a motivação inicial dos alunos pelo trabalho.

Pode-se referir também à atividade de ensino que não possibilita um bom desempenho do aluno, por algum problema no seu planejamento e execução: podem ocorrer falta de instruções claras, ausências de intervenções adequadas do professor, falta de *feedback* por parte do professor, etc. Tais problemas, quando ocorrem com alta freqüência, podem transformar a atividade escolar em uma situação de sofrimento para o aluno, produzindo freqüentemente efeitos indesejáveis como a tentativa de se esquivar ou fugir da situação, enganar o professor, etc. Obviamente, nessas condições, a natureza da relação que se estabelece entre o aluno e o objeto pode apresentar um tal nível de aversividade que, no final do processo, leva o aluno a expressar a intenção de nunca mais se relacionar com aquele objeto.

5) Como avaliar – uma decisão contra ou a favor do aluno?

Sem dúvida, a questão da avaliação escolar tem sido apontada como um dos grandes problemas do ensino, ou seja, como um dos principais fatores responsáveis pelo fracasso escolar de grande parcela da população. A avaliação torna-se profundamente aversiva quando o aluno discrimina que as conseqüências do processo podem ser direcionadas contra ele próprio. Geralmente, essa é a lógica do modelo tradicional de avaliação: o professor ensina e avalia; se o aluno for bem, é sinal que o professor ensinou de forma adequada; se o aluno for mal, é o único responsabilizado, podendo ser reprovado ou excluído. Nessa perspectiva, ensino e aprendizagem são entendidos como processos independentes e desvinculados: o ensino é tarefa do professor; a aprendizagem é obrigação do aluno.

São notáveis os efeitos aversivos da avaliação tradicional, dificultando sobremaneira o processo de vinculação entre o sujeito e os objetos de conhecimento.[7] A alternativa que se coloca implica profundas mudanças nas concepções de ensino e aprendizagem. Luckesi (1984) propõe que se resgate a função diagnóstica da avaliação, ou seja, reconhece que a avaliação só tem sentido, numa sociedade democrática, se os seus resultados forem utilizados sempre a favor do aluno, ou seja, se os seus resultados forem sempre utilizados para rever e alterar as condições de ensino, visando ao aprimoramento do processo de apropriação do conhecimento pelo aluno. Somente assim o professor poderá desenvolver as atividades de mediação de forma adequada, no sentido de possibilitar um crescente envolvimento afetivo do sujeito com o objetivo em questão. Assim, a avaliação deve ser planejada e desenvolvida como um instrumento sempre a favor do aluno e do processo de apropriação do conhecimento.

Em síntese, percebemos que a afetividade está envolvida em todas as principais decisões de ensino assumidas pelo professor, constituindo-se como fator fundante das relações que se estabelecem entre os alunos e os conteúdos escolares. Podemos afirmar, sem exageros, que a qualidade da mediação vivenciada pelo aluno, em muitos casos, determina toda a história futura da relação entre ele e os diversos conteúdos estudados. Tal relação, em muitos casos, é essencialmente afetiva. Pesquisas recentes, incluindo as citadas no presente livro, têm apontado que, em histórias de sucesso entre sujeitos e objetos de conhecimento, geralmente identificam-se mediadores (freqüentemente parentes e/ou professores) que desenvolveram uma mediação afetiva, com resultados também profundamente afetivos, determinando processos de constituições individuais duradouros e

---

7. Sobre o tema, ler o capítulo de Samantha Kager, neste livro.

Afetividade e práticas pedagógicas   39

importantes para os indivíduos. É o caso da pesquisa de Grotta (2000), aqui já citada, que analisou o processo de constituição de leitores adultos. Nas histórias de vida dos sujeitos, identificam-se figuras familiares e de professores que, de forma afetiva, possibilitaram uma cuidadosa aproximação entre eles, a literatura e as práticas de leitura. Tal mediação marcou o futuro desses indivíduos e teve papel decisivo nos seus respectivos processos de constituição enquanto sujeitos leitores.[8]

Considerações finais

Os dados das pesquisas desenvolvidas sobre o "Meu professor inesquecível" colocam uma questão que merece ser discutida. Os relatos dos sujeitos apontam claramente uma relação entre as práticas pedagógicas desenvolvidas por esses professores e os efeitos subjetivos experienciados pelos alunos, de natureza afetiva marcadamente positiva. Tais impactos não se restringem às situações de relações interpessoais específicas, entre aluno e professor; envolvem, também, situações grupais, como as aulas expositivas, ou mesmo situações em que o professor pode não estar fisicamente presente na situação, como no caso de avaliações ministradas por outra pessoa ou a leitura de um texto indicado.

Os resultados sugerem que, provavelmente, um dos principais fatores relacionados com as experiências afetivamente positivas, nas mediações pedagógicas vivenciadas, refere-se ao sucesso que tais experiências possibilitaram ao aluno nas situações de aprendizagem. Ou seja, é possível que o envolvimento do aluno em uma prática pedagógica, cujo efeito foi o seu sucesso na situação específica de aprendizagem, seja o principal determinante das conseqüências afetivas – lembrando que estamos nos referindo a processos que podem apresentar dupla possibilidade na conseqüência afetiva: o sucesso ou o fracasso.

---

8. Sobre o tema, ler, neste livro, os capítulos de Juliana Simões Zink de Souza e Lilian Montibeller Silva.

Tal análise sugere que os conceitos de auto-estima e de auto-conceito podem nos auxiliar na construção de uma base teórica explicativa sobre as relações que estudamos. Reconhecendo, a princípio que, teoricamente, são conceituações difíceis de serem analisadas e discutidas, provavelmente porque se trata de representações de fenômenos subjetivos, que exigem uma base teórica explicativa mais ampla, são, no entanto, freqüentemente citados e utilizados nas diversas situações sociais, inclusive por estudiosos e pesquisadores.

Moysés (2001), pesquisadora que se fundamenta numa concepção sócio-histórica, e baseando-se em vários autores, afirma que "formou-se um certo consenso de que o autoconceito é a percepção que a pessoa tem de si mesma, ao passo que a auto-estima é uma percepção que ela tem do seu próprio valor" (p. 18).

Para a autora, autoconceito relaciona-se a processos cognitivos, é fruto da percepção que a pessoa tem de si mesma, sendo determinado por fatores externos e internos à própria pessoa – parte da estrutura cognitiva vai se constituindo relacionada ao conhecimento de si própria. A auto-estima, por sua vez, seria o sentimento de valor que acompanha essa percepção; seria a "resposta no plano afetivo de um processo originado no plano cognitivo" (p. 18), revelando-se como a condição determinante para o indivíduo perceber-se como capaz de enfrentar desafios, lutar pelos seus direitos, etc... "Auto-estima representaria o nível de satisfação que o indivíduo sente quando se defronta com o autoconceito" (p. 27).

Na abordagem histórico-cultural, o papel do "outro" é fundamental para a formação do autoconceito e da auto-estima da criança e do jovem. Assim, pais, professores e "outros significantes", com quem o sujeito estabelece relações, parecem desempenhar um papel crucial nesse processo, que é lento e gradual, na medida em que os mesmos têm nas mãos as condições de controle, de aprovação, de desaprovação, de recompensa, de castigo, etc.

Essas relações, vivenciadas externamente, repercutem internamente através de atos de pensamento, emoção, sentimento e estados motivacionais, possibilitando, por exemplo, a constituição de sujeitos seguros (ou não), motivados para enfrentar novas situações e, mesmo, superar desafios e eventuais fracassos.

Assim, as questões discutidas neste texto, e nos demais capítulos, ganham grande relevância. É possível sugerir que professores tornam-se inesquecíveis porque desenvolvem práticas pedagógicas que possibilitam aos jovens experienciarem sucesso nas situações de aprendizagem e, ao vivenciarem tais situações, vão gradualmente se fortalecendo, como indivíduos afetivamente seguros, melhor preparados para vivenciar as relações com o mundo. Neste sentido, Moysés (2001) lembra que "estudos apontam que pessoas com percepções positivas de suas capacidades aproximam-se de tarefas com confiança e alta expectativa de sucesso. Conseqüentemente, acabam se saindo bem" (p. 38). Tudo indica, portanto, que auto-estima e desempenho alimentam-se mutuamente; daí a importância do planejamento de situações de mediação pedagógica, por parte do professor, que facilitem a construção, por parte dos alunos, de uma história de sucesso escolar.

No mesmo sentido, Prandini (2004) defende que

> *auto-estima e autoconceito da pessoa do aluno estão fortemente relacionados com o que ele sente como aprendente. Trabalhar a auto-estima significa, então, fazer com que ele aprenda, perceba que aprendeu, sinta orgulho de ter aprendido e, a partir daí, sinta-se capaz de aprender mais* (p. 38).

Isso, obviamente, relaciona-se com a mediação pedagógica desenvolvida pelo professor, envolvendo objetivos, conteúdos e práticas de sala de aula. Segundo Mahoney (1993),

> *a criança, ao se desenvolver psicologicamente, vai se nutrir principalmente das emoções e dos sentimentos disponíveis nos relacionamentos que vivencia. São esses relacionamentos que vão definir as possibilidades de a criança buscar no seu ambiente e nas alternativas que a cultura lhe oferece, a concretização de suas*

potencialidades, isto é, a possibilidade de estar sempre se projetando na busca daquilo que ela pode vir a ser (idem, p. 68).

Portanto, a qualidade das interações que ocorrem em sala de aula, incluindo todas as decisões de ensino assumidas, refere-se a relações intensas entre professores e alunos, proporcionando diversificadas experiências de aprendizagem, a fim de promover o desenvolvimento dos alunos.

O ato de ensinar envolve grande cumplicidade do professor a partir do planejamento das decisões de ensino assumidas; mas tal cumplicidade também se constrói nas interações, através do que é falado, do que é entendido, do que é transmitido e captado pelo olhar, pelo movimento do corpo que acolhe, escuta, observa e busca a compreensão do ponto de vista do aluno.

Certamente, todos os aspectos mencionados neste artigo, referindo-se à dimensão afetiva da mediação pedagógica, não podem ficar dependendo das características de cada professor. A atuação pedagógica, necessariamente, precisa ser planejada, organizada e transformada em objeto de reflexão, no sentido de buscar não só o avanço cognitivo dos alunos, mas propiciar as condições afetivas que contribuam para o estabelecimento de vínculos positivos entre os alunos e os conteúdos escolares.

Recursos humanos e materiais suficientes, estratégias de investimento na formação do professor e a existência de uma proposta pedagógica construída coletivamente na escola são algumas das condições fundamentais para se desenvolver uma ação pedagógica com objetivos e práticas comuns; além disso, deve-se também prever condições para que os professores exerçam a reflexão contínua sobre suas práticas de sala de aula. Assim, é possível que se vivenciem relações permeadas de sentimentos de justiça, cooperação, compreensão e valorização pessoal entre todos os membros e segmentos da instituição escolar (alunos, professores, coordenadores, diretores e funcionários). Deve-se acreditar que os esforços individuais podem frutificar as práticas coletivas, se conseguirem contagiar outras

Afetividade e práticas pedagógicas   43

pessoas da comunidade escolar. Desse modo, promove-se uma ampliação das condições de interação vividas dentro da classe para um âmbito cada vez maior, em que as atitudes de compreensão, consideração, respeito e reciprocidade tornem possível a busca da realização de todos os envolvidos.

Uma última palavra

Finalmente, uma última questão: os dados deste artigo, e dos demais aqui apresentados, sugerem a construção de projetos pedagógicos específicos, do tipo "pedagogia do afeto, do sentimento e das emoções"?

Obviamente, nossa resposta é negativa. Entendemos que a construção de propostas pedagógicas é um empreendimento coletivo, de natureza político-ideológica, que reflete as concepções de homem, de mundo, de escola, de sociedade, etc. do grupo que planeja, e não podem ser derivadas linearmente de teorias psicológicas ou de outra área específica. Isso representaria, educacionalmente, um desastroso reducionismo.

No entanto, é inegável que os dados e as questões aqui apresentados e discutidos poderão ter implicações decisivas para uma escola que pretende democratizar-se e situar-se como um espaço e instrumento cultural de constituição de cidadãos envolvidos com a questão do conhecimento. É inegável o fato de que a relação sujeito-objeto não se reduz às dimensões cognitivas e intelectuais. As dimensões afetivas são, portanto, aspectos do processo de mediação pedagógica que não mais poderão ser ignoradas: devem ser incluídas na agenda de discussão dos professores comprometidos com processo educacional e com o desenvolvimento de seus alunos.

Referências bibliográficas

Almeida, A.R. S. *A emoção na sala de aula.* Campinas: Papirus, 1999.

Ausubel, D. P. *Educational Psychology, a cognitive view.* New. York: Holt, Rinhart & Winston, 1968.

Colombo, F. A. *Análise das dimensões afetivas na mediação do professor em atividades de produção de escrita na pré-escola.* Relatório Técnico apresentado à FAPESP. Campinas: Faculdade de Educação,Unicamp, 2002.

Damásio, A. R. *O erro de Descartes. Emoção, razão e cérebro humano.* São Paulo: Cia das Letras, 2001.

Dantas, H. Emoção e ação pedagógica na infância: contribuição de Wallon. *Temas em Psicologia,* Sociedade Brasileira de Psicologia, São Paulo, n° 3, p. 73-76, 1993.

Dantas, H. Afetividade e a construção do sujeito na psicogenética de Wallon. Em La Taille, Y., Dantas, H. e Oliveira,M. K. *Piaget, Vygotsky e Wallon: teorias psicogenéticas em discussão.* São Paulo: Summus Editorial Ltda, 1992.

Dér, L. C. S. A constituição da pessoa: dimensão afetiva. Em Mahoney, A.A. e Almeida, L. R. (Orgs.). *A constituição da pessoa na proposta de Henri Wallon.* São Paulo: Ed. Loyola, 2004.

Falcin, D. C. *Afetividade e condições de ensino: a mediação docente e suas implicações na relação sujeito-objeto.* Relatório Técnico enviado à FAPESP. Campinas: Faculdade de Educação, Unicamp, 2003.

Galvão, I. *Henri Wallon. Uma concepção dialética do desenvolvimento infantil.* Petrópolis: Vozes, 1995.

Grotta, E. C. B. *Processo de formação do leitor: relato e análise de quatro histórias de vida.* Dissertação de Mestrado. Faculdade de Educação, Unicamp, 2000.

Leite, S. A. da S. e Tassoni, E. C.M. A afetividade em sala de aula: as condições de ensino e a Mediação. Em Azzi, R. e Sadalla, A. M. F. *Psicologia e formação docente:desafios e conversas.* São Paulo: Casa do Psicólogo, 2002.

Luckesi, C. C. Avaliação Educacional Escolar: para além do autoritarismo. *Tecnologia Educacional,* no. 61, Nov-Dez, 6-15, 1984.

Afetividade e práticas pedagógicas 45

Mahoney, A. A. Emoção e ação pedagógica na infância: contribuições da psicologia humanista. *Temas em Psicologia*. Sociedade Brasileira de Psicologia, São Paulo, n° 3, p. 67-72, 1993.

Moysés, L. *A auto-estima se constrói passo a passo*. Campinas, Papirus, 2003.

Negro, T. C. *Afetividade e leitura: a mediação do professor em sala de aula*. Relatório técnico apresentado como exigência de conclusão de bolsa de pesquisa da Faep, Faculdade de Educação UNICAMP, 2001.

Oliveira, M. K. O problema da afetividade em Vygotsky. Em La Taille, Y., Dantas, H., Oliveira, M. K. *Piaget, Vygotsky e Wallon: teorias psicogenéticas em discussão*. São Paulo: Summus Editorial Ltda, 1992.

Oliveira, M. K. *Vygotsky – aprendizado e desenvolvimento um processo sócio-histórico*. São Paulo: Scipione, 1993.

Pino, A. (mimeo) Afetividade e vida de relação. Campinas: Faculdade de Educação da Unicamp.

Prandini, R. C. A. R. A constituição da pessoa: integração funcional. Em Mahoney, A. A. e Almeida, L. R. (Orgs.) *A constituição da pessoa na proposta de Henri Wallon*. São Paulo: Ed. Loyola, 2004.

Ronca, A. C. C. O modelo de ensino de David Ausubel. Em Pinheiro, W. M. A. (Org.) *Psicologia e Ensino*. São Paulo: Papelivros, 11980.

Silva, M., L. F. S. *Análise das dimensões afetivas nas relações professor-aluno*. Relatório técnico apresentado como exigência de conclusão de bolsa de pesquisa da Faep, Faculdade de Educação UNICAMP, 2001.

Tagliaferro, A. R. *Meu professor inesquecível: a construção de uma memória coletiva*. Trabalho de Conclusão de Curso. Campinas: Faculdade de Educação, Unicamp, 2003.

Tassoni, E. C. M. *Afetividade e produção escrita: a mediação do professor em sala de aula*. Dissertação de Mestrado, Faculdade de Educação UNICAMP, 2000.

Vygotsky, L. S. *Pensamento e Linguagem*. São Paulo: Martins Fontes, 1993.

Vygotsky, L. S. *O desenvolvimento psicológico na infância*. São Paulo: Martins Fontes, 1998.

Wallon, H. *A evolução psicológica da criança*. Lisboa: Edições 70, 1968.

Wallon, H. *As Origens do Caráter na Criança*. São Paulo: Difusão Européia do Livro, 1971.

Wallon, H. *Do acto ao pensamento*. Lisboa: Moraes Editores, 1978.

Dimensões afetivas na relação professor-aluno

ELVIRA CRISTINA MARTINS TASSONI[1]

as relações afetivas se evidenciam, pois a
transmissão do conhecimento implica,
necessariamente, uma interação entre
pessoas. Portanto, na relação
professor-aluno, uma relação de pessoa
para pessoa, o afeto está presente.

Ana Rita S. Almeida

Introdução

Estou envolvida com a questão da afetividade desde o mestrado (1997-2000), buscando uma compreensão maior do funcionamento da dimensão afetiva e do seu papel no desenvolvimento do ser humano. No decorrer dos meus estudos, as leituras levaram-me a ver que tal dimensão relaciona-se diretamente com as reações/relações entre as pessoas. Segundo Pino (mimeo)

os fenômenos afetivos representam a maneira como os acontecimentos repercutem na natureza sensível do ser humano, produzindo nele um elenco de reações matizadas que definem seu modo de ser-no-mundo. Dentre esses acontecimentos, as atitudes e

---

1. Pedagoga. Doutoranda do Programa de Pós-Graduação da Faculdade de Educação da UNICAMP. Professora da Faculdade de Educação da PUC-Campinas e METROCAMP (Faculdade Integrada Metropolitana de Campinas).

as reações dos seus semelhantes a seu respeito são, sem sombra de dúvida, os mais importantes, imprimindo às relações humanas um tom de dramaticidade. Assim sendo, parece mais adequado entender o afetivo como uma qualidade das relações humanas e das experiências que elas evocam (...). São as relações sociais, com efeito, as que marcam a vida humana, conferindo ao conjunto da realidade que forma seu contexto (coisas, lugares, situações, etc.) um sentido afetivo (p. 130-131).

Por isso, o foco dos estudos centrou-se nas relações em sala de aula entre professores e alunos, buscando identificar nessas relações o que poderíamos considerar como afetivo. Os próprios alunos, durante o processo de coleta de dados, apontavam comportamentos do professor que influenciavam a aprendizagem; ou seja, os alunos apontavam aspectos das relações de sala de aula, entre eles e o professor, que afetavam positivamente a sua relação com os objetos de conhecimento em questão. Neste sentido, foi possível identificar as diferentes formas de manifestação da afetividade no contexto pesquisado. Mas antes de apresentar a pesquisa[2] vamos ver, resumidamente, como a afetividade tem sido tratada,segundo Wallon.

A questão da afetividade

Mais recentemente, várias pesquisas e reflexões teóricas têm trazido para o cenário educacional a importância do aspecto afetivo. Questões como a afetividade na escola, a emoção na sala de aula, a afetividade na relação professor-aluno são alguns dos diferentes focos através dos quais tal aspecto vem sendo abordado.

Buscar compreender o indivíduo em sua complexidade, integrando as dimensões afetiva e cognitiva que o compõem, tem sido o caminho mais explorado. Nesse sentido, alguns estudos vêm

---

2. Afetividade e produção escrita: a mediação do professor em sala de aula. Dissertação de Mestrado realizada na UNICAMP – FE, sob a orientação do Prof. Dr. Sérgio Antônio da Silva Leite em 2000.

privilegiando abordagens que defendem a interdependência e a inter relação entre as mesmas.

Mesmo assim, a dimensão afetiva vem sendo abordada de diferentes maneiras, até mesmo contraditórias, no sentido de se compreender o seu papel ao longo do desenvolvimento humano. Além disso, a própria dificuldade em conceituar os fenômenos de natureza afetiva levam a usos indefinidos de termos como emoção, sentimentos, afeto, paixão, estados de ânimo, entre outros. Wallon (1995) aponta, em sua teoria, uma diferenciação. Usa o termo afetividade referindo-se a um conjunto amplo de manifestações, compreendendo emoções e sentimentos. Defende que as emoções têm uma natureza orgânica, em função das transformações corporais que desencadeia (aumento dos batimentos cardíacos, tensão ou relaxamento muscular, rubor ou palidez, etc.), mas têm também uma função social no que se refere à comunicação e mobilização do outro, durante o período inicial da vida (pelo choro ou agitação física, o bebê chama a atenção da pessoa que está por perto).

Por outro lado, destaca que o surgimento da capacidade de representação (possibilidade de imaginar, planejar, fantasiar, criar idéias) reflete também aspectos afetivos. Trata-se, porém, de sentimentos que são mais duradouros, menos intensos e também menos visíveis que as emoções.

Wallon estuda o funcionamento humano segundo uma visão integradora de todos os aspectos que compõem tal funcionamento. Defende, portanto, a idéia de integração entre três campos funcionais: o afetivo, o cognitivo e o motor. Tais campos exercem, ao longo do desenvolvimento humano, uma relação de influência e dependência, integrando-se na constituição de um quarto campo funcional, que Wallon denominou da pessoa. Organizou o desenvolvimento humano em estágios caracterizados por alguns aspectos comuns, onde um campo funcional vai exercer uma dominância maior sobre os outros. Mas, em contrapartida, estes se beneficiam dos avanços do campo funcional dominante e evoluem também. Portanto, segundo ele, cada campo funcional irá se beneficiar das conquistas do outro em seu momento de dominância, além de alternarem-se nessa dominância nos diferentes estágios evolutivos. Assim, assume uma perspectiva de desenvolvimento para todos os aspectos, inclusive o afetivo.

Neste sentido, é possível afirmar que a afetividade incorpora as construções da inteligência e tende a se racionalizar, ampliando suas formas de manifestação. Dantas (1992) arrisca afirmar que poderíamos falar *"em três grandes momentos: afetividade emocional ou tônica; afetividade simbólica e afetividade categorial"* (p. 91), demonstrando o aspecto qualitativo conquistado pela inteligência em cada etapa de desenvolvimento.

A *afetividade emocional ou tônica* vai corresponder ao momento inicial do desenvolvimento humano, onde, através das manifestações orgânicas, se estabelece a comunicação com o mundo social. Nessa etapa, o domínio afetivo vai se constituindo a partir de uma sensibilidade orgânica, que Wallon denominou *interoceptiva* e *proprioceptiva.*

A sensibilidade *interoceptiva* refere-se à percepção que o bebê vai adquirindo sobre a condição dos seus órgãos – estômago, intestino, etc. – revelando estados de fome, dor, entre outros.

A sensibilidade *proprioceptiva* refere-se à percepção de postura, percepção muscular – a questão do apoio (equilíbrio) e os movimentos que a criança vai sendo capaz de fazer. Existe uma concentração de energia e atenção desta para esse tipo de sensibilidade. O grande interesse que despertam permite que a criança repita a ação já realizada, na tentativa de compreender e dar significado às reações posturais. Para Wallon, estas são *"o espetáculo de si mesmas".* (1995, p.97).

Através de ambos os processos perceptivos, vai se delineando o surgimento da vida racional. Mas, até então, a afetividade restringe-se a trocas epidérmicas, dependendo inteiramente da presença concreta do outro.

Por sua vez, a *afetividade simbólica* refere-se ao momento em que surge a capacidade de representação, especialmente a linguagem. Nessa fase, a sensibilidade assume um caráter externo. É a percepção do ambiente físico e social. Wallon denominou de sensibilidade exteroceptiva. Aqui, a afetividade se beneficia dos avanços cognitivos e ganha outras formas de manifestação.

Ela incorpora a linguagem em sua dimensão semântica, primeiro oral, depois escrita. A possibilidade de nutrição afetiva por essas vias passa a se acrescentar às anteriores, que se reduziam à comunicação tônica: o toque e a entonação de voz. Instala-se o que se poderia denominar de forma cognitiva de vinculação afetiva. (Dantas, 1992, p. 90).

A *afetividade categorial* refere-se a um momento de desenvolvimento humano em que há a incorporação da função categorial, isto é, o pensamento conceitual, organizado por categorias. Por isso, surge uma conduta que *"coloca exigências racionais às relações afetivas: exigências de respeito recíproco, justiça, igualdade de direitos, etc"* (idem, p. 91).

Como se pode notar, a integração entre os campos funcionais se traduz em uma ampliação das formas de vinculação afetiva e, conseqüentemente, novas exigências afetivas nas relações sociais. Por outro lado, existe um processo de desenvolvimento da sensibilidade que possibilita a constituição da afetividade.

De acordo com o exposto, pode-se pensar que há uma sensibilidade perceptiva, que é de natureza orgânica (intero e proprioceptiva) e uma sensibilidade afetiva, de natureza social, focada nas relações (exteroceptiva).

A partir dessas reflexões teóricas passemos agora aos dados concretos da pesquisa.

A pesquisa

Defendo, como exposto no início do artigo, que é pela mediação do outro que as manifestações afetivas ganham significado e sentido. Portanto, apenas inserido no contexto cotidiano é possível interpretar e compreender tais manifestações. Assim, para se alcançarem os objetivos da pesquisa, a opção foi analisar as relações em seu próprio contexto: a sala de aula, onde as ocorrências aparecem, possibilitando maior compreensão das mesmas.

A coleta de dados baseou-se em observações realizadas em três classes com alunos de seis anos, em média, durante as atividades propostas pelas professoras, que envolviam a linguagem escrita, numa escola da rede particular na cidade de Campinas (SP.).

A opção pela escola foi feita em função do seu Projeto Político Pedagógico, que visa à formação de cidadãos críticos, atuantes e solidários, comprometidos com o próprio processo de aprendizagem. Além disso, promove um grande investimento na formação do seu corpo docente, criando vários fóruns internos para discussão e reflexão das práticas pedagógicas, tanto entre os professores, como entre estes e a coordenação pedagógica e/ou coordenação da área curricular. Esse aspecto foi fundamental, pois a intenção era observar práticas pedagógicas de sucesso; acredita-se que tal possibilidade aumenta, a partir do momento em que a própria estrutura da escola valoriza e viabiliza o trabalho coletivo e a reflexão contínua da prática pedagógica.

A escolha desses sujeitos deveu-se ao fato de estarem iniciando um contato mais formal e sistemático com a escrita, acreditando-se que as experiências aí vivenciadas podem contribuir de maneira importante na construção do significado e do sentido do escrever na vida dos alunos. Assim, esperava-se identificar um conjunto de aspectos de natureza afetiva que favorecessem a evolução do aluno nesse processo.

A coleta de dados

Foram coletados quatro conjunto de dados:
- Interações entre professoras e alunos, destacando os comportamentos de ambos, através de gravações em vídeo realizadas em sala de aula, registrando apenas as atividades que envolviam a linguagem escrita.

- Relatos verbais dos alunos coletados em sessões de autoscopia[3].
- Relatos verbais das professoras coletados em sessões de entrevista.
- Registros escritos de eventos ocorridos em qualquer uma das atividades acima, em diário de campo.

O período de coleta dos dados estendeu-se por todo o primeiro semestre de 1999.

A observação

A utilização da observação em sala de aula mostrou-se adequada para focalizar as interações concretas entre professoras e alunos. Segundo Ezpeleta e Rockwell (1989), pela observação, é possível selecionar, do contexto analisado, o que há de significativo e coerente em relação à base teórica construída.

A utilização da câmera de vídeo, para registrar o observado, mostrou-se muito eficiente, pois possibilitou centrar-se no aluno ou num grupo específico de alunos, captando o comportamento resultante da interação entre ele (s) e a professora, em qualquer atividade de produção de escrita. O objetivo foi coletar o maior número de amostras de intervenções das professoras, registrando-se os seus comportamentos e os dos alunos, durante a interação, como também os comportamentos desses últimos, imediatamente após a intervenção realizada.

O interesse nas cenas foi definido em função do comportamento da professora ao interagir com o aluno na atividade, mas também houve uma flexibilidade para mudar o foco da câmera, segundo minha decisão ao avaliar o contexto dos acontecimentos no momento das gravações.

As filmagens ocorreram em sessões de, aproximadamente, uma hora de duração. Em cada sessão, era filmada apenas uma atividade de ensino, que compreendia desde o momento em que a professora

---

3. Recurso metodológico que consiste na apreciação do sujeito de imagens videogravadas de si mesmo. Tal técnica será detalhada na seqüência do artigo.

apresentava uma proposta aos alunos e estes desenvolviam o trabalho até a sua conclusão.

Procurei ser discreta, evitando aproximar-me demais dos sujeitos para interferir o mínimo possível na dinâmica interativa da classe. Quando a aproximação da cena fez-se necessária, utilizei o *zoom* como recurso, sem causar interferência direta na interação.

Juntamente com as professoras, foi planejado um cronograma para a realização das sessões de filmagens, coincidindo com os dias em que trabalhariam com as atividades de maior interesse para a pesquisa. No total, foram realizadas sete sessões.

A autoscopia

A segunda etapa de coleta de dados compreendeu a realização de uma entrevista com os alunos, utilizando-se o procedimento da *autoscopia: "confrontação da imagem de si na tela"* (Linard *apud* Sadalla, 1997, p. 33). *"Consiste em realizar uma videogravação do sujeito, individualmente ou em grupo e, posteriormente, submetê-lo à observação do conteúdo filmado para que exprima comentários sobre ele"* (Sadalla, 1997, p. 33).

Para a seleção do material filmado a ser apresentado aos alunos, foi utilizado o seguinte procedimento: do conjunto de sessões filmadas, identificaram-se os momentos em que a professora interagia diretamente com um aluno. Cada interação foi recortada e, em seguida, organizada e transcrita sob a forma de episódios.

A aproximação inicial entre a professora e o aluno, independentemente de quem partiu a iniciativa de tal aproximação, marcou o início de um episódio. Nele está registrado todo o desenrolar da interação, compreendendo os comportamentos verbais e não-verbais da professora e do aluno, como também o comportamento desse último, após a professora afastar-se. Quando ocorriam novas interações entre a professora e o mesmo aluno, no espaço de tempo que se seguia até o final da atividade, elas também eram incluídas num mesmo episódio. Geralmente, obteve-se, em uma única sessão, mais de um episódio de interação, envolvendo alunos diferentes.

Os alunos selecionados eram convidados a assistir à exibição do material filmado, individualmente. As sessões de autoscopia foram realizadas numa sala de vídeo cedida pela escola. Cada sessão de exibição também foi gravada em vídeo; ou seja, o aluno era filmado enquanto se via na tela. Esse recurso possibilitou registrar os comentários orais, feitos pelo aluno, a respeito do que via e se lembrava, como também as expressões faciais e gestos emitidos no momento em que essas lembranças, vividas em sala de aula com relação à escrita, emergiam. Dessa forma, foi possível registrar, além do relato verbal do aluno, outras pistas que foram indicadoras dos efeitos afetivos da mediação feita pelo professor. *"Muitas vezes, não é unicamente aquilo que é dito explicitamente que é significativo. A maneira de dizer, as inflexões, as hesitações, as pausas e os silêncios dizem muita coisa"* (Oliveira & Oliveira, 1981, p. 30).

Inicialmente, informava-se o aluno sobre a atividade que seria vista e, em seguida, conversava-se sobre o que estava acontecendo, sobre o que ele via e lembrava-se.

As perguntas dirigidas aos alunos foram baseadas nos fatos ocorridos durante as respectivas atividades de ensino que realizaram, ou seja, pautaram-se nas interações, entre as professoras e eles. As entrevistas eram semi-estruturadas, pois contaram com um roteiro previamente elaborado, focalizando os sentimentos dos alunos em relação às atitudes das professoras e com relação às atividades realizadas. Houve a preocupação em criar uma situação flexível, favorecendo a livre expressão dos sujeitos envolvidos.

A autoscopia possibilitou resgatar o já vivido, podendo reconstruir o presente como presença de fato (Sadalla, 1997). Sendo a afetividade o objeto de estudo desta pesquisa, a utilização da autoscopia permitiu recuperar a imagem da situação vivida, favorecendo a expressão dos sentimentos envolvidos nas diversas situações. Vendo-se, os sujeitos puderam falar mais a respeito do que sentiram.

As entrevistas com as professoras

Após a realização das sessões de autoscopia, com todos os alunos selecionados, transcorreu a terceira etapa do processo de coleta dos dados, que consistiu nas entrevistas com as professoras. Segundo Lüdke & André (1986), essa técnica possibilita *"a captação imediata e corrente da informação desejada (...). permite correções, esclarecimentos e adaptações que a tornam sobremaneira eficaz"* (p. 34).

Foram semi-estruturadas, gravadas em áudio e realizadas individualmente com cada uma das professoras. Eram baseadas em questões a respeito dos aspectos que mais mereciam a atenção de cada uma delas no processo de apropriação da escrita e, concretamente, como viam a manifestação da dimensão afetiva nesse processo.

O diário de campo

Bogdan & Biklen (1997) salientam que um relatório escrito daquilo que o pesquisador vê, ouve, pensa, torna-se complemento fundamental no processo de reflexão sobre os dados coletados. As notas de campo podem transformar-se em diários pessoais que auxiliam o pesquisador a complementar a análise.

O fato de a câmera de vídeo ser fixa possibilitou maior mobilidade para que eu realizasse, quando necessário, um registro de anotações complementares. Assim, algumas vezes, as informações gravadas em vídeo foram acrescidas com algumas anotações feitas em diário de campo, que eram ampliadas após o encerramento das gravações.

Os dados

Os dados coletados passaram por várias etapas de análise. As filmagens das interações em sala de aula, entre as professoras e os alunos, foram transcritas e geraram doze episódios de interação. Antes de cada um deles, há a identificação do sujeito[4] e uma síntese sobre a

---

4. Nomes fictícios.

atividade proposta naquele momento. Nesses episódios de interação constam, além da descrição da interação ocorrida em sala de aula, observações complementares sobre as posturas, tom de voz, olhares, gestos da professora e do aluno, assim como alguns comentários pertinentes à situação extraídos do diário de campo.

Os dados obtidos nas sessões de autoscopia também foram transcritos, trazendo a identificação do sujeito, comentários que fez a respeito da atividade e da interação ocorrida e observações complementares a respeito do seu comportamento diante da lembrança da atividade realizada, como também diante da sua imagem e da classe como um todo.

A etapa seguinte compreendeu o cruzamento dos dois conjuntos de dados, relacionando as interações filmadas com os comentários dos alunos sobre elas, nas sessões de autoscopia. Essas informações foram organizadas numa matriz. A pesquisa contou com doze matrizes.

O próximo passo envolveu um longo trabalho de interpretação de todo esse material, que resultou na criação de categorias de análise, que revelaram a presença dos aspectos afetivos permeando as relações sociais em sala de aula.

Os dados demonstraram que as interações ocorreram, essencialmente, por expressões posturais e linguagem oral. Ao analisar as falas e comportamentos das professoras e dos alunos, foi possível identificar pistas que permitiram inferir o tipo de sentimento que permeava as relações em sala de aula, possibilitando uma maior compreensão do ato pedagógico. Assim, os comportamentos das professoras foram categorizados em dois grandes grupos: os relacionados às **posturas** e os referentes aos **conteúdos verbais**.

Relembrando que a idade dos sujeitos envolvidos na pesquisa é de seis anos em média, baseando-se em Wallon pode-se considerar que estão saindo do estágio do personalismo e entrando no estágio categorial[5].

---

5. Wallon organiza o desenvolvimento humano em estágios. São eles: Impulsivo-emocional (do nascimento até 1 ano); Sensório-motor e Projetivo (de 1 a 3 anos); Personalismo (de 3 a 6 anos); Categorial (de 6 a 11 anos); Puberdade e Adolescência (dos 11/12 anos em diante).

O *estágio do personalismo*, que vai dos três aos seis anos, é a fase na qual a tarefa central é a formação da personalidade. É pelas relações com as pessoas que a criança vai construindo a consciência de si mesma. Nessa fase, existe uma predominância da afetividade. *"É uma afetividade simbólica, que se exprime por palavras e idéias e que por esta via pode ser nutrida"* (Galvão, 1996, p. 45).

O *estágio categorial* vai dos seis aos onze anos e é marcado por grandes avanços cognitivos, que se beneficiam da consolidação da função simbólica e da construção da diferenciação eu-outro (construção da personalidade). *"Os progressos intelectuais dirigem o interesse da criança para as coisas, para o conhecimento e conquista do mundo exterior (...)"* (idem, p. 44). A afetividade, portanto, ganha novas formas de manifestação, formas mais cognitivas.

Exemplos disso podem ser encontrados nos fragmentos abaixo, extraídos das filmagens em sala de aula.

A atividade filmada tinha por objetivo que os alunos escrevessem um texto recontando uma história já conhecida, que se desenrola a partir de uma música clássica – Abertura Carmen de Bizet. Para tal, a professora pôs a música e todos os alunos dramatizaram (já haviam feito isso em vários outros dias). Após a dramatização, a professora deu a seguinte instrução: "vocês viram que a gente tem várias maneiras de contar essa história. Hoje, vocês vão contar escrevendo nessa folha". Os alunos estão em duplas, mas cada um tem a sua folha. Trabalham individualmente, embora troquem informações. O sujeito desse episódio de interação é um menino, que olhava para o seu material sem ter iniciado a atividade ainda.

"... A professora vai até Ícaro. Agacha-se em frente à sua mesa.
P: – O que você quer escrever?
(O tom de voz da professora é atencioso).
Ícaro: – A Renata.
P: – Então qual letra que vai?

Dimensões afetivas na relação professor-aluno

Ícaro: – A!
P: — Então põe.
(O tom de voz da professora é de incentivo).
Ícaro começa a escrever, mas diz em seguida: – Ah, não! Senão fica
ANATA e é A RENATA. Tem que por o E.
Volta a escrever. Depois reclama algo do traçado da letra que fez
(inaudível). Apaga e escreve.
A professora fica olhando para ele, ainda agachada em frente à
sua carteira, apoiando os braços na mesa.
(Sua postura é muito atenta).
Ícaro continua escrevendo. Pára, olha para a professora e diz: – A
Renata fez uma bagunça no quarto dela.
P: – Isso!
(O tom de voz da professora é animado, alegre)."
(Dados obtidos na filmagem em sala de aula. Matriz nº 2).

A interação registrada revela que a presença da professora foi importante e decisiva para a realização da atividade de produção de texto que estava fazendo. Ela ficou uma grande parte do tempo ao lado de Ícaro, acompanhando a execução do texto. Depois, foi atender um outro aluno ali perto e era Ícaro quem ia, com muita freqüência, até ela, fazer perguntas sobre a escrita das palavras. A proximidade, a entonação da voz, a postura receptiva da professora em relação ao chamado do aluno e sua disponibilidade para ajudá-lo contribuíram para que ele fosse construindo um significado para a escrita. Nota-se, na situação, que ainda há marcas de uma comunicação tônica, ou seja, a presença física, as modulações de voz, o toque são importantes, mas, o aspecto central na situação de sala de aula era a elaboração de um texto, o foco era o conhecimento relacionado à escrita. Ao responder as questões do aluno, ao incentivá-lo em sua forma de pensar, ao demonstrar atenção e interesse pela situação, a professora estabelece um vínculo afetivo com o aluno através do processo cognitivo.

Na seqüência dessa mesma situação de produção de texto, a professora deixa Ícaro trabalhando e vai atender outros alunos. Ele, por várias vezes, vai até ela para fazer perguntas e/ou pedir confirmações sobre como escrever as palavras que deseja. A professora sempre responde e o aluno volta ao seu lugar. Segue abaixo, um desses momentos:

...Ícaro vai para o seu lugar e escreve sem se sentar. Pára e, ainda em pé ao lado de sua mesa, tampa os ouvidos com as mãos. Senta-se largado na cadeira, respira fundo. Depois olha o papel e volta a escrever por um pouco mais de tempo. Olha para a lousa e movimenta a boca. Pega a borracha, apaga uma parte, levanta-se outra vez e vai até a professora:
– Ah, tia! Não tô conseguindo fazê...
P: – Olha pra mim. Ao falar a professora segura no queixo de Ícaro:
– Você está pensando jóia! Agora é CASA.
Ícaro: – Ah!
P: – Você está pensando muito jóia. Eu já vou lá com você.
(O tom de voz é de calma)"...
(Dados obtidos na filmagem em sala de aula. Matriz n° 2).

A forma como a professora mantém a interação com o aluno mostra que o ajudou a concluir a atividade. Ao incentivá-lo e ao instruí-lo sobre o que deve escrever (*agora é casa*), evitou a desmotivação e o desinteresse do aluno, possibilitando que o mesmo não desanimasse e não desistisse. A professora demonstrou a sua preocupação em ler os sinais que o aluno manifestou, para buscar uma atuação mais eficaz e facilitadora do processo de aprendizagem. Além disso, contribuiu para que a experiência vivida com a escrita fosse afetivamente positiva, aumentando as possibilidades de o aluno construir uma boa relação com o objeto de conhecimento em questão.

Numa outra situação de sala de aula, alguns dias depois da já citada, a classe produzia outro texto que tinha como objetivo que os alunos escrevessem, contando sobre uma montagem com formas geométricas, no computador, alguns dias antes. Para isso, a professora lembrou do dia em que haviam feito o trabalho e, também, do dia

Dimensões afetivas na relação professor-aluno 61

em que receberam a cena impressa para que pintassem com lápis de cor. No momento dessa interação, a professora tinha dado a seguinte instrução: *"Achei tão lindo esse trabalho, que queria que vocês escrevessem, cada um do seu jeito, para mim, o que fizeram, como uma história"*.

Novamente, o sujeito que participa desse episódio é o mesmo menino já citado anteriormente. Ele vive um outro diálogo com a professora, mas sua postura já é diferente. Mostra-se interessado e atento. Logo após a proposta, olha para a lousa e para as letras do alfabeto expostas na classe. Queria escrever a palavra Páscoa. Vai dizendo as letras e a professora confirma afirmativamente, balançando a cabeça e sorrindo. Ícaro vai escrevendo e a professora diz:

> ...P: – *Super legal! Continua escrevendo assim, tá!*
>
> *A professora levanta-se e sai.*
>
> *Ícaro olha para a aluna de trás rapidamente e recomeça, em seguida, a escrever. Vai falando baixinho conforme escreve. Mantém o corpo todo envolvido com essa tarefa. Escreve sem tirar os olhos da folha. Apaga. Continua a escrever. Pára. Lê seguindo a escrita com o lápis. Olha rápido para trás, novamente. A aluna de trás levanta-se e vai ver o texto de Ícaro. Conversam rapidamente – inaudível. Ícaro volta a escrever. Escreve e acompanha falando baixo. Segura a cabeça sem parar de escrever. Pára e mostra a sua folha para a aluna de trás:*
>
> – *Olha o meu!*
>
> *Volta a escrever. Braços apoiados na mesa.*
>
> *Olha as letras do alfabeto, acima da lousa, olha a escrita da rotina na lousa. Escreve mais um pouco e, novamente, mostra o seu texto para a aluna de trás:*
>
> – *Olha eu!...*
>
> (Dados obtidos na filmagem em sala de aula. Matriz nº 5).

Quando Ícaro inicia o diálogo com a aluna de trás e mostra o seu texto, parece se referir à quantidade de escrita que produz. Em todos os momentos que escreve mantém a cabeça baixa, com os olhos no texto. Seu rosto está sério, demonstrando compenetração no trabalho e busca constantemente informações na lousa ou no alfabeto exposto.

...Vira-se para frente e escreve mais. Olha a professora, que está atendendo outro aluno e recomeça a escrever. Vai acompanhando a escrita com a fala. Segura a cabeça. Escreve. Volta a pôr a mão sobre a mesa. Levanta-se e, mais uma vez, mostra o texto para a aluna de trás e, em seguida, para outro aluno ao lado dela.

Ícaro: – Nossa! O seu tá pior que o meu. (dirigindo-se ao aluno).

Aluna: – Mas pelo menos ele tá fazendo uma história.

Ícaro: – Ele tá fazendo um monte de "A", um monte de "E".

Aluno: – Mas é assim a minha história!

Ícaro: – É!?

Ícaro volta ao seu lugar, senta-se e recomeça a escrever. Olha para trás, diz algo para a aluna – inaudível. Escreve mais um pouco e mostra o texto novamente. Levanta-se, vai até o aluno e ambos comparam os textos.

Ícaro: – Olha eu agora!

Aluno: – Estamos empatados!

Ícaro volta ao seu lugar e recomeça a escrever. O aluno lhe chama e mostra o seu texto.

Ícaro: – Eu preciso terminar!...

(idem)

Quando Ícaro vê o texto do aluno, dá início, nitidamente, a uma competição, mas o clima entre eles é bastante tranqüilo. No início da conversa, o tom de voz de Ícaro parecia querer minimizar o esforço do outro, que havia feito um texto de duas folhas. Nem Ícaro, nem o outro aluno estão alfabetizados. No final da conversa, o tom de voz de Ícaro já era de reconhecer e valorizar o empenho do amigo. Ícaro, diante da postura tanto do aluno como da aluna, respeita o trabalho do outro e, não querendo ficar em desvantagem quanto à quantidade de material escrito, segue o exemplo deles, retornando para o seu lugar, voltando a escrever mais.

...Ícaro continua a escrever. Depois o aluno o chama novamente. Mostra o texto, mas Ícaro não olha. Continua escrevendo. Depois chama a pesquisadora e lê seu texto para ela. Depois disso, escreve ainda mais um pouco. Fala para si mesmo...
(idem)

Ícaro demonstra estar em intensa atividade mental, envolvido completamente na atividade. Fica a maior parte do tempo pensando, escrevendo, lendo. A interação com os dois colegas mobiliza-o ainda mais para continuar escrevendo. Também o fortalece para arriscar e soltar-se mais. Desde que a professora deixou-o trabalhando, após o término da interação com ela, até o momento em que entregou o texto, Ícaro ficou envolvido com a atividade por, aproximadamente, 18 min. Nessa hora, a maioria dos alunos já terminou e existe uma movimentação grande na classe. Eles preparam-se para o lanche. Uns vão ao banheiro, outros já estão de volta e pegam a lancheira. O barulho com conversas vai aumentando. Isso tudo parece não incomodar.

...Ícaro levanta-se sem dizer nada, mas com um sorriso e olhos fixos no papel. Parece esquecer-se dos seus amigos, pois sai sem falar mais nada com os dois alunos de trás. Nem mostra o seu texto terminado. Ícaro encheu a folha com escrita.
Caminha até a professora:
– Tia, dessa vez fiz a história inteira!...
(idem)

Com certeza se referia à experiência do texto anterior, onde precisou da presença constante dela para que fizesse.

...P: – Ah, é! Então lê pra mim.
(A professora sorri para Ícaro).

64 Afetividade e Práticas Pedagógicas

Ícaro:
– O Natal é perto do Carnaval. Está chegando a Páscoa. Eu gosto da Páscoa. Agora eu estou aprendendo a escrever aqui no Infantil 4. Agora eu estou gostando. Antes eu não gostava. Eu gostei muito de escrever esse trabalho. Eu estou adorando escrever. É legal escrever. É legal aprender as coisas. Eu gosto de escrever. É legal fazer essa história.
(Ícaro fala e lê com satisfação).
A professora olha e ouve Ícaro com atenção, sem tirar os olhos dele. Uma aluna aproxima-se e tenta falar algo. A professora faz um sinal para que ela espere. Continua olhando para Ícaro com um sorriso.
P: – Puxa, que legal! Que bom que você está gostando de escrever! Tá muito jóia seu texto!
(idem)

Ícaro, ao terminar a produção de texto, fez questão de ler o que escreveu para mim e para a professora. No conteúdo de seu texto, expressou seus sentimentos com relação à escrita, confirmando que a experiência vivida no episódio anterior influenciou, positivamente, a sua relação com este objeto de conhecimento na atividade seguinte. Estava muito satisfeito com o seu desempenho na produção de texto e, baseando-se nos dois episódios de interação de que participou, pode-se inferir que a maneira como a professora conduziu os dois processos contribuiu para fortalecer a motivação e auto-estima do aluno. As reações da professora diante da produção de Ícaro, diante de suas dúvidas e de sua impaciência (sentava e levantava, interrompia a produção com freqüência) contribuíram para ele atribuísse um sentido afetivo positivo para a escrita. Embora tenha ocorrido, várias vezes, uma aproximação física entre Ícaro e a professora, também nessa situação a afetividade que permeou a relação entre eles expressou-se fundamentalmente pela escrita, expressou-se pelo conhecimento.

Outros episódios também revelam a importância da atenção da professora na atividade do aluno. As situações que se seguem mostram dois alunos que procuram chamar a atenção da professora ao final da produção de texto. Diferentemente de Ícaro, ambos conseguiram produzir com maior autonomia, não necessitando tanto da presença e de confirmações constantes da professora, durante o processo de produção, mas, ao final, demonstraram o desejo de ler o que escreveram. Mais uma vez, a vinculação afetiva mostra-se por meio da escrita.

> *... Ramon vai até a professora e começa a ler seu texto.*
> *A professora acompanha a leitura apontando as palavras escritas com o dedo.*
> *Ramon lê com fluência e entonação.*
> (Dados obtidos na filmagem em sala de aula. Matriz n° 4).

> *...A professora está sentada em frente de outro aluno e tem mais dois alunos em volta dela. Quando termina de atender um dos alunos, olha para Laura.*
> *Laura começa a ler e segue a escrita com o dedo.*
> *A professora mantém os olhos fixos no texto dela.*
> *(Ela está muito atenta ao texto).*
> *Laura lê o texto com entonação, sem tirar os olhos da folha e com fluência.*
> (Dados obtidos na filmagem em sala de aula. Matriz n° 1).

Certamente, a postura atenciosa da professora proporcionou boas experiências, contribuindo para uma favorável relação entre os alunos e a escrita. Da mesma forma, a receptividade da professora, ao acolher cada um dos alunos em suas necessidades, mostra a valorização do trabalho desenvolvido. Isso é, sem dúvida, uma outra forma de vinculação afetiva. Considerar e valorizar as produções dos alunos constitui-se numa vivência positiva que, além de fortalecer a autoconfiança e auto-estima de cada um, afeta a sua relação com a escrita. As reações das professoras diante das produções e dos comportamentos dos alunos revelam uma forte natureza afetiva. Segundo Amaral (2000) *a experiência vivida, a relação afetiva que se estabelece a cada momento com cada acontecimento de seu universo predominam sobre o pensado e determinam positiva ou negativamente as características que atribui aos objetos, pessoas ou situações com que lida. Embora saiba que as coisas, pessoas e acontecimentos têm uma individualidade estável, a compreensão que tem deles está diretamente relacionada a suas experiências emocionais* (p. 51).

Assim, ao valorizar a produção dos alunos, a professora contribui para que construam uma imagem positiva de si mesmos[6].

Os dados revelam que os comentários dos alunos (extraídos nas sessões de autoscopia) sobre as experiências vividas em sala de aula marcaram positivamente a sua relação com a escrita.

... – Trabalho de escrever eu gosto mais ou menos, cansa muito. Mas, a (nome da professora) ajuda. Ela vai falando e escrevendo e eu olho bem e vou fazendo. Ela me ajudou a ficar melhor.
(Dados obtidos na sessão de autoscopia. Matriz nº 2).

...– Gostei desse trabalho só que é muito duro, porque tem que escrever um monte de coisa. Cansa, mas eu gosto de escrever. Antes eu não gostava. ...
(Dados obtidos na sessão de autoscopia. Matriz nº 2).

... – Gosto quando a (nome da professora) fica perto porque ela é legal. Ela ajuda, ela conversa do meu trabalho. Isso ajuda, porque ela dá umas idéias pra gente..
(Dados obtidos na sessão de autoscopia. Matriz nº 3).

---

6. Aqui, baseio-me em Moysés (2001): autoconceito refere-se a percepção que cada um tem de si mesmo. Tal percepção é influenciada por fatores externos e internos à pessoa. Informações e opiniões alheias vão se juntando às que nós mesmos fazemos a nosso respeito. Auto-estima é o sentimento de valor que acompanha essa percepção que temos de nós. É a avaliação daquilo que sabemos a nosso respeito (p. 18).

... – Eu gosto de escrever. Eu não paro de escrever. Eu fiz a folha inteira, até o fim. Antes eu cansava, agora não. Agora eu gosto.
(Dados obtidos na sessão de autoscopia. Matriz nº 5).

... – Gostei desse trabalho, só que foi comprido não deu pra eu fazer o desenho, mas não tem problema. A (nome da professora) falou pra eu fazer a semana que vem. Eu gostei de tudo desse trabalho. Porque eu gosto de escrever. Antes eu não gostava. Agora eu gosto. Antes eu só desenhava e escrevia pouco. Agora eu escrevo bastante. Eu comecei a gostar agora de escrever. Dá pra escrever história, receita. Eu comecei a gostar sozinho, mas escrever coisa legal ajuda a gostar.
(Dados obtidos na sessão de autoscopia. Matriz nº 6).

... – É que agora (...) eu já tô acostumado de escrever. Eu já tô escrevendo rápido.
(Dados obtidos na sessão de autoscopia. Matriz nº 9).

Outros comentários revelam o efeito dos comportamentos das professoras no desenvolvimento do aluno, principalmente no funcionamento cognitivo. Serenidade, tranqüilidade e confiança são sentimentos que produzem o que Dantas (1994) chamou de *destravamento da atividade cognitiva.*

... – Ela tem paciência. Ela espera quando eu tô atrasado ela vem e me ajuda.
(Dados obtidos na sessão de autoscopia. Matriz nº 2).

... – Ela fica perto, mas agora não precisa ajudar tanto como tá aí nesse filme. Agora eu já consigo fazê sozinho. Eu penso sozinho e faço. Cê num viu nesse trabalho lá na classe que já fiz cinco sozinho? No começo ela ficava toda hora. Agora eu já sei um monte de coisa. É porque eu tô melhor.
(Dados obtidos na sessão de autoscopia. Matriz nº 2).

... – Ela fala de um jeito bom. Ela fala baixo quando tá ensinando.
– Ela é animada. Porque ela é feliz.
(Dados obtidos na sessão de autoscopia. Matriz nº 6).

... – Ela é legal. Ela me ajuda e eu escrevo melhor. Se ela fosse brava aí eu escrevia pior.
(Dados obtidos na sessão de autoscopia. Matriz nº 6).

... – Gosto quando a (nome da professora) fica perto, porque ela me ajuda. Acho que eu penso muito mais. Porque ela perto me ajuda mais, do que quando eu penso sozinho.
(Dados obtidos na sessão de autoscopia. Matriz nº 12).

É certo que as relações entre as pessoas não são sempre permeadas pela tranqüilidade e pela suavidade. Os fenômenos afetivos referem-se igualmente aos estados de raiva, medo, ansiedade, tristeza. Essas emoções e sentimentos estão presentes nas interações sociais. No entanto, na referida pesquisa havia a intenção, por parte das professoras (detectada nas entrevistas), em trabalhar com sentimentos de ansiedade e insegurança, que influenciam negativamente o processo de aprendizagem. Buscava-se, por meio de ações concretas, amenizar os efeitos desarticuladores que tais sentimentos provocam. Os dados coletados nas entrevistas demonstraram que as professoras atuavam com o objetivo de combater o excesso de ansiedade que surgia durante as atividades, buscando contagiar os alunos com sentimentos que tranqüilizavam, encorajavam e fortaleciam-nos na execução das mesmas. Mesmo assim, dois comentários de alunos exemplificam situações que acabam bloqueando a atividade cognitiva do aluno.

... – As minhas professoras e a minha mãe elas sempre me ajudam a escrever. Mas na outra escola era chato porque a professora era muito brava. Na outra escola era chato, porque a professora não sabia conversar direito. Ela só gritava. A gente ia pegar a borracha

pra apagar, ela falava: – Não! Vai deixar assim. A (nome da professora) não, ela fala: – Olha tá errado. (Ao imitar a fala das professoras usa um tom de voz mais alto e ríspido para a primeira e, um tom mais suave para a segunda). (Dados obtidos na sessão de autoscopia. Matriz nº 9).

... – Eu não gosto muito quando ela fala do meu trabalho, quando tem alguma coisa errada. Porque eu fico triste. Aí eu não consigo pensar e ela não fala quando eu não consigo pensar. (Dados obtidos na autoscopia. Matriz nº 3).

As crianças apontam claramente como a qualidade dos sentimentos interfere na qualidade do pensamento. Medo, angústia, ansiedade e frustração são sentimentos que exigem grande envolvimento emocional, desgastando imensamente o aluno. A serenidade e tranqüilidade das professoras auxiliaram na redução ou até a eliminação desses sentimentos desagregadores, permitindo o já citado *"destravamento"* da atividade cognitiva (Dantas, 1994).

Almeida (1997) apresenta um minucioso estudo sobre a afetividade do educador realizado por Marchand, onde este

sustenta que a criança e o professor compõem (...) um par educativo que desde o primeiro contato escolar, transforma-se também em par afetivo, cuja harmonia ou desacordo leva o ensino para os numerosos (des)caminhos possíveis" (Marchand *apud* Almeida, 1997, p. 16).

Ter consciência de que a relação professor-aluno é permeada pela afetividade é urgente e necessário. A Educação pressupõe uma ação interativa, que envolve ambos, em toda sua complexidade.

Considerações finais

Não podemos pensar uma sala de aula isenta de sentimentos e emoções. Como se viu, nem sempre é possível viver apenas bons

70 Afetividade e Práticas Pedagógicas

sentimentos, mas o que considero importante pensar é que sentimentos e emoções interferem no desenvolvimento cognitivo. Segundo Bastos e Dér (2000),

> *A relação entre os progressos da afetividade e os da inteligência só podem ser compreendidos a partir de uma relação de reciprocidade e de interdependência. As condições para a evolução da inteligência têm raízes no desenvolvimento da afetividade e vice-versa* (p. 40).

Acreditar nessa interdependência possibilita uma ampliação das preocupações dos professores. Não basta pensar no que se diz e no que se faz, mas principalmente no como se diz e como se faz. Muda também o olhar do professor para a dinâmica de sala de aula, tanto no que diz respeito às suas posturas e dizeres, como também posturas e dizeres dos alunos. Pensando a partir das idéias de Wallon sobre o desenvolvimento da criança, no que se refere aos campos funcionais (afetividade, cognição e atividade motora) que se influenciam e são dependentes entre si, vemos que a atividade postural do aluno, sua tonicidade muscular e a expressividade dos gestos revelam informações importantes sobre seu estado interno. Portanto, a agitação do corpo, ou a tranqüilidade do mesmo, reflete nas suas disposições mentais. (Dantas, 1990).

Outro aspecto relevante sobre o qual se pode refletir é com relação à própria escola, local de interações sociais intensas e variadas. É nesse espaço que a criança vai desenvolver sua potencialidade e transformar ou concretizar a imagem que traz de si mesma. Por isso, ela necessita de confirmações a respeito do próprio trabalho, de respostas às suas dúvidas, de intervenções que a motivem para a realização, enfim, de acolhimento às suas necessidades. Para Amaral (2000),

> *É importante que o adulto leve em consideração essas necessidades infantis, a fim de fortalecer a função afetiva que será preponderante na etapa seguinte de desenvolvimento. Estando de posse do*

equilíbrio afetivo, a criança poderá lidar mais adequadamente com as inquietações e questionamentos que nela se instalam provocados pela crise que marca o início do estágio da puberdade e adolescência (p. 58).

Ainda há mais um aspecto a ser evidenciado: a afetividade também evolui e, portanto, existe um refinamento nas trocas afetivas. Foi comum encontrar, nos depoimentos, tanto de alunos como nos das professoras, referências ao respeito, à colaboração, à valorização de cada um e ao desejo de compreender o outro. Assim, quanto melhores forem as condições de se cultivarem sentimentos como estes, mais consistentes e profundos serão os relacionamentos, promovendo uma aprendizagem significativa.

Nesse sentido,

é a sensibilidade do professor, sua experiência, a sua vivência em cada encontro, a sua atenção genuína, o seu ouvir lúcido, a sua motivação para compreender o outro que serão os guias para decidir o como, o quando, o quanto é possível aproximar-se dessas condições. A função da emoção na ação educativa é a de abrir caminho para a aprendizagem significativa, isto é, aquela aprendizagem que vai ao encontro das necessidades, interesses e problemas reais das crianças e que resulta em novos significados transformadores da sua maneira de ser (...) possibilitando a descoberta de novas idéias (Mahoney, 1993, p. 70-71).

Promover relações harmoniosas em sala de aula não implica que o professor tenha que se destituir da sua autoridade e hierarquia, inerentes ao seu papel, e muito menos aceitar tudo que é feito pelo aluno, sem interferir. Não há incompatibilidade entre estes aspectos e o vínculo afetivo. Pelo contrário, os dados demonstraram que tanto as professoras como os alunos reconheceram e identificaram o papel de cada um na dinâmica de sala de aula. Ambos falaram a respeito das intervenções pedagógicas, destacando a sua importância e necessidade. Além disso, a partir dos comentários dos alunos, infere-se que solicitavam a ajuda das professoras, esperando tais intervenções. Na verdade, o que se destacou como mais importante foi a maneira como eram feitas. Evidenciaram-se situações cooperativas e compartilhadas, que instigavam o aluno a participar do processo. Novamente, reafirmo que, naturalmente, existem outras condições onde a temperatura emocional se eleva. Mas, diante da íntima relação entre afetividade e atividade cognitiva, diante da perspectiva walloniana de que é possível atuar sobre o cognitivo através do afetivo, e vice-versa, é evidente que condições afetivas favoráveis facilitam a aprendizagem. Nesse sentido,

> *cabe ao professor tomar a iniciativa de encontrar meios para reduzi-la [a temperatura emocional], invertendo a direção de forças que usualmente se configura: ao invés de se deixar contagiar pelo descontrole emocional das crianças, deve procurar contagiá-las com sua racionalidade* (Galvão, 1996, p. 105).

Obviamente, para se desenvolver um trabalho pedagógico que promova uma aprendizagem significativa, possibilitando o entrelaçamento entre os aspectos afetivos e cognitivos, através das relações sociais que se estabelecem em sala de aula, é necessário planejar condições adequadas. Recursos humanos e materiais suficientes, além do investimento na formação do professor, são algumas delas, não se esquecendo da importância de uma proposta pedagógica construída coletivamente na escola. Pela ação coletiva, com objetivos e práticas comuns, além do exercício da reflexão contínua, é possível vivenciar relações permeadas de sentimentos de justiça, cooperação, compreensão e valorização pessoal entre todos os membros e segmentos da instituição escolar (alunos, professores, coordenadores, diretores e funcionários). Tais condições não se restringem à sala de aula: deve-se acreditar que os esforços individuais podem frutificar se conseguirem contagiar outras pessoas da comunidade escolar. Assim, promove-se uma ampliação das condições das interações vividas dentro da classe para um âmbito cada vez maior, possibilitando a criação de um "circuito não perverso[7]", em que as atitudes de compreensão, consideração, respeito e reciprocidade tornem possível a busca da realização de todos os envolvidos.

Referências bibliográficas

Almeida, A. R. S. A emoção e o professor: um estudo à luz da teoria de Henri Wallon. *Psicologia: Teoria e Pesquisa*, v. 13, n º 2, p. 239-249, mai/ ago, 1997.

_____. *A emoção na sala de aula.* Campinas: Papirus, 1999.

Amaral, S. A. Estágio Categorial. Em Mahoney, A. A. e Almeida, L. R. (Orgs.) *Henri Wallon – Psicologia e Educação.* São Paulo: Edições Loyola, 2000.

Bastos, A. B. B. I. e Dér, L. C. S. Estágio do Personalismo. Em Mahoney, A. A. e Almeida, L. R. (orgs.) *Henri Wallon – Psicologia e Educação.* São Paulo: Edições Loyola, 2000.

Bogdan, R. & Biklen, S. *Investigação qualitativa em educação: uma introdução à teoria e aos métodos.* Portugal: Porto Editora, 1997.

Dantas, H. *A infância da razão: uma introdução à psicologia da inteligência de Henri Wallon.* São Paulo: Manole, 1990.

_____. Afetividade e a construção do sujeito na psicogenética de Wallon. Em La Taille, Y., Dantas, H., Oliveira, M. K. *Piaget, Vygotsky e Wallon: teorias psicogenéticas em discussão.* São Paulo: Summus Editorial Ltda, 1992.

_____. Algumas contribuições da psicogenética de H. Wallon para a atividade educativa. *Revista de educação da A. E. C.*, Brasília, v. 23, n º 91, p. 45-51, abr/jun., 1994.

Ezpeleta, J. & Rockwell, E. *Pesquisa Participante.* São Paulo: Cortez, 1989.

Galvão, I. *Henri Wallon.* Petrópolis: Vozes, 1996.

---

7. Termo usado pela autora contrapondo-se ao termo circuito perverso para se referir ao caráter contagioso das emoções. Em contato com uma temperatura emocional elevada, as pessoas ficam expostas a uma contaminação.

Lüdke, M. & andré, M. *Pesquisa em Educação: abordagens qualitativas.* São Paulo: E.P.U, 1986.

Mahoney, A. A. Emoção e ação pedagógica na infância: contribuições da psicologia humanista. *Temas em Psicologia.* Sociedade Brasileira de Psicologia, São Paulo, n º 3, p. 67-72, 1993.

Moysés, L. *A auto-estima se constrói passo a passo.* Campinas: São Paulo, 2001.

Oliveira, R. D. & Oliveira, M. D. Pesquisa social e ação educativa: conhecer a realidade para poder transformá-la. Em Brandão, C. R. (Org.) *Pesquisa participante.* São Paulo: Brasiliense, 1981.

Pino, A. (mimeo) *Afetividade e vida de relação.* Campinas, Faculdade de Educação, Universidade Estadual de Campinas.

Sadalla, A. M. F. A. *Com a palavra, a professora.* Tese de doutorado. Campinas: Faculdade de Educação da Unicamp, 1997.

Tassoni, E. C. M. *Afetividade e produção escrita: a mediação do professor em sala de aula.* Dissertação de Mestrado. Campinas: Faculdade de Educação da Unicamp, 2000.

Wallon, H. *As Origens do Caráter na Criança.* São Paulo: Nova Alexandria, 1995.

Afetividade e condições de ensino: histórias de professores inesquecíveis

DANIELA CAVANI FALCIN[1]

> Ensinar é um exercício de imortalidade. De alguma forma continuamos a viver naqueles cujos olhos aprenderam a ver o mundo pela magia da nossa palavra. O professor assim, não morre jamais...
>
> *Rubem Alves*

Introdução

Até recentemente, o trabalho pedagógico vinha sendo tratado como se as decisões docentes em sala de aula envolvessem apenas a dimensão cognitiva do aluno, desconsiderando-se o aspecto afetivo.

Pesquisas recentes na área da Psicologia Educacional têm demonstrado, conforme veremos neste livro, a presença da dimensão afetiva no contexto escolar, tanto nas relações que envolvem professor e aluno, quanto nas práticas pedagógicas desenvolvidas pelos docentes.

Tais pesquisas baseiam-se numa concepção unitária do homem, superando, portanto, a visão dualista que o considera enquanto corpo/mente, matéria/espírito, afeto/cognição, que por séculos permeou a trajetória do pensamento e conhecimento humano, impedindo uma

---

1. Pedagoga. Mestranda do Programa de Pós-Graduação da Faculdade de Educação da Unicamp. Bolsista da FAPESP.

compreensão adequada das relações entre ensino e aprendizagem e da própria totalidade do ser humano (Leite e Tassoni, 2002).

A concepção monista do homem tem sido possível a partir de abordagens como a histórico-cultural – defendida por autores como Vygotsky (1993, 1994) e Wallon (1968, 1971) – que enfatizam os determinantes culturais, históricos e sociais da condição humana, além de considerarem que, no homem, as dimensões afetiva e cognitiva são inseparáveis.

Ambos autores defendem que, através das interações sociais, os indivíduos apropriam-se dos elementos culturais construídos pelo homem ao longo da história e se desenvolvem. O conceito de *mediação* tem, assim, assumido um lugar central nesta teoria: é pela mediação, realizada pelo outro, que o indivíduo incorpora os modos de pensar, agir e sentir, socialmente elaborados, e se constitui enquanto sujeito.

Vygotsky e Wallon defendem, além disso, a íntima relação existente entre o ambiente social e os processos afetivos e cognitivos, afirmando que ambos inter-relacionam-se e influenciam-se mutuamente.

Para Vygotsky, *"...são os desejos, necessidades, emoções, motivações, interesses, impulsos e inclinações do indivíduo que dão origem ao pensamento e este, por sua vez, exerce influência sobre o aspecto afetivo-volitivo"* (Rego, 2002, p. 122).

Da mesma forma, Wallon (1978) aponta que o conhecimento do mundo objetivo é feito de modo sensível e reflexivo, envolvendo o sentir, o pensar, o sonhar e o imaginar. Segundo Dantas (1992), para o autor, é a atividade emocional que

> *realiza a transição entre o estado orgânico do ser e a sua etapa cognitiva, racional, que só pode ser atingida através da mediação cultural, isto é, social. A consciência afetiva é a forma pela qual o psiquismo emerge da vida orgânica: corresponde à sua primeira manifestação. Pelo vínculo imediato que se instaura com o ambiente social, ela garante o acesso ao universo simbólico da cultura, elaborado e acumulado pelos homens ao longo de sua história.*

Dessa forma, é ela que permitirá a tomada de posse dos instrumentos com os quais trabalha a atividade cognitiva. Nesse sentido, ela lhe dá origem (p. 85-86).

Assim, os autores evidenciam que a afetividade está presente nas interações sociais, além de influenciar os processos de desenvolvimento cognitivo.

Nesse sentido, podemos supor que as interações que ocorrem no contexto escolar também são marcadas pela afetividade em todos os seus aspectos, não se restringindo, apenas, às relações "face-a-face", entre professor e aluno.

Consideramos, portanto, que as decisões sobre condições de ensino, assumidas pelo docente, têm inúmeras implicações afetivas no comportamento do aluno, influenciando sua relação com os diversos objetos de conhecimento escolares. O foco de nossa discussão encontra-se, assim, nas condições concretas de mediação, planejadas e desenvolvidas, principalmente, pelo professor.

Conforme veremos, é a qualidade dessa mediação vivenciada pelo sujeito que determina, em grande parte, a natureza dos vínculos que estabelece com determinado objeto de conhecimento.

A pesquisa

O presente capítulo apresentará e discutirá as dimensões afetivas nas práticas pedagógicas docentes, a partir de relatos de mediações pedagógicas vivenciadas por jovens, em sala de aula, que contribuíram para uma relação positivamente afetiva entre eles e determinados conteúdos escolares.

Para tanto, vamos recorrer aos dados coletados em nossa pesquisa[2] que teve por objetivo analisar a relação entre as decisões pedagógicas

---

2. Falcin, D. C. *Afetividade e condições de ensino: a mediação docente e suas implicações na relação sujeito-objeto.* Monografia. Campinas: Faculdade de Educação da Unicamp, 2003. Trabalho de Conclusão de Curso realizado com o apoio da FAPESP, orientado pelo prof. Dr. Sérgio A. da S. Leite.

assumidas pelo docente no desenvolvimento do processo de ensino e os possíveis efeitos destas na futura interação que se estabelece entre o sujeito (aluno) e o objeto de conhecimento em questão (conteúdos escolares). Assumimos que essas relações são de natureza marcadamente afetiva, não se restringindo apenas à dimensão cognitiva. Para tanto, realizamos entrevistas recorrentes com alunos que estavam cursando ou haviam terminado o 3º colegial e relatado a existência de um professor que marcou sua vida como estudante – um professor inesquecível.

Cabe observar que a entrevista recorrente consiste numa interação organizada em várias consultas, cuja meta é esclarecer uma situação problematizada pelo pesquisador. Dirigindo a interação para a busca de respostas, o pesquisador desencadeia uma série de verbalizações do sujeito a partir de uma pergunta central.

Simão (1982, *apud* Larocca, 1996) define este tipo de entrevista como sendo uma interação social planejada que se dá entre *"um ator que pretende conhecer um fenômeno e outro ator que detém a experiência cotidiana daquele fenômeno"* (p. 29).

As verbalizações dos participantes foram agrupadas em núcleos de significação . De acordo com Aguiar (2001), esses núcleos são gerados a partir de um esforço do pesquisador na busca de *"temas/ conteúdos/questões centrais apresentadas pelos sujeitos, entendidos assim menos pela freqüência e mais por ser aqueles que motivam, geram emoções e envolvimento"* (p.135).

Tais núcleos correspondem, pois, a aspectos das práticas pedagógicas dos professores citados, identificados como determinantes das relações posteriormente estabelecidas entre os sujeitos e os respectivos objetos de conhecimento.

Baseando-nos na pesquisa por nós realizada, buscaremos mostrar aqui que o trabalho pedagógico que o professor realiza concretamente – como organiza o espaço físico da sala de aula, como aborda os conteúdos, como organiza os conteúdos, escolha dos materiais a serem utilizados, escolha dos procedimentos e atividades de ensino, escolha dos procedimentos de avaliação, etc – pode facilitar a apropriação dos conteúdos escolares pelos sujeitos, aumentando a chance de obterem sucesso no processo de ensino-aprendizagem. Podemos dizer, com base nas colocações de Moysés (2004), que esse sucesso, por possibilitar a construção de uma elevada auto-estima, produz um efeito afetivamente positivo nos alunos.

A autora refere-se à auto-estima como sendo o sentimento de valor que acompanha a percepção do indivíduo sobre si mesmo; aponta que condições favoráveis – no caso da referida pesquisa, representadas pelas decisões pedagógicas assumidas pelos professores durante o processo de ensino, que facilitam a aprendizagem – colaboram para a consolidação de uma auto-estima elevada. Analisando estudos sobre a questão da auto-estima no âmbito educacional, ela observa que:

> *O fato de se considerar bom ou ruim pode acabar influenciando seu desempenho escolar na medida em que poderá afetar seu grau de esforço, de persistência e seu nível de ansiedade. Estudos nesse setor apontam que pessoas com percepções positivas das suas capacidades aproximam-se das tarefas com confiança e alta expectativa de sucesso. Conseqüentemente, acabam se saindo bem* (p. 38).

Falaremos, portanto, de professores que, com suas práticas pedagógicas, deixaram marcas profundas nas vidas de seus alunos, tornando-se, assim, inesquecíveis.

A afetividade nas práticas pedagógicas assumidas pelos docentes

São várias as decisões a serem tomadas pelo professor ao planejar e desenvolver um curso, seja ele de ensino fundamental, médio ou superior. Dentre elas, podemos citar: a escolha dos objetivos de ensino; a escolha do ponto de partida no processo de ensino e aprendizagem; a organização dos conteúdos; a escolha dos processos e atividades de ensino; a escolha dos procedimentos de avaliação (Leite e Tassoni, 2002).

Conforme já apontamos, a cisão histórica do homem entre racional e emocional tem levado, tradicionalmente, os professores a se preocuparem somente com o desempenho cognitivo de seus alunos, desconsiderando, muitas vezes, os aspectos afetivos envolvidos nesse processo.

No entanto, é para esses últimos que chamaremos atenção, já que, como apontam Leite e Tassoni (2002), *"a afetividade está presente em todas as principais decisões de ensino assumidas pelo professor, constituindo-se como fator fundante das relações que se estabelecem entre os alunos e os conteúdos escolares"* (p. 135-136).

Passemos a examinar, então, como algumas das decisões pedagógicas docentes interferem na relação afetiva que se estabelece entre sujeito e objeto de conhecimento. Cabe observar que os exemplos por nós citados correspondem a verbalizações dos sujeitos que participaram da já mencionada pesquisa.

Organização da sala de aula

Os resultados obtidos na pesquisa mostram que o arranjo físico da sala de aula, ou seja, a forma de dispor as carteiras na sala, é um aspecto da prática pedagógica que pode contribuir para a aprendizagem dos alunos e, conseqüentemente, para uma relação positiva deles com determinado objeto de conhecimento.

Os sujeitos da pesquisa mencionam duas formas de organizar as carteiras em sala de aula – em círculo e em duplas – concebidas e adotadas por seus professores que marcaram afetivamente sua relação com determinado objeto de conhecimento.

Um deles comenta que o fato de as carteiras ficarem em círculo e de a professora sentar-se com os alunos demonstrava o interesse dela para com eles, pois, assim, ela os tratava de forma mais personalizada:

> *Acho que [isso] fazia a gente parecer mais importante, você não é só mais um aluno ali, ela realmente tá mostrando que se importava com você, que quer que você entenda, que realmente é alguém ali dentro, não é só mais um aluno... (S_1).*

Outro sujeito relata que gostava do jeito de o professor arrumar a classe, pondo os alunos sentados em duplas, já que, assim, o esclarecimento de algumas dúvidas poderia ser feito de forma mais rápida com o colega ao lado:

...Ele achava que com o aluno do lado ali era mais fácil tirar uma dúvida; tipo, você tá fazendo o exercício, aí surgiu uma duvidazinha besta, que você olha e fala, "vô perguntar isso pro professor? O fora que eu vou dar, né?", pergunta pro colega, é muito mais fácil, muito mais acessível, resolve o exercício junto, isso ajuda bastante... essa era a didática que ele gostava de usar (S₃).

Podemos notar, com base nos exemplos, que os professores citados, ao viabilizarem certos arranjos das carteiras em sala de aula, tinham por objetivo proporcionar melhores condições para a apropriação dos conteúdos pelos alunos, possibilitando, desta forma, uma relação prazerosa entre eles e os conteúdos de determinada disciplina.

Aulas expositivas

Por ser a atividade pedagógica mais utilizada nas escolas, a aula expositiva merece atenção especial. Vários são os aspectos abarcados por tal atividade: forma de expor os conteúdos das aulas na lousa, organização de tais conteúdos em termos de seqüência e exemplificação, forma de abordar os conteúdos durante as aulas, artifícios usados pelo professor durante as exposições teóricas, relação feita pelo professor entre os conteúdos escolares e o cotidiano dos alunos, participação dos alunos nas aulas, dentre outros. Todos esses aspectos parecem interferir na aprendizagem dos alunos, influenciando, assim, sua relação com determinado objeto de conhecimento.

A forma de o professor expor e organizar, na lousa, os tópicos a serem explicados durante uma aula teórica, por exemplo, pode contribuir para facilitar a compreensão dos alunos acerca dos conteúdos. É o que nos aponta um dos participantes da pesquisa:

...a parte teórica ela [a professora] dava como os outros, sabe, só que ela deixava em pontos, vamos dizer, em tópicos, na lousa. E ela colocava os tópicos principais que resumiam a matéria... o que ela usava muito eram os exemplos e os exercícios, fazia bastante exercícios, era basicamente isso... era bem curta e grossa [a explicação] não ficava fazendo coisas que eram desnecessárias, tudo em tópicos. Ele [um outro professor de Física]... escrevia textos grandes para explicar toda a matéria e acho que isso também tornou a aula bem cansativa (S_4).

Outro aspecto das decisões pedagógicas docentes, que está relacionado às aulas expositivas do professor e que facilita a compreensão dos conteúdos, aumentando o interesse do aluno pelo objeto de conhecimento, é a forma de o professor organizar as aulas, em termos de seqüência e exemplificação:

... todo mundo sempre odeia, na hora de trocar os exemplos e colocar "n", que é generalizar tudo... explicando, generalizando, eu pego aquilo e transfiro pro exercício e aquilo ali fica muito mais fácil. Era assim que ele explicava. E eu achava extremamente bacana, porque ele não chegava ali na lousa... colocava uns exemplozinhos idiotas e falava: "Eu manjo e eu estou explicando assim porque eu sei que a capacidade de vocês é inferior, então vocês só vão entender assim". Aí coloca aquela coisinha ridícula e todo mundo entende e chega no exercício o cara vai comparar, não entende nada e não sai nada. Aí ele preferia dar o 'top', depois ia descendo, pro aluno ir assimilando, aí o aluno viu a fórmula, não entendeu nada, aí ele vê o exemplo, aí ele já começa a ligar, aí ele vê outro, começa a ligar de novo, ele pega os exercícios compara com o que ele entendeu, liga a fórmula no exercício. Aí dá certo (S_3).

Do mesmo modo, a clareza e objetividade das explicações do professor favorecem a apropriação dos conhecimentos pelo aluno e, conseqüentemente, uma relação saudável entre eles e tais objetos:

Afetividade e condições de ensino: histórias de professores inesquecíveis 83

Ele era extremamente direto, não tinha uma aula dele que eu saia 'poxa, não entendi aquele ponto'; ele explicava extremamente claro. E aquela coisa básica de todo professor, né, qualquer pergunta tem que repetir 500 mil vezes até o aluno entender. Só que acontece que na aula dele não tinha pergunta, porque ele explicava tão bem que todo mundo entendia... (S_3).

A abordagem detalhada do professor acerca dos conteúdos também se constitui como uma atitude interessante e importante porque, por não serem superficiais, as explicações estimulam os alunos, levando-os a estudarem com maior interesse:

Eu acho que os detalhes nos quais ele entrava... realmente geravam estímulos no aluno, porque muitas vezes o aluno escuta o professor explicando alguma coisa e realmente é uma coisa superficial, que você não está entendendo. Então, entrando nesses detalhes, ele vai explicar o porquê e realmente ele faz com que você entenda o porquê, por exemplo, 2 + 2 = 4, não que simplesmente te ensinaram que é isso. Então, quando eu falei, na entrevista anterior, que ele perguntava na prova quem descobriu o Brasil, ele não queria saber simplesmente que foi Pedro Álvares Cabral, só isso. Porque se ele estava exigindo mais, era porque ele passou pra você esse algo mais (S_2).

Sobre os artifícios do professor durante as exposições teóricas, os alunos apontam que, se o docente traz objetos que fazem parte de seu cotidiano ou realiza experiências práticas que demonstrem aquilo que se está estudando, a aprendizagem torna-se significativa. É o que apontam dois participantes:

Nas aulas de Botânica, ela trazia plantas. Quando a gente estava estudando as Pteridófitas, ela trazia samambaias que tivessem com os esporos na folha pra gente ver... Então ela explicava trazendo a planta... Botânica é uma parte meio chatinha, tem muita coisa pra

84 — Afetividade e Práticas Pedagógicas

decorar, pra lembrar e cada tipo de planta tem o seu ciclo, seu tipo de reprodução, cada uma é de um jeito diferente na fase adulta, então ela levava planta, folha, vaso, pra gente ver; é importante pra gente entender mesmo, pra gente estar em contato com o que a gente está estudando, sair do teórico e partir um pouquinho pro prático. [Isso] ajuda a... entender melhor (S_1).

...Quando a gente estava estudando resistores, ela trouxe aquelas lampadinhas de árvore de natal e demonstrou que aquilo lá, quando estava ligado em série, se você desligasse um, ia cortar; se você tivesse ligado em paralelo... trouxe lá na sala, parou a aula, chamou todo mundo lá, fez um círculo...; teve outro experimento que ela fez que foi pra demonstrar o campo magnético... ela trouxe acho que um indutorzinho e um potinho de farinha e esse indutor causava um campo ali e ficava marcado na farinha..., aí dava pra mostrar. Coisas que a gente... nunca imaginaria ver no dia-a-dia ou que a gente via no dia-a-dia, mas nunca ligaria uma coisa com a outra.., ela trazia pra gente e explicava (S_4).

Quando, além disso, o professor explicita aos alunos a relação entre os conteúdos escolares e o seu cotidiano, aumentam-se as chances de uma interação saudável com o objeto de conhecimento:

[Os textos para leitura eram sempre relacionados com] dia-a-dia, História, política... [Ele relacionava muito a História com o dia-a-dia]. Sempre procurou relacionar a maneira como os nossos governantes agem, com como os governantes de antigamente agiam... (S_2).

[O fato de a professora relacionar a matéria com o dia-a-dia fazia com que a explicação] não ficasse uma coisa vaga, né (S_4).

Os alunos também parecem ver de forma positiva o fato de poderem participar efetivamente das aulas, manifestando eventuais dúvidas e sanando-as imediatamente, o que, além de ajudá-los a

Afetividade e condições de ensino: histórias de professores inesquecíveis 85

entender a lógica envolvida, proporciona um estímulo para que continuem estudando:

A gente participava, interrompia a qualquer momento: "mas professora, por que isso acontece?"; ela explicava, voltava em matéria do primeiro ano se precisasse, até a gente entender... [Isso] ajuda a você manter seu raciocínio, né, se você não entendeu alguma coisa, você pergunta na hora, não tem aquela coisa de deixar pra depois;... de repente você pode acabar esquecendo, não precisa esperar o professor sair da sala pra falar com ele;... tem algum detalhe que você queria perguntar, e... perguntando, você vai aprofundar mais a matéria, a aula flui melhor (S₁).

[O fato de poder participar interativamente da aula] ajuda porque ele [o professor] dá liberdade realmente pro aluno. Se ele está explicando, ele não tá explicando como muitos professores [desta escola], do período que eu estudei, você via que o professor tava passando na lousa o conteúdo de tal matéria, você fazia uma pergunta um pouco mais aprofundada e o professor não sabia nada a respeito disso. Então ele [o professor a quem se refere na pesquisa] dava essa brecha porque era realmente uma pessoa capacitada pra tá exercendo aquilo que ele tava fazendo ali... esse era o ponto marcante [das aulas] porque, ele dando liberdade pro aluno perguntar, tirar suas dúvidas,... faz com que o aluno tenha força de vontade, tenha um incentivo, um estímulo pra estar buscando aprender porque ele vai estar esclarecendo as dúvidas,... o ser humano... é curioso, então tudo o que vem através da curiosidade do ser humano cria um estímulo, uma vontade a mais" (S₂).

Como podemos notar, os alunos abordam aspectos das aulas expositivas de seus professores que os ajudaram a se apropriarem dos conteúdos de diversas disciplinas. Explicitam que as aulas eram de tal forma planejadas que facilitavam essa apropriação. No entanto, suas verbalizações não se restringem aos aspectos cognitivos do processo de ensino e aprendizagem, abrangendo, também, os aspectos afetivos. Em suas falas, os alunos destacam, portanto, aquilo que achavam interessante na aula, aquilo que tornava a aprendizagem significativa e prazerosa e aquilo que os deixava seguros na relação com o objeto de conhecimento.

Material adotado

Ao desenvolver um curso, o professor lança mão de materiais didáticos que dão suporte ao processo de ensino e aprendizagem. A pesquisa por nós realizada mostra que o uso que se faz deles pode contribuir para uma relação positiva entre sujeito e objeto. Por exemplo, quando o professor não se restringe aos conteúdos trazidos pela apostila ou livro adotados pela escola, procurando aprofundar mais a matéria com detalhes sobre os conteúdos, favorece a aprendizagem, como apontam dois dos sujeitos participantes:

Ela evitava seguir a apostila porque a apostila é muito certinha, muito resumida. Então ela passava uns resumos maiores, explicando melhor a matéria...;... [o fato de] a professora vir contar alguma coisa que não está ali na apostila, eu ficar sabendo de alguma coisa é super legal, sabe, você saber detalhes do que acontece na Biologia é muito legal, eu curtia pra caramba isso de ela vir, conversar, explicar alguma coisa que não está na apostila, é super divertido... (S$_1$).

Na verdade, assim, ela explicava a matéria totalmente aleatória a esse livro, assim, ela não seguia os tópicos desse livro, nada... [se] o primeiro capítulo era eletrostática, ela começava falando de eletrostática, só que não seguia os capítulos do livro, ia... conforme ela achasse que era melhor, do jeito que ela tinha planejado (...) (S$_4$).

As falas dos alunos deixam claro que a forma como o material é utilizado pelo professor influi para a compreensão dos alunos acerca do objeto em questão.

Afetividade e condições de ensino: histórias de professores inesquecíveis   87

A adoção de determinado material, portanto, não deve criar uma "armadura" no professor, impedindo-o de explicar de acordo com seu planejamento, com o objetivo de proporcionar uma melhor compreensão dos alunos acerca dos objetos e de criar uma relação saudável entre ambos.

Exercícios

Assim como as aulas expositivas, os exercícios são amplamente utilizados pelos professores no processo de ensino e aprendizagem.

Na pesquisa, os sujeitos apontam que a escolha dos exercícios pelos professores, bem como a sua forma de realização e correção, acabava por influenciar sua relação com determinado objeto de conhecimento.

Um dos sujeitos comenta que

...[o professor] achava os exercícios da apostila muito chatinhos, então ele não gostava do sistema, ele achava que o dele era melhor... (S_3).

Outro participante aponta que, o fato de, ao realizá-los, os alunos poderem contar com esclarecimento de dúvidas ou pistas para chegar à solução contribui para sua aprendizagem:

A gente fazia exercícios junto com ela, ela tirava dúvidas, ela explicava tudo bonitinho, tinha exercício que ninguém conseguia fazer e ao invés de ela dizer 'é isso', ela falava "gente, pensa assim, se isso e isso acontece então qual a conclusão?"; fazia a gente chegar numa conclusão e na resposta do exercício, nunca passava a resposta; muitos professores de lá passavam o gabarito, ela não, ela pedia pra fazer e corrigia no final da aula. Ela explicava (S_1).

Da mesma forma, a correção era o momento de sanar dúvidas e/ou aprofundar conhecimentos:

[Os exercícios a gente fazia e ela corrigia com todo mundo] ou ela recolhia e... cada um entregava individual e aí ela corrigia e depois entregava de volta. [Se surgissem dúvidas] podia ir lá que ela resolvia pra cada um, cada um que fosse lá ela tirava dúvida e resolvia numa boa (S$_4$).

Como podemos observar, os professores citados preocupam-se, constantemente, em dar *feedback* às atividades realizadas por seus alunos, levando-os a discriminarem a qualidade do seu trabalho. Isso colabora para a apropriação do conhecimento pelo aluno, além de favorecer uma relação afetivamente positiva entre eles.

Outras atividades

Além das aulas expositivas, o professor pode se utilizar de outros recursos pedagógicos que também contribuem para o estabelecimento de uma relação positiva entre sujeito e objeto. Exemplo disso são: uso de vídeos, aulas no laboratório, visitas ou passeios e até jogos realizados pelos alunos, como o xadrez, durante a disciplina de matemática.

Na pesquisa, os alunos apontam porque consideram essas atividades importantes para sua aprendizagem e para o estabelecimento de uma boa relação deles com os conteúdos escolares:

As aulas de laboratório eram bacanas... porque ela deixava a gente mexer; tinha professores que demonstravam, não deixavam a gente fazer, ela deixava... Ela era muito boa professora. A gente tinha aula sobre xampu e a gente fazia o xampu, ela dizia: "não... vocês é que vão fazer.." (S$_1$).

...[Isso era] fantástico, fantástico, porque você tava conhecendo um lugar que até hoje existe, por exemplo, a Escola de Cadetes, o que acontece ali dentro na formação dos cadetes, e ao mesmo tempo você está aprendendo com o passado, o que ocorreu na Escola de Cadetes, como ela foi criada, quantas pessoas já passaram por lá e hoje são cadetes, são militares e contam um pouco da sua passagem (S$_2$).

Dimensões afetivas na relação professor-aluno 89

Eu gostava, gostava muito, porque o sistema que era usado... dá só até um certo nível, mas não dá um nível bom pra você chegar num primeiro ano sabendo a matéria. É uma apostila um pouco desorganizada. Então, o exercício de xadrez... é um exemplo. Bom, tem aquela parte psicológica que eu falei aqui, mas ajudou, acho que ele conseguia passar essa certeza de que sê você entendesse aquilo você ia estimular seu raciocínio e partir daí tudo ia melhorar em relação a matéria. E ele já falava inclusive do vestibular quando ele dava aula de xadrez, ele falava que pra jogar xadrez você ficava no mínimo umas três horas sentado, concentrado, pensando só naquilo. Se você fosse fazer o vestibular tinha que ficar no mínimo quatro horas sentado, concentrado, pensando só naquilo. Então, você já estava acostumado a ficar sentado dedicando 100% só pra aquilo (S$_3$).

Nota-se, nas colocações dos sujeitos, que atividades como essas promovem um envolvimento grande entre os alunos e os referidos objeto de conhecimento.

Instrumentos de avaliação

O modelo tradicional de avaliação, que desvincula o ensino da aprendizagem – a tarefa do professor é ensinar e avaliar, cabendo ao aluno a obrigação de aprender – além de responsabilizar exclusivamente o aluno, no caso de reprovação, gera, notavelmente, efeitos aversivos nos alunos, dificultando, sobremaneira a vinculação entre ele e os objetos de conhecimentos (Leite e Tassoni, 2002).

Faz-se necessário, portanto, o resgate da função diagnóstica da avaliação, proposta por Luckesi (1984 *apud* Leite e Tassoni, 2002). Nesta concepção, os resultados da avaliação são sempre utilizados a favor do aluno, isto é, ela deve ter, como função principal, possibilitar rever e alterar as condições de ensino, visando ao aprimoramento do processo de apropriação do conhecimento pelo aluno.

Uma das condições para que isso ocorra é o fato de, ao adotar um instrumento de avaliação durante o processo de ensino e aprendizagem,

90 Afetividade e Práticas Pedagógicas

seja ele uma prova ou um trabalho, o docente seja coerente com as aulas que ministrou. Na pesquisa, os sujeitos mencionam esse aspecto:

> *A prova era bem relacionada com os exercícios que ela dava nas listas, não fugia nada... do que ela dava na aula, dos exercícios que ela cobrava. É lógico que tinha alguns exercícios que mudava o grau de dificuldade, não era totalmente igual, mudava dados, a estrutura assim, mas tudo relacionado com o que ela dava* (S_4).

Além disso, a correção da prova é mais um momento que, se ocorre de forma coletiva, possibilita o esclarecimento das dúvidas e, conseqüentemente, a aprendizagem.

> *Ah, ela fazia correção da prova na lousa [com todo mundo]... ela explicava ou... fazia comentários...* (S_4).

Podemos observar que esta forma de desenvolver a avaliação mencionada pelos estudantes – sem mistérios ou autoritarismo – e também a correção – não punitiva, em conjunto com os alunos e entendida como possibilidade de aprendizagem – é um fator decisivo que colabora extraordinariamente para que o aluno crie uma vinculação afetivamente positiva com aquele objeto de conhecimento.

A relação professor-objeto de conhecimento

Além das práticas pedagógicas eficazes que contribuem para a aprendizagem dos alunos, favorecendo uma relação positiva deles com determinados objetos de conhecimento escolares, a relação do próprio professor com os conteúdos por ele ministrados, além de ser um fator prontamente notado pelos alunos, influi, certamente, na qualidade da vinculação que se estabelece entre sujeito e objeto de conhecimento.

Assim, os sujeitos evidenciam em seus relatos que os professores que possuem um grande domínio dos conteúdos a serem ensinados,

Afetividade e condições de ensino: histórias de professores inesquecíveis 91

e mantêm com esses conteúdos uma boa relação, são considerados referências por seus alunos.

Como se vê, dois aspectos são percebidos pelos participantes da pesquisa: o domínio dos conteúdos pelo professor e a relação afetiva que o mesmo mantém com o objeto de conhecimento lecionado. É o que abordaremos a seguir.

Domínio dos conteúdos

Os sujeitos relatam uma forte admiração pelos respectivos professores, explicitando que eles, durante as aulas, demonstravam um grande conhecimento acerca dos conteúdos com os quais trabalhavam e uma grande habilidade e desenvoltura no trato dado a eles. Em outras palavras, o conhecimento de seus professores transparecia nas aulas, por meio de suas explicações, discussões e entusiasmo ao ministrá-las.

De acordo com um aluno, o grande conhecimento do professor ficava explícito tanto na clareza de suas explicações quanto na prontidão e competência para o esclarecimento de dúvidas.

Aparentava [que ela tinha um grande domínio daquilo que estava ensinando], ela sempre falava com convicção, sempre tava pronta pra tirar as dúvidas, caso ela não soubesse de alguma coisa ela pesquisava, mas normalmente ela sabia tirar as dúvidas (S_4).

Os alunos parecem atribuir grande importância a isso, pois, o fato de o professor conhecer a fundo aquilo que está ensinando transmite segurança, além de o professor passar a se constituir uma referência para os estudantes:

[Eu acho que o fato de se ter um domínio grande daquilo que se está ensinando] é tudo pra um professor, porque... o aluno... enxerga no professor... um exemplo de conhecimento. Então é nele que o aluno se inspira pra aprender. Se,... você encontra... falhas dentro daquilo que ele tá ensinando pra você, vai criar um desestímulo porque você não vai confiar realmente naquilo que o professor tá passando pra você. Você vai ter sempre um pé atrás (S_2).

92 Afetividade e Práticas Pedagógicas

É possível inferir, portanto, que a maneira de o professor expor suas aulas com desenvoltura, demonstrando grande competência e conhecimento, estimula os sujeitos em seus estudos e favorece, sobremaneira, sua relação afetiva positiva com aquele objeto.

A relação afetiva entre o professor e o objeto de conhecimento lecionado

A percepção dos alunos acerca da relação positiva do professor com os conteúdos que ensina parece exercer um poder de contágio nos alunos. Assim, a maneira de o professor expor os conteúdos, de forma clara e bastante organizada, dado o domínio que possui dos mesmos e, além disso, explicitar seu sentimento positivo com relação a esses conteúdos, influenciava os alunos, fazendo com que eles se interessassem, cada vez mais, por aquele objeto de conhecimento:

> *Ela adora Bio, ela simplesmente é apaixonada por Bio, o que quer que você queira conversar com ela, ela sabe, se ela não souber ela vai atrás, ela vai querer saber e vai te explicar depois. Ela adora o que ela faz* (S$_1$).

> *Ele falava que História era tudo pra ele...* (S$_2$).

> *[Ele] gostava de Matemática. Amava Matemática...; ele falava que Matemática pra ele era tudo e que se ele não tivesse descoberto a Matemática e a mulher dele ele não seria feliz* (S$_3$).

Podemos notar, portanto, que o fato de os professores demonstrarem verdadeira paixão por aquele objeto de conhecimento com o qual trabalhavam contagiava os alunos e os empolgava a estudarem e se a dedicarem ao conhecimento daqueles conteúdos em questão.

Conseqüência das aulas para os alunos

Conforme mencionamos, os alunos reportaram-se, na pesquisa, a professores que marcaram profundamente suas vidas – professores inesquecíveis. As aulas, portanto, trouxeram conseqüências, revertendo uma relação às vezes aversiva ou, até mesmo, influenciando decisões dos alunos acerca de suas escolhas profissionais.

Os participantes comentam que desenvolveram gosto pelo objeto de conhecimento de que falam. Apontam, portanto, que, a partir da experiência relatada, passaram a se relacionar de forma positiva com o objeto em questão.

Como exemplo, um dos sujeitos relata que

[Antes desse professor eu não gostava de História]. Eu sempre gostei de assuntos polêmicos, mas eu nunca tinha tido um professor que fizesse com que eu me estimulasse, com que eu tivesse gosto pela História, porque até então eu via a História como uma coisa chata, eu olhava e falava: '... por que eu tenho que saber que Pedro Álvares Cabral tropeçou quando chegou ao Brasil...? (S$_2$).

Do mesmo modo, o sujeito relata que passou a estudar com mais freqüência e que, portanto, as aulas o estimulavam:

[Depois das aulas até hoje] eu leio muito, a revista Super Interessante eu assinei (revista conhecida nas aulas de História), eu estou sempre buscando assuntos super interessantes,... curiosos, polêmicos... (S$_2$).

Alguns dos sujeitos mencionam que as aulas influenciaram, inclusive, a escolha da profissão que seguiriam:

Ele me influenciou acho que em 90% da minha vida. Desde a área que eu quero até... o meu gosto [por determinados tipos de] leitura,... e artes em geral..." (S$_3$)

Está muito difícil... a área de biológicas... o vestibular... [Mas antes de ter aula com essa professora, eu queria fazer História]. Eu gostava de Biologia,... mas não como uma coisa que eu queria fazer pro resto

*da vida... depois que eu comecei a ter aula com ela... ela mostrou que
é super legal trabalhar com isso, aí eu mudei... (S₁).*

Podemos notar, nos relatos, que as aulas com esses professores mudaram a atitude dos sujeitos com relação ao objeto de conhecimento: eles passaram a se interessar mais pelo estudo, a estudar com mais prazer, com mais gosto. O aspecto afetivo na relação entre eles e o objeto de conhecimento é, portanto, destacado: a relação passou a ser extremamente positiva. As influências sofridas pelo professor e suas aulas, porém, não se limitaram a isso, mas determinaram a decisão de alguns alunos sobre a carreira profissional que deveriam abraçar.

Conclusão

Cabe ressaltar, no final deste capítulo, o fato de que as relações afetivas entre sujeitos e objetos, aqui relatadas, foram se constituindo por meio de vivências pedagógicas concretas ocorridas em sala de aula.

Os relatos dos alunos mostram, portanto, que a relação afetiva positiva, que eles estabeleceram com determinados conteúdos escolares, não ocorreu ao acaso, mas resultou de decisões e práticas pedagógicas eficazes que possibilitaram uma apropriação efetiva e afetiva dos objetos em questão. Assim, pudemos notar que as práticas pedagógicas narradas pelos alunos não atuaram apenas no nível cognitivo, envolvendo também a dimensão afetiva.

As experiências escolares desses jovens, por nós analisadas, demonstram, claramente, que a qualidade da mediação pedagógica experienciada por eles influenciou na qualidade dos vínculos que estabeleceram com os diversos objetos de conhecimento. Tal mediação é conseqüência do planejamento realizado e desenvolvido pelo professor.

Assim, pelo exposto, é importante salientar que os olhares devem voltar-se não apenas para os aspectos cognitivos dos alunos, mas atentar também para formas de propiciar condições afetivas que favoreçam o estabelecimento de vínculos positivos entre os alunos e os diversos objetos de conhecimento a eles apresentado.

Em síntese, o presente capítulo resgata a importância do papel mediador do professor que, além de desenvolver as condições imediatas de ensino, pode influenciar as decisões que afetam diretamente a vida dos alunos, como demonstram os relatos aqui apresentados.

Referências bibliográficas

Aguiar, W. M. J. A pesquisa em psicologia sócio-histórica: contribuições para o debate metodológico. Em Bock, A. M. B., Gonçalves, M. da G. M. e Furtado, O. (Orgs) *Psicologia sócio-histórica: uma perspectiva crítica em psicologia*. S. Paulo: Cortez, 2001.

Dantas, H. A afetividade e a construção do sujeito na psicogenética de Wallon. Em La Taille, Y., Dantas, H., Oliveira, M. K. *Piaget, Vygotsky e Wallon: teorias psicogenéticas em discussão*. São Paulo: Summus, 1992.

Falcin, D. C. *Afetividade e condições de ensino: a mediação docente e suas implicações na relação sujeito objeto*. Monografia. Campinas: Faculdade de Educação da Unicamp, 2003.

Larocca, P. *Conhecimento psicológico e séries iniciais: diretrizes para a formação de professores*. Dissertação de Mestrado: Faculdade de Educação da UNICAMP, 1996.

Leite, S. A. S. e Tassoni, E. C. M. A afetividade em sala de aula: as condições de ensino e a mediação do professor. Em Azzi, R. G. e Sadalla, A. M. F. de A. (Orgs) *Psicologia e formação docente: desafios e conversas*. S. Paulo: Casa do psicólogo, 2002.

Moysés, L. *A auto-estima se constrói passo-a-passo*. Campinas: Papirus, 2004. 4ª edição.

Rego, T. C. *Vygotsky: uma perspectiva histórico-cultural da educação*. Petrópolis: Editora Vozes, 2002. 14ª edição.

Vygotsky, L. S. *Pensamento e linguagem*. São Paulo: Martins Fontes, 1993.

_____. *A formação social da mente*. São Paulo: Martins Fontes, 1994.

Wallon, H. *A Evolução psicológica da criança*. Lisboa: Edições 70, 1968.

_____. *As origens do caráter na criança*. São Paulo: Difusão européia do Livro, 1971.

_____. *Do acto ao pensamento*. Lisboa: Moraes Editores, 1978.

Meu professor inesquecível:
a construção de uma memória coletiva

ARIANE ROBERTA TAGLIAFERRO[1]

O professor se liga à eternidade; ele nunca sabe
onde cessa a sua influência.

Henry Adams

Introdução

Durante nossas vidas escolares, convivemos com muitos professores. Uns extrovertidos e outros mais sérios; uns exigentes, outros nem tanto; uns autoritários, outros democráticos; uns que ainda permanecem em nossas memórias e outros que passaram sem deixar grandes marcas. Mas, certamente, cada um de nós, ao recordar nossa história de vida, encontrará um professor inesquecível. Aquela pessoa cuja influência provocou mudanças na vida escolar e, muitas vezes, na vida particular.

É a história de um desses professores inesquecíveis, o professor M., que este capítulo apresentará. Um educador que, em função da sua postura como professor – da maneira como ministrava suas aulas e da relação que estabeleceu com os alunos – foi importante na vida de várias gerações de uma pequena cidade do interior do Estado de São Paulo.

---

1. Pedagoga. Mestranda do Programa de Pós-Graduação da Faculdade de Educação da Unicamp. Professora da rede particular de ensino de Cosmópolis.

Essa história faz parte de uma pesquisa[2] (Tagliaferro, 2003) cujo processo de construção foi bastante interessante. Iniciamos uma investigação com o propósito de detectar as práticas pedagógicas mediadoras da futura relação sujeito-objeto (aluno – disciplinas escolares). Para atingir esse objetivo, seriam entrevistados alunos universitários que apresentassem, em suas histórias de vida, uma experiência afetivamente marcante com um professor. Além disso, nosso olhar estaria direcionado para as marcas deixadas por esse professor relacionadas, principalmente, com as práticas pedagógicas desenvolvidas em sala de aula.

Os sujeitos foram selecionados por meio de um questionário e a coleta de dados iniciou-se, utilizando-se a metodologia das entrevistas recorrentes, que consiste numa interação organizada em várias consultas, cuja meta é esclarecer uma situação problematizada pelo pesquisador. Dirigindo a interação para a busca de respostas, o pesquisador desencadeia uma série de verbalizações do sujeito a partir de uma pergunta central.

Simão (1982 *apud* Larocca, 1996) define esse tipo de entrevista como sendo uma interação social planejada que se dá entre *"um ator que pretende conhecer um fenômeno e outro ator que detém a experiência daquele fenômeno"* (p. 29).

Coincidentemente, em meio a esses sujeitos, estava uma ex-aluna do professor M. que fez menção ao seu trabalho e à importância dele em sua vida. O que chamou a nossa atenção foi a maneira como ela caracterizou essa influência, falando com grande entusiasmo desse professor.

A pesquisadora já conhecia o professor M., por também ter sido sua aluna durante sete anos. Sabia que era muito lembrado por seus ex-alunos como um importante professor. Foi, então, que decidimos mudar o curso da pesquisa, ou seja, passamos a focalizar a relação de vários alunos com os conteúdos escolares, da disciplina de Língua Portuguesa, a partir da mediação do professor M.

---

2. Pesquisa Orientada pelo Prof. Dr. Sérgio Antônio da Silva Leite que se transformou no Trabalho de Conclusão de Curso apresentado à Faculdade de Educação da Unicamp, para obtenção do título de bacharel em pedagogia.

É importante destacar que, apesar da mudança do objetivo da pesquisa, o problema continuou o mesmo: identificar as práticas pedagógicas assumidas pelo professor, como condições decisivas na relação futura que se estabelece entre os alunos e o objeto do conhecimento (conteúdos escolares). Segue-se uma síntese da pesquisa realizada. Na seqüência, a caracterização das práticas pedagógicas desenvolvidas pelo professor M., na visão dos ex-alunos. Na parte final do capítulo, faremos as possíveis interpretações teóricas a partir do que foi apresentado.

A pesquisa

Como já mencionamos, as informações aqui apresentadas fazem parte de uma pesquisa, cujo objetivo era analisar as relações entre as decisões pedagógicas assumidas pelo docente (professor M.) e seus possíveis efeitos na relação futura que se estabeleceu entre seus ex-alunos e os conteúdos da disciplina que ministrava (Língua Portuguesa). Entendemos como decisões pedagógicas todas as práticas desenvolvidas pelo professor em sala de aula relacionadas com seus objetivos de ensino.

Temos, como pressuposto, que a relação sujeito-objeto é marcada por aspectos cognitivos e afetivos[3]. Ou seja, a futura relação estabelecida entre o sujeito e o objeto do conhecimento (neste caso, os conteúdos da disciplina Língua Portuguesa) não é somente cognitiva, mas também afetiva. Isso mostra a importância das decisões pedagógicas assumidas pelo professor, pois elas estarão mediando a futura relação que se estabelece entre o aluno e os diversos objetos do conhecimento. Portanto, podemos assumir que o sucesso da aprendizagem dependerá, em grande parte, da qualidade dessa mediação.

Para atingir o objetivo da pesquisa, coletamos os dados com o auxílio de seis ex-alunos do professor M. que relataram, à pesquisadora, através de carta e entrevista, suas experiências enquanto alunos desse professor.

---

3. Ver base teórica desenvolvida no Capítulo 1.

Os relatos evidenciaram que o professor M. deixou muitas marcas em cada um desses sujeitos. Entretanto, o que nos chamou a atenção foi a intensidade dessas marcas e o entusiasmo com que falavam das influências desse professor em suas vidas. Neste sentido, é possível supor que essas marcas podem ter se estendido a outros ex-alunos, além desses seis entrevistados, ou seja, é possível inferir que esses jovens fazem parte de um grupo de alunos que compartilharam experiências comuns, extremamente marcantes, vivenciadas a partir da mediação do professor M. Através dos relatos, observamos que essas experiências fazem parte da memória individual de cada sujeito, mas estão ligadas por um elemento comum: o professor M. Sendo assim, é possível caracterizar essa memória como coletiva, visto que

...a memória coletiva encontra-se refugiada em lugares pouco visíveis, preservada tenuamente por meio de rituais e celebrações onde alguns grupos a mantêm ciosamente resguardada do assalto da história, ou então em lugares mais imperceptíveis ainda, como em nossos gestos, nos saberes de nosso silêncio e em nossos hábitos (DECCA, 1992, p. 130).

É preciso destacar que as experiências relatadas pelos sujeitos não fazem parte somente de suas histórias de vida enquanto alunos, pois ainda estão vivas na memória. Decca traz contribuições quando diferencia os conceitos *história* e *memória*.

A história restringe-se à reconstrução sempre problemática do passado e incompleta daquilo que não existe mais. É, portanto, uma representação do passado. Por outro lado, a memória é um fenômeno sempre atual, uma ligação do vivido com o presente. Ela se *"enraíza no concreto, no gesto, na imagem e no objeto"* (DECCA, 1992, p. 130).

Analisando os relatos dos sujeitos, percebe-se a relação do que viveram com suas vidas presentes. Eles relatam indícios da influência do professor que estão calcadas em experiências concretas, mencionam aprendizados utilizados em momentos cotidianos, quando se lembram do professor M. e da importância dele em suas vidas. Isso não está restrito à história dos sujeitos enquanto alunos, cuja reconstrução poderia limitar-se à apresentação cronológica dos fatos. Ao contrário, esses fatos estão presentes na memória e ligados a um tempo muito significativo de contato entre o professor M. e os sujeitos.

É possível finalizar destacando a repercussão das práticas pedagógicas, desenvolvidas pelo professor, na futura relação que se estabeleceu entre os sujeitos e os objetos do conhecimento em questão. Por meio dos dados, observamos que os sujeitos construíram uma relação positiva com a Língua Portuguesa, apontando os diversos fatores que contribuíram com esse processo. Um dos mais evidentes é a paixão que o professor M. demonstra pela profissão, a qual foi claramente percebida pelos alunos

A sala de aula: a prática pedagógica do professor M. na visão de seus ex-alunos

Neste subtítulo, apresentaremos uma parte do material coletado na pesquisa, evidenciando as práticas cotidianas deste professor, na visão de seus ex-alunos. Grande parte das falas dos entrevistados sugere que o professor M. demonstrava-se muito envolvido com o objeto do conhecimento que ensinava e isso influenciava seus alunos. Um exemplo disto é o relato de uma garota que menciona sua aversão à leitura antes de ser aluna do professor M.

> *Quando eu entrei na quinta série no Colégio* (Colégio em que o Professor M. lecionava), *eu definitivamente detestava ler, e para minha infelicidade todo bimestre tinha uma leitura de livro para ser realizada e o pior, uma prova* $(S_6)^4$

Em função dessa cobrança mensal e do fascínio que o professor tinha pelos livros, o envolvimento dessa aluna com a leitura foi cada vez maior, a ponto de imaginar as cenas das histórias, emocionar-se, rir e chorar com os textos lidos.

---

4. Nos exemplos das falas, são indicados os sujeitos de acordo com a pesquisa realizada.

Os anos foram passando, eu continuei a ser aluna do M., fui pegando cada vez mais e mais gosto pela leitura. Até que conforme eu lia eu sentia cheiro, imaginava cenas concretas, sorria, chorava, enfim, eu saía do mundo real e "entrava" no livro. Esse meu contato forte com os livros se deu graças ao incentivo que eu tinha a partir do fascínio pelos livros que o professor M. passava. Eu comecei a perceber, a entender de onde vinha tanta sabedoria, e o porque ele defendia tanto a leitura. Eu percebi que a cada livro que eu lia, a minha bagagem cultural aumentava (S_6)

A história de envolvimento com leitura foi tão marcante para ela que, durante a entrevista, nos contou com detalhes sobre os livros que leu quando era aluna do professor M.

Eu lembro que teve um livro, eu não vou lembrar o nome; acho que foi um conto que ele passou. Nesse conto, eu lembro que era um casarão antigo e tinha um baú de ossos embaixo da cama, e era um conto das formigas que montam o esqueleto. E quando era pra comentar esse conto, ele perguntou pra mim o que eu tinha sentido. E eu falei pra ele que eu senti até quando eu pisava na madeira do casarão, o chão rangia e tinha umas madeiras que eu pisava numa ponta e ela erguia a outra. E eu sentia um cheiro de mofo, que meu nariz até coçava, porque eu sou alérgica. E ele ficou espantado, mas era isso mesmo. Eu entrava meio receosa, porque eu achava que tinha teia de aranha e aquilo me incomodava, eu achava era um lugar cheio de poeira, e eu sou alérgica... me incomodava aquele conto. E ele achou engraçado. Otelo, *quando a gente leu, eu chorei muito; o* Pequeno Príncipe, *eu chorei. E voltando à sétima série, uma coisa que me marcou muito foi quando ele passou* Rosinha Minha Canoa. *Foi um livro, que eu devo ter conversado com umas 15 pessoas e ninguém gostou desse livro. Todo mundo odiou o livro. Eu comecei a ler com essa imagem, porque eu lembro que a minha irmã, minha prima, algumas amigas falaram "Ah! Nesse livro todo mundo fala, esse livro é um saco". Mas eu amei aquele livro.*

Meu professor inesquecível: a construção de uma memória coletiva   103

Nossa! Eu entrei naquela história. E eu me lembro que eu tirei uma nota muito boa na prova dele. Da sala, a minha nota foi uma das melhores. Eu amei o livro, eu me imaginei daquela canoa, aquele rio, olhando na lua; e ela falava da lua, porque era a coisa do amor do pescador com a canoa. Ah! Amei o livro. E era o M. que me passava isso (S_6)

Nesse relato, a ex-aluna atribui claramente ao professor seu envolvimento e interesse pela leitura. Houve o incentivo do professor quando abriu espaço para o sujeito dizer o que sentiu durante a leitura. Também observamos, no exemplo acima, a questão da avaliação. O sujeito faz menção à sua boa nota na prova do livro *Rosinha minha canoa*, do qual não tinha boas recordações.

Percebemos, nas falas dos ex-alunos, que foi bastante marcante uma proposta do professor M. apresentada a todos, na oitava série. As leituras mensais, cuja avaliação era feita por meio de provas escritas, passam a ser avaliadas pelas discussões em grupo que o professor promovia. Ele se reunia com os grupos de alunos fora do horário de aula e todos discutiam, procurando interpretar a história. Segundo os ex-alunos, essa forma de analisar um livro facilitava o entendimento, pois o professor coordenava a discussão.

Durante a 8ª série (os livros mais importantes eram lidos nessa época), as provas eram substituídas por discussões entre grupos, direcionadas pelo professor. Com isso, os livros eram entendidos mais facilmente e o professor avaliava cada pessoa de uma maneira mais pessoal (S_2).

Eu só disse ao professor M. sobre esse meu gosto pela leitura na oitava série, quando ele apresentou um projeto diferente para nós. Todo livro lido nós tínhamos que nos reunir com ele e comentar o livro, e ele nos ajudava a interpretá-lo; coisas que às vezes eu não via importância ele me mostrava a grande importância que tinha. Nessas discussões eu me empolgava cada vez mais, cada vez mais

104   Afetividade e Práticas Pedagógicas

eu 'entrava' nos livros. E cada vez mais eu admirava tanta inteligência (S_6).

Ainda com relação à leitura, destacamos a maneira utilizada pelo professor M. para ensinar a leitura em voz alta e regras de pontuação. Um dos entrevistados comentou que cada aluno lia uma parte do texto e, quando alguém não respeitava a pontuação, por exemplo, o professor interrompia, apresentava modelos mais adequados e pedia para que o aluno repetisse. Segundo esse entrevistado, era fácil aprender o uso da pontuação, sem ficar falando especificamente sobre regras.

Além disso, me recordo um pouco das aulas normais. Em algumas delas, líamos textos dos livros didáticos. Cada aluno lia uma parte. Não sei a verdadeira intenção disso, mas lembro que, quando um aluno não conseguia ler do jeito correto, respeitando a pontuação ou a gramática, o professor fazia com que a pessoa repetisse a frase, ensinando e destacando o erro. Talvez esse fosse um método fácil de ensinar o uso de pontuação, sem falar muito em regra (S_2).

Outra prática comum do professor M., lembrada positivamente pelos alunos, era a relação que fazia de temas reais e atuais com, por exemplo, o estudo da gramática. Diziam ser interessante discutir assuntos diversos (como violência, sexualidade, drogas, questões políticas e econômicas), relacionados com vários conteúdos da língua portuguesa. Além disso, o professor procurava discutir tais assuntos para que os alunos refletissem sobre eles e opinassem, tendo como principal objetivo estimulá-los a terem argumentos para sustentar uma opinião. Vejamos no exemplo:

E é interessante que, dentro de português, nós discutíamos sobre assuntos diversos: violência, droga, amor, questões políticas, econômicas e também relacionávamos tais assuntos. Ele fazia a gente pensar sobre esses assuntos e ter uma opinião ou pelo menos ter argumentos para não ficar em cima do muro (S_1).

Destacamos a relevância, apontada pelos alunos, de aproximar os conteúdos escolares de suas vidas cotidianas. Falar de um assunto muito distante do aluno dificulta a aprendizagem e torna a aula desmotivadora. Além disso, a maioria dos entrevistados menciona as aulas de discussão sobre determinado tema como as mais atraentes e com as quais aprendiam muito.

O que achava legal também, era a capacidade que tinha de tirar do "nada" (de figuras, discussões de livros, contos) , temas tão reais e atuais para nós.... o poder de reflexão que tentava trazer para nós e despertar em nós, isso achei fantástico e aprendi bastante!! Me deu essa capacidade e pensava: o que posso encontrar aqui, do nada... até me achava meio louco mas funcionava... pelo menos para aguçar a reflexão um pouco!! (S₃).

O professor M. utilizava vários artifícios para que seus alunos aprendessem a linguagem escrita. Dentre eles, o mais citado foi a redação. Os alunos mencionaram a redação como uma forma de exercitar a escrita e ajudar muito no vestibular. Nem sempre era uma atividade de que gostavam, mas depois de alguns anos puderam perceber o seu benefício.

As freqüentes redações foram muito importantes já que no Ensino Médio não tive bons professores e não pude exercitar tanto a escrita, ao me preparar para o vestibular. Lembro que era muito difícil tirar notas boas nas redações. Na época, eu e todos os outros alunos reclamávamos muito, mas não percebíamos que essa atitude do professor fazia com que nos esforçássemos cada vez mais para conseguir melhorar as notas e, conseqüentemente, o jeito de escrever. Seria muito diferente se ele não fosse exigente (S₂).

Outro ponto a destacar é o fato de o professor sempre dar um retorno ao aluno, resolvendo suas dúvidas. Atitudes como essa são consideradas importantes pelos alunos, visto que o professor

106   Afetividade e Práticas Pedagógicas

demonstra-se compromissado com o seu trabalho. Isso fica claro no depoimento a seguir:

> *Engraçado, eu não vou lembrar a palavra. Mas teve uma vez que eu perguntei pra ele sobre uma palavra, ele ficou pensando, pensando... aí enrolou, acabou a aula. E eu até tinha brincado com o pessoal "salvo pelo gongo" porque ele sempre falava isso pra gente. E acabou que, na aula seguinte, a primeira coisa que ele foi falar foi "ó, a palavra que você perguntou a aula passada, na hora eu estava em dúvida, pesquisei é tal tal tal, deriva de tal língua, lá do grego, do latim"* (S₅)

Outro aspecto citado é sobre a prova, utilizada como instrumento avaliativo e caracterizada pelos alunos como mais uma forma de participar e aprender, não sendo, portanto, julgada como aversiva. O que mais nos chamou a atenção foi o artifício utilizado pelo professor para a correção da prova de gramática, que aparece com detalhes na fala abaixo:

> *A correção da gramática era feita pelos próprios alunos. O M. distribuía as provas trocadas, ou seja, cada aluno pegava a prova do colega e então começava a correção oral que antes era explicada: "coloque um certo na frente de cada frase e em tal exercício é um certo para o exercício todo". No final, nós contávamos quantos certos tinham e devolvíamos. Então, o professor conferia as provas e juntava-as com a redação.* (S₁)

Os depoimentos apontam que essa forma de trabalhar com a avaliação auxilia na aprendizagem, pois o aluno tira suas dúvidas comparando sua resposta com a do colega ou com a explicação dada pelo professor, durante a correção. Isso também fica explícito no seguinte exemplo:

> *Quando tinha prova dele, na outra aula ele entregava as provas pra cada um corrigir do outro e ajudava pra caramba. Porque*

você olhava, via qual era sua dúvida a partir da resposta do outro. Às vezes a pessoa tinha aquele erro absurdo, você perguntava, aí ele ia falando o que a pessoa errou e respondia a dúvida. Isso eu achava legal também (S$_2$).

Sempre existia cobrança por parte do professor M.: cobrava as lições de casa, a cópia das perguntas do livro didático no caderno e a cópia do que estava na lousa. Seus ex-alunos mencionam que procuravam estar em dia com as obrigações, influenciados por essa postura rígida de cobrar sempre.

Então fazíamos os exercícios. Geralmente começávamos na sala, mas acabava em casa. Português era uma das matérias que sempre tinha exercícios para casa e que todos procuravam manter em dia porque o professor cobrava. Além de tudo, ele cobrava do aluno a cópia das perguntas no caderno (copia pergunta-responde; copia pergunta-responde). Às vezes ele pegava alguém copiando tudo para depois responder e dava o sermão dele, porque não era certo fazer assim! (S$_1$).

Ele sempre exigia que a gente copiasse. Às vezes estava cansado, não queria copiar, mas na aula dele fazia questão de copiar tudo (S$_3$).

As aulas do professor M., geralmente, seguiam uma ordem. Fazia parte dessa rotina a pontualidade, mencionada como uma atitude importante, visto que o aluno valorizava o exemplo do professor. Também fazia parte, por exemplo, seguir o livro didático que trazia sempre um texto, um conteúdo gramatical e exercícios sobre esse conteúdo. Essa seqüência era seguida. Cada aluno lia uma parte do texto, todos refletiam sobre o mesmo e a aula era finalizada com a resolução dos exercícios. Caso não fosse possível terminar em sala, os exercícios ficavam como lição de casa. A correção desses exercícios era sempre feita no dia posterior, da seguinte maneira: cada aluno lia uma pergunta e dava sua resposta. Caso

108   Afetividade e Práticas Pedagógicas

estivesse errado, o professor corrigia e, se alguém tivesse dúvidas, poderia levantar a mão e expor a questão.

> *Suas aulas seguiam mais ou menos uma rotina. Chegava sempre pontualíssimo, pegava a caderneta e fazia a chamada (nome por nome), geralmente seguia religiosamente o livro (seqüência de matéria) reforçando sempre com exercícios da gramática (livro só com gramática que todos os alunos tinham). Os livros geralmente traziam um texto e logo depois a gramática e questões sobre. Então, cada aluno lia um pedaço do texto, havia uma rápida reflexão – o professor fazia perguntas sobre o texto e os alunos davam opinião e iam respondendo à medida que o professor M. ia "cutucando". Então fazíamos os exercícios* (S_1).

É importante destacar que o professor procurava estar sempre estimulando a participação de todos os alunos, sem que fosse uma obrigação. Segundo uma ex-aluna, os estudantes procuravam participar sempre e nesses momentos aprendia-se muito.

> *A aula dele era dinâmica. Você participava como aluno das aulas; ele fazia com que você participasse sem que fosse uma obrigação; você acabava participando mesmo que não quisesse, porque não tinha aquela obrigação de participar, mas era nessas horas que você aprendia* (S_4).

Os entrevistados falaram também da relação que tinham com o professor M.. Era uma relação um pouco distante, mas sempre com espaço para questionamentos, comentários e soluções de dúvidas.

> *A relação dele com aluno... acho que era assim: ele era o professor e o aluno era o aluno. Mas ele sempre dava espaço pro aluno tirar dúvidas, normal. Mas é porque tem professor que você tem liberdade pra certas brincadeiras, tem bastante liberdade e perde*

um pouco dessa coisa de professor e aluno. Com ele não tinha isso, ele era um professor aberto pra questões da aula, nada pessoal (S_6).

O professor M. foi tão marcante na vida de seus alunos que, durante os relatos, eles mencionaram situações pontuais que aconteceram na sala de aula e que muitas vezes não estavam diretamente relacionadas com as condições de ensino-aprendizagem da língua portuguesa. Por exemplo, o dia em que o professor tropeçou na classe e esse fato desencadeou uma discussão sobre segurança do trabalho; ou ainda, a recepção feita aos alunos da quinta série, perguntando o nome de cada um e dando seu significado ou a origem do nome. Percebemos que, na memória desses ex-alunos, o professor M. ainda está muito vivo.

A influência do professor

Para finalizar, destacamos os comentários dos ex-alunos relacionados à influência do professor M., principalmente no que diz respeito aos aprendizados relevantes em suas vidas, a médio e longo prazo. Nas falas, transparecem, por exemplo, a influência na vida futura do aluno. Um dos ex-alunos atribui claramente a responsabilidade de ter passado no vestibular ao professor M.

Acredito que ele o foi grande responsável por ter passado no vestibular na Unicamp, que preza muito a redação. Além disso, me tornei mais crítico com o que escrevo (S_2).

Outra aluna diz que, graças ao professor M., teve muita facilidade com a língua portuguesa:

É graças a ele que consegui fazer um colegial sem dificuldades em português e consegui entrar na universidade que queria e hoje tenho uma profissão! Obrigada M.! (S_4).

O professor M. ainda exerceu outro tipo de influência, na relação do sujeito com o objeto do conhecimento (no caso, os conteúdos e atividades da disciplina língua portuguesa). Percebemos, pelas falas, que a aversão que alguns alunos tinham pela leitura e escrita transformou-se numa relação prazerosa, passando a fazer parte de suas vidas.

> *Os livros eu amei. Porque ele me fez gostar do hábito de ler. Eu não tinha o hábito de ler, ninguém aqui em casa tinha. E todo mês tinha que ler um livro porque tinha prova do livro. Foi aí que eu aprendi a gostar de ler. E hoje eu não passo um mês sem ler um livro... Acho que não foi a obrigação. Eu não sabia que era gostoso ler, eu nunca tinha experimentado. E acho que através da obrigação eu aprendi a gostar de ler. Tem gente que vê como obrigação e não gosta de ler de jeito nenhum, e eu não. Eu vejo como um* hobby, *uma coisa gostosa, que está aumentando sua cultura, aumentando seu conhecimento, só vai fazer você crescer a leitura, por mais idiota que seja, só vai fazer você crescer; alguma coisa vai acrescentar. Eu não tinha o hábito e agora eu tenho* (S_4).

Conclusão

A partir dos depoimentos acima citados, podemos dizer que o professor M. deixou marcas profundas em seus alunos, causando mudanças na vida de cada um. Fica evidente o papel determinante do professor M. na formação de seus alunos como leitores e escritores – pessoas que fazem uso cotidiano da escrita. O professor forneceu continuamente subsídios para a formação da concepção de mundo por parte de seus alunos.

Mas o que entendemos por formação? Segundo Grotta (2001),

> *...a formação pressupõe um tipo particular de relação do sujeito com as diferentes situações, conhecimento, objetos, pessoas e textos com que ele interage; pressupõe uma relação que envolve a*

Meu professor inesquecível: a construção de uma memória coletiva   111

produção de sentidos sobre o que vivenciamos e transformações sobre o que somos e pensamos a respeito da realidade que nos cerca (p. 131-132).

Assim, podemos entender que formação envolve tudo o que se vivencia e, de certa forma, modifica a visão de mundo, a maneira de interagir com as pessoas, com os objetos e com as informações. Isso nos permite afirmar que o professor M. participou ativamente da formação de vários ex-alunos, por exemplo, como leitores.

Para aprofundar a questão da produção dos sentidos que os sujeitos fazem sobre as mais diversas situações, buscamos as contribuições de Vygotsky (1993). Ao abordar a questão do significado de cada palavra, o autor menciona dois componentes: o significado propriamente dito, ou seja, aquilo que se refere ao signo e que é compartilhado por todos, é convencional e dicionarizado; e o sentido, que está relacionado à dimensão subjetiva da palavra para cada indivíduo. Isso quer dizer que o sentido está diretamente ligado ao contexto de uso da palavra e às vivências afetivas do indivíduo. Por exemplo, ao pronunciarmos a palavra *prova*, sabemos que se trata de um instrumento avaliativo utilizado pela escola. Esse é o significado de prova, comum a todos os falantes da língua portuguesa. Mas o sentido dessa palavra para cada sujeito depende das experiências que cada um vivenciou com a situação de prova. Por exemplo, podemos nos lembrar de coisas boas, como o aprendizado, uma boa nota; ou de coisas ruins, como a reprovação de um ano escolar em função de notas ruins nas provas.

Podemos perceber, a partir das falas dos ex-alunos do professor M., que eles construíram um sentido positivo sobre as aulas do professor, sua relação com os alunos, seu envolvimento com a disciplina de Língua Portuguesa e sua forma de avaliar.

É interessante destacar que a forma como o professor M. mediava a relação sujeito-objeto, tornando o objeto do conhecimento afetivamente positivo, não se restringe exclusivamente às práticas pedagógicas. O professor M., como pessoa, incluindo sua postura e seu modo de agir no mundo, influenciou muitos alunos. Todos falavam com muito orgulho dele. Apontavam o domínio que tinha dos assuntos que ensinava; a segurança com que falava deles; a organização; a pontualidade; a seriedade. Esses aspectos foram muito enfatizados, ficando claro que eles, juntamente com a qualidade das mediações pedagógicas, foram responsáveis pela criação da imagem que até hoje esses ex-alunos têm do professor M.

Pelas falas dos alunos, podemos inferir que o professor M. era apaixonado pela profissão de docente e isso também influenciou a vida de todos os sujeitos da pesquisa, provocando mudanças positivas, que os ex-alunos atribuem à responsabilidade ao professor.

Finalizamos reafirmando a importância da mediação do professor na relação entre os alunos e os objetos do conhecimento.O docente é o principal mediador dessa relação em sala de aula. Nesse sentido, cabe a ele pensar nas estratégias que proporcionam aos alunos um aprendizado significativo e uma aproximação afetivamente positiva ao seu objeto de ensino.

Referências bibliográficas

Decca, E. S. de Memória e Cidadania. Em *Departamento de Patrimônio histórica da secretaria municipal de cultura da cidade de São Paulo*, 1992.

Grotta, E. C. B. Formação do leitor: importância da mediação do professor Em LEITE, S. A. da S. (Org) *Alfabetização e letramento: contribuições para as práticas pedagógicas*. Campinas, Komedi e Arte Escrita, 2001.

Larocca, P. *Conhecimento psicológico e séries iniciais: diretrizes para a formação de professores*. Dissertação de Mestrado, Faculdade de Educação, UNICAMP. Campinas, 1996.

Tagliaferro, A. R. *Meu professor inesquecível: a construção de uma memória coletiva*. Monografia. Faculdade de Educação, UNICAMP. Campinas, 2003.

Vygotsky, L. S. *Pensamento e linguagem*. São Paulo: Martins Fontes, 1993.

As dimensões afetivas no processo de avaliação

SAMANTHA KAGER[1]

> A prática da avaliação escolar, dentro do modelo
> liberal conservador, terá que, obrigatoriamente, ser
> autoritária, pois que esse caráter pertence à essência
> dessa perspectiva de sociedade, que exige controle
> e enquadramento dos indivíduos nos parâmetros
> previamente estabelecidos de equilíbrio social, seja
> pela utilização de coações explícitas, seja pelos
> meios subreptícios das diversas modalidades de
> propaganda ideológica.
> *Cipriano Carlos Luckesi*

Afetividade na relação sujeito-objeto e a mediação do professor

O advento de concepções teóricas, como a histórico-cultural, marcadas pela ênfase nos determinantes culturais, históricos e sociais da condição humana, tem possibilitado nova leitura das dimensões afetivas e cognitivas no ser humano, no sentido de buscar uma visão integradora, em que pensamento e sentimento se fundem.

Na área educacional, essas idéias produzem um novo olhar para as práticas pedagógicas. A crença de que a aprendizagem é social,

---

1. Pedagoga, formada pela Faculdade de Educação da UNICAMP, no ano de 2004. Professora na área de Educação Infantil, da rede municipal de ensino de Holambra.

mediada por elementos culturais, gera uma nova preocupação: em vez de o professor fixar-se somente *no que ensinar*, ele começa a pensar também em *como ensinar*.

De acordo com a abordagem histórico-cultural, a relação entre o sujeito (aluno) e o objeto (áreas e conteúdos escolares) é marcada por aspectos cognitivos e afetivos. Assim, ressaltamos a importância das decisões pedagógicas assumidas pelo professor pois elas estarão mediando a futura relação que se estabelece entre o aluno e os diversos objetos do conhecimento envolvidos. Assumimos, portanto, que o sucesso da aprendizagem dependerá, em grande parte, da qualidade da mediação. Ou ainda, a qualidade da relação que se estabelece entre sujeito e objeto é, também, de natureza afetiva e depende da qualidade da mediação vivenciada pelo aluno.

De acordo com esses pressupostos, não se pode mais restringir a questão do processo ensino-aprendizagem apenas à dimensão cognitiva, dado que a afetividade também é parte integrante do processo.

Dentre as decisões assumidas pelo professor, durante o planejamento de um curso, que, certamente, produzirão marcas afetivas e interferirão na futura relação entre o aluno e o objeto de conhecimento envolvido, destacamos *a escolha dos procedimentos de avaliação*.

Leite e Tassoni (2002) apontam que:

> *... a questão da avaliação escolar tem sido apontada como um dos grandes problemas do ensino, ou seja, como um dos principais fatores responsáveis pelo fracasso escolar de grande parcela da população, em especial das crianças pobres. A avaliação torna-se profundamente aversiva quando o aluno discrimina que as conseqüências do processo podem ser direcionadas contra ele próprio* (p. 16).

De fato, o modelo de avaliação tradicionalmente adotado em grande parte das escolas tem contribuído com os altos índices de fracasso escolar, representado pela repetência, evasão e, agora, a exclusão interna do aluno. Isso justifica a grande importância de trabalhos que revelam os efeitos aversivos do modelo tradicional de avaliação e apontam a necessidade de resgate de uma concepção de avaliação favorável às condições de aprendizagem e desenvolvimento do aluno.

A atual prática de avaliação

Atualmente, na maioria das escolas brasileiras, a prática escolar predominante se dá ainda dentro de um modelo teórico que vê a educação como um mecanismo de conservação e reprodução da sociedade.

De acordo com Freitas (2003), a lógica da avaliação não é independente da lógica da escola; ao contrário, ela é produto de uma escola que, entre outras coisas, separou-se da vida, da prática social. Tal separação trouxe a necessidade de se avaliar artificialmente na escola o que não se podia mais praticar e vivenciar na vida. *"Isso colocou como centro da aprendizagem a aprovação do professor, e não a capacidade de intervir na prática social. Aprender para 'mostrar conhecimento ao professor' tomou o lugar do 'aprender para intervir na realidade'"* (p. 40).

O autoritarismo é o elemento necessário para a garantia deste modelo social; daí, a prática da avaliação manifestar-se autoritária na escola. Para o autor,

> *A avaliação expressa relações de poder potentes no seio da sala de aula. A avaliação termina sendo uma categoria que modula o próprio acesso ao conteúdo e interfere, mais do que se possa pensar, com o método de ensino escolhido* (Freitas, 1991: 15).

Segundo Luckesi (1984), a atual prática de avaliação escolar estipulou como função do ato de avaliar a classificação. Dessa forma, o julgamento de valor, que teria a função de possibilitar uma nova tomada de decisão, passa a ter a função estática de classificar um ser humano histórico num padrão determinado. Ele poderá ser definitivamente classificado como inferior, médio ou superior. Assim, o ato de avaliar não se configura como um momento para refletir sobre a prática pedagógica, mas sim como um meio de julgar e classificar o aluno. Com a função classificatória, a avaliação não auxilia o progresso e o crescimento.

Estando a atual prática da avaliação educacional escolar a serviço de um entendimento teórico conservador da sociedade e da educação, faz-se necessário situá-la num outro contexto pedagógico para que a avaliação escolar esteja a serviço de uma pedagogia que se preocupe com a educação como mecanismo de transformação social.

Para que surjam novas formas alternativas de avaliação, mesmo dentro de uma sociedade conservadora, é necessário que o educador esteja preocupado em redefinir os rumos de sua ação pedagógica.

Isso implica um reposicionamento claro e explícito, envolvendo a conversão/conscientização de cada educador para novos rumos da prática educacional. Essa conscientização deve ser traduzida na revisão de todas as práticas pedagógicas, incluindo o resgate da avaliação em sua essência constitutiva, ou seja, ela deve efetivamente ser um *"julgamento de valor sobre manifestações relevantes da realidade para uma tomada de decisão"* (Luckesi, 1984: 09). Só assim a avaliação estará direcionada para um objetivo maior, que é a transformação social. O elemento essencial para essa alteração de sentidos no processo de avaliação implica no resgate de sua função diagnóstica.

É importante ressaltar que, mesmo dentro de uma sociedade não democrática, é possível rever e alterar os rumos das práticas de avaliação. Para isso, o professor deve estar comprometido com uma escola inclusiva, que esteja preocupada com o crescimento e o desenvolvimento integral dos alunos. A avaliação diagnóstica representa uma saída diante da situação atual, visto que, com essa função, o ato de avaliar consistirá em uma decisão sempre a favor do aluno,

As dimensões afetivas no processo de avaliação 117

representando um momento de reflexão por parte do professor e do aluno e os seus resultados serão utilizados no sentido de rever e alterar as condições de ensino, visando ao aprimoramento do processo de apropriação do conhecimento pelo aluno.

Para que ocorram mudanças no nosso sistema de ensino, visando à transformação e emancipação dos alunos, a escola deve ser um espaço constante de confronto de idéias, resistindo ao contexto de uma sociedade conservadora e de uma pedagogia autoritária.

A pesquisa[2]

Em pesquisa realizada com o objetivo de identificar e analisar as possíveis relações entre as decisões pedagógicas que o professor toma em relação às práticas de avaliação e o efeito dessas decisões na vida presente e futura dos alunos (Kager, 2004), assumimos que a avaliação é uma dimensão da mediação do professor que envolve, sensivelmente, a dimensão afetiva, não se restringindo apenas à dimensão cognitiva do processo de ensino e aprendizagem.

Para tanto, foram realizadas entrevistas individuais com cinco alunos (S_1, S_2, S_3, S_4 e S_5) do 3º. ano do Ensino Médio e de um curso pré-vestibular, que vivenciaram, durante a vida escolar, práticas aversivas de avaliação. As verbalizações dos participantes foram agrupadas em núcleos e subnúcleos de significação (Aguiar, 2001). Tais núcleos e subnúcleos correspondem às falas que dizem respeito aos determinantes aversivos em relação à avaliação e aos seus efeitos na vida dos alunos. Foram relatadas, ao todo, 15 situações que contribuíram para o desenvolvimento de sentimentos aversivos em relação às práticas de avaliação adotadas.

A seguir, apresentamos a relação dos núcleos e subnúcleos de significação organizados.

---

2. Esta pesquisa refere-se ao Trabalho de Conclusão de Curso realizado para a Faculdade de Educação da UNICAMP, como exigência parcial para obtenção do título de Bacharel em Pedagogia, orientado pelo Prof. Dr. Sérgio Antônio da Silva Leite, no ano de 2004.

Núcleo A – Marcas aversivas

O núcleo A foi organizado a partir dos relatos verbais relacionados aos efeitos aversivos das práticas de avaliação, que marcaram a vida escolar, presente e futura, dos sujeitos entrevistados. Este é o maior de todos os núcleos de significação criados. Os cinco sujeitos participantes relataram, nas entrevistas, sobre as marcas aversivas das práticas de avaliação vivenciadas. Podemos dizer que este núcleo compreende os relatos mais significativos da pesquisa pois demonstram claramente os efeitos deletérios das práticas de avaliação na vida dos alunos.

Subnúcleo A_1 – Medo e ansiedade

Um desses efeitos, que marcaram a vida escolar dos sujeitos entrevistados, é o medo e a ansiedade gerados pelo dia de avaliação. Os sujeitos S_4, S_2 e S_3 revelam como se sentiam:

Quando tinha prova era um terror! Eu tinha até dor de barriga! Nossa, eu ficava muito nervosa, ficava com muito medo! (S_4).

Dia de avaliação era um terror! A gente ficava morrendo de medo, naquela ansiedade (S_2).

Quando a semana de provas se aproximava já ia dando aquele nervoso, aquele medo. Nossa, eu ficava muito ansioso! Era um sentimento horrível! É ruim até de lembrar! (S_3).

Percebe-se, a partir dos relatos, que o modelo de avaliação tradicionalmente adotado em grande parte das escolas brasileiras pode ter como efeito, entre outros, a ansiedade e o medo por parte dos alunos, uma vez que a avaliação classificatória configura-se como uma arma poderosa nas mãos do professor, que dela se utiliza diversas maneiras para sustentar sua autoridade.

Subnúcleo A_2 – Sentimento de incapacidade

Outra conseqüência, relatada pelos sujeitos entrevistados, das práticas aversivas de avaliação é o desenvolvimento de um sentimento de incapacidade que contribui para a sua baixa auto-estima. S_2 exemplifica bem isso:

> *Eu não lembro de ficarem zoando comigo porque eu ia mal, mas eu, particularmente, me sentia muito mal. Eu também queria tirar notas boas como os meus amigos e ficava me sentindo um burro, um incapaz. Era como se eu fosse um anormal ali dentro. O diferente, o incompetente. Sabe o que é em nenhuma prova você tirar uma nota azul? É muito frustrante* (S_2).

No entanto, pelas verbalizações de S_2, é possível notar que o sentimento de incapacidade, gerado pela prática de avaliação aversiva, acompanhou-o durante toda a sua vida escolar e, ainda hoje, observamos os efeitos das experiências negativas vivenciadas:

> *Esses dias, eu tive simulado no E. [colégio onde estuda atualmente] e tirei 0,2. Aí eu pensei: "não tem jeito, eu sou burro mesmo". E daí volta tudo na minha cabeça, sabe? Qualquer avaliação sempre me faz lembrar daquela época. Quando o professor tá entregando as provas, eu tenho até medo de pegar e me deparar com uma nota ruim. É um trauma mesmo! E nesses casos já volta o desânimo* (S_2).

> *Não posso nem ouvir falar em avaliação que eu já me arrepio, é como se ela fosse meu atestado de burrice* (S_2).

Pelas falas de S_2, é possível afirmar que a prática de avaliação aversiva produz, muitas vezes, um sentimento de incapacidade tão marcante que acompanha o aluno durante toda a sua vida escolar, gerando a sensação de fracasso e incapacidade.

120 — Afetividade e Práticas Pedagógicas

Subnúcleo A₃ – Perda de motivação para estudar

Outro efeito relatado pelos participantes é a perda de motivação para estudar, a perda de interesse pela disciplina e o desânimo, como conseqüências do insucesso diante do tipo de avaliação adotada:

> *Chegou uma hora, quando eu vi que não tinha mais jeito, que eu só me ferrava nas provas, que eu desisti! Acabei desanimando. Aí, nem estudar, eu estudava mais... só para tirar um R [regular]. E assim foi até o final do 3º. colegial. Perdi o gosto pelos estudos, nunca mais me interessei, nem me esforcei para ir bem na escola... E eu tenho a plena consciência de que foi a forma de avaliar dessa professora [que adotou uma prática de avaliação aversiva] que causou isso em mim (S₂).*

> *Todo bimestre eu ficava de recuperação e quase nunca eu conseguia recuperar. As provas eram muito complicadas, eu tinha muita dificuldade e o professor ainda esculachava com a minha cara! Chegou uma hora que eu falei pra mim mesma: "Não entendo nada, mas também não faço mais questão de entender!". A partir de então, perdi totalmente meu interesse pela Química, desisti mesmo (S₄).*

A perda de motivação para estudar pode ser uma conseqüência grave das tradicionais práticas de avaliação, uma vez que o aluno desiste de compreender os conteúdos dados e desenvolve aversão pela disciplina.

Subnúcleo A₄ – Frustração e exclusão

É possível notar, ainda, através das falas de alguns sujeitos, a sensação de frustração e de exclusão por repetirem o ano letivo, após vivenciarem uma experiência negativa com avaliação:

> *Quando eu fiz a 3ª. série pela segunda vez, eu me sentia muito mal dentro da sala de aula. Primeiro porque eu era repetente. Depois porque eu era mó grandão perto do resto dos alunos. Eu me sentia excluído em todos os sentidos. Eu me sentia o burro da sala (S₂).*

As dimensões afetivas no processo de avaliação 121

Esse ano [quando fez a 5ª. série pela segunda vez] foi horrível pra mim porque, além de tudo, eu me sentia um peixe fora d'água na escola. Todos os meus amigos tinham passado e eu ficava sempre sozinho. Eu vivia brigando com os moleques da minha classe porque eles ficavam me chamando de burro, de repetente. Nossa, foi horrível! (S₅).

Esse efeito da avaliação classificatória diz respeito à produção de sentimentos negativos que acabam fortalecendo a baixa auto-estima do aluno e, conseqüentemente, sua aversão pela disciplina que adotou a prática de avaliação aversiva.

Subnúcleo A₅ – Deterioração da relação sujeito-objeto

Por fim, as verbalizações revelam um dos efeitos mais graves das práticas de avaliação aversivas: a deterioração da relação sujeito-objeto, ou seja, os alunos, que vivenciaram experiências negativas com avaliação desenvolveram aversão pela disciplina em que essas práticas de avaliar eram adotadas:

Por causa das avaliações e das aulas desse professor eu passei a não gostar mais de Geometria... Eu perdi totalmente o gosto pela Geometria, é uma matéria que, até hoje, eu não consigo mais me interessar. Não me chama atenção, sabe? É aversão mesmo! Dá uns arrepios só de falar a palavra. Juro por Deus! Até hoje eu ainda tenho muita dificuldade em Geometria, mas acho que é tudo conseqüência do que eu passei. E tudo fica pior ainda porque eu não consigo abrir o caderno pra estudar, dá aquela aflição de olhar o caderno porque eu não entendo nada. É aversão mesmo!... Eu odeio Geometria! (S₁).

Depois de tudo que eu passei, eu não posso nem mais ouvir falar em Química. Eu odeio Química! Mas odeio mesmo, com todas as minhas forças. Dá muita raiva quando você se sente vencida, sabe? Tipo, por mais que eu prestasse atenção nas aulas, por mais que eu viesse nos plantões, por mais que eu estudasse em casa, eu não conseguia ir bem na hora da prova! Dava vontade de chorar e dava raiva ao mesmo tempo! Só que, por outro lado, não dava pra largar tudo, se não eu nunca iria conseguir terminar o colegial. Hoje, eu não vejo a hora de entrar numa faculdade pra nunca mais ver Química na minha frente. Acho que vai ser o dia mais feliz da minha vida (S_4).

Nunca mais eu consegui gostar de Inglês. E também não tive nenhum professor que fizesse eu me interessar pela matéria de novo. Eu sempre ia mal, ficava de recuperação e passava raspando. Perdi totalmente o interesse por essa matéria. Nem prestar mais atenção nas aulas, eu conseguia. Eu não consigo pegar o Inglês, tenho aversão! Meu pai até quis pagar um curso fora pra mim, aí eu fui, fiz umas aulas, mas parece que não anima mais, sabe? Agora eu não faço mais a mínima questão de aprender (S_5).

A deterioração da relação sujeito-objeto certamente pode ser uma das conseqüências mais graves das práticas de avaliação aversivas pois, a partir do momento em que o aluno desenvolve aversão pelo objeto avaliado, ele perde qualquer interesse pelo mesmo e acaba introjetando o sentimento de fracasso.

Núcleo B – Controle de corpos

Esse núcleo de significação caracteriza-se pelos relatos referentes às posturas de professores, diretores e auxiliares, diante dos alunos, no momento da avaliação, demonstrando grande preocupação com o controle das condições físicas e os efeitos aversivos dessas medidas.

Pelos relatos, é possível notar a extrema preocupação, por parte dos educadores, com o controle dos alunos no dia de avaliação. As medidas tomadas acabam por transformar essa situação em um ritual, desgastante e ameaçador, como conta S_1:

Quando tinha avaliação, era um ritual! Neste dia, o 1º., o 2º. e 3º. colegial faziam prova da mesma matéria, no mesmo horário. Era tudo junto! As três classes iam pro anfiteatro. Antes da porta do anfiteatro ser aberta, tínhamos que ficar em fila, intercalando um aluno do 1º., um do 2º. e um do 3º para evitar conversas. A porta abria às sete horas e aí cada aluno tinha que sentar num lugar pré-determinado, o diretor distribuía um mapa antes para todos os alunos. A gente tinha que entrar com a manga da blusa erguida e só com o lápis, a caneta e a borracha na mão. Depois que todo mundo tivesse sentado, o diretor passava distribuindo uma folha de questões e a outra para as respostas. Lá também era tudo intercalado para que dois alunos da mesma classe não ficassem perto. Nem com esforço a gente conseguia colar! Na sala, ficava o diretor e uma monitora e durante a prova eles ficavam circulando entre as carteiras. Se caía qualquer coisa no chão, borracha, lápis, qualquer coisa, a gente tinha que chamar algum dos dois para eles pegarem. A gente não podia dar um "piu", nem mascar chiclete! Eram exatamente 50 minutos de prova, nem um a mais! Se a gente tivesse na metade de uma questão e tivesse dado o tempo, o diretor vinha e arrancava a prova da nossa mão! Se a gente chegava um minuto atrasado também não podia mais entrar e ficava com zero na prova... Quem terminasse a prova antes de dar os 50 minutos era obrigado a ir para o outro lado da escola ou tinha que ficar trancado dentro da sala de aula, não podia ficar por lá. Só no fim do dia é que a gente podia pegar o gabarito... Parecia uma ditadura! (S_1).

Outra medida adotada pelos professores em dia de prova, para evitar a cola pelos alunos, era o controle visual, na medida em que eles circulavam pela classe:

Na hora da prova, a classe tinha que ficar num silêncio total e ela [professora] ficava circulando, pra ninguém se mover mesmo. A gente tinha muito medo dela e aí nem olhávamos pro lado pra não correr o risco dela arrancar a prova da gente (S_2).

124 Afetividade e Práticas Pedagógicas

S₅ revela, ainda, uma outra forma de controle dos alunos, para evitar a cola:

Na hora da prova, a professora ficava com uma caderneta na mão. Se você desse uma olhadinha pro lado que ela achasse que fosse suspeita, ela anotava na caderneta e tirava ponto na hora de dar a nota da prova. E não adiantava reclamar! Ela falava que ela era a professora e que ela é que tinha razão. E se alguém olhasse descaradamente pro lado, ela tirava a prova na mesma hora e dava zero, sem dó. Ela era muito rígida se tratando de avaliação! (S₅).

Como S₁ já revelou, havia uma grande preocupação com o controle das condições físicas da sala de aula, no momento da avaliação, e os efeitos dessas medidas aumentavam o medo e o nervosismo dos alunos em relação à prova:

A sala onde a gente fazia a prova era bem grande e na classe só tinham 16 alunos, então a gente tinha que ficar super espalhados pela classe, bem distante um do outro. E era a D. [professora] mesma que ficava na classe e dava a prova. Em dia de prova ela era super rígida, não deixava a gente dar uma inclinadinha sequer para o lado (S₅).

É possível inferir, de acordo com os relatos apresentados, que o ritual estabelecido por educadores para exercer o controle de corpos durante as avaliações gerava mais medo e mais ansiedade por parte dos alunos, contribuindo para que a experiência com a prática de avaliação se tornasse afetivamente negativa.

Núcleo C – Prova como armadilha: Incoerência com as práticas de sala de aula

O núcleo C inclui os relatos verbais que retratam a avaliação como uma armadilha, criada pelos professores, na medida em que cobram, intencionalmente, na prova, conhecimentos mais complexos, que não se relacionam com as práticas desenvolvidas na sala de aula. Os relatos demonstram sentimentos de revolta dos alunos diante das provas, que exigiam resolução de exercícios mais complexos que os trabalhados em sala de aula, revelando-se verdadeiras armadilhas, com situações imprevisíveis aos alunos.

A fala de S_1 revela esse sentimento:

> ... Sabe o que é você estudar um monte para uma prova e na hora não conseguir fazer nada? Você não tem noção, os exercícios eram os mais difíceis que você pode imaginar. Dava raiva! Em vez do professor ajudar o aluno, parecia que ele queria ferrar mesmo. E eu me sentia impotente diante daquela situação. Era revoltante mas eu não podia fazer nada (S_1).

Esse sentimento de revolta também é percebido nas verbalizações de S_3:

> Uma semana antes da prova, a gente falava: "Explica a matéria aí, o que vai cair, pra gente poder estudar. Dá o mesmo tipo de exercício que você vai dar na prova, pra gente ter uma noção de como ela vai ser". Daí, ele [professor] passava uns exercícios na lousa, explicava e falava: "Ó, na prova vai cair uns exercícios parecidos com estes que eu fiz na aula. Nada muito diferente disso". Aí, o que acontecia: a gente estudava pra prova com base naqueles exercícios. Só que chegava na hora da prova e caía umas coisas totalmente diferentes! Uns exercícios bem mais difíceis! Porque ele ainda falava depois: "É, esses aqui até davam pra fazer, mas esses realmente estão bem complicados". Só que ele nunca admitia que tava errado. Aliás, a maioria dos professores aqui, é assim. Por mais que ele admitisse que os exercícios eram difíceis, ele falava que com a base que a gente tinha, dava pra fazer. Mas não dava! E a classe inteira pensava assim, até os alunos mais inteligentes se ferravam nas provas

dele. Sei lá, porque que ele não dava mesmo os exercícios que ele explicava em aula? Ou, que fosse um pouco mais difícil. Mas não, eram os exercícios mais complexos que você pode imaginar! Ele só podia estar querendo ferrar com a classe, fala verdade? Não tem outra explicação (S$_3$).

Observa-se que os dois participantes citados comentam a atitude do professor de exigir exercícios que não condizem com a prática de sala de aula. De acordo com os relatos acima, na opinião dos participantes, os professores agem intencionalmente para prejudicar os alunos.

A prova como armadilha sugere como a avaliação pode representar uma maneira de o professor legitimar seu poder e sua autoridade perante a classe, deixando de ser um momento de reflexão por parte do professor em relação ao seu trabalho, transformando-se em uma forma de punir os alunos por diversos motivos, como por exemplo, a desordem.

Núcleo D – Ritmo puxado da semana de provas

Neste núcleo de significação, é possível observarmos, nas falas dos sujeitos entrevistados, relatos que descrevem a sobrecarga de conteúdos exigidos pela escola na semana de provas, prejudicando, assim, o desempenho do aluno.

S$_1$ demonstra claramente, em seus relatos, as dificuldades do sistema de avaliação adotado pela escola e suas conseqüências:

Pelo amor de Deus, na outra escola [onde vivenciou a experiência negativa] a gente não tinha descanso, era prova seguida de prova. Não dava nem para respirar! E como eu sempre ficava de recuperação, eram mais provas ainda! Isso era muito ruim também. A gente não tinha nem tempo pra se preparar para uma recuperação, o que adiantava fazer então? Nossa, e eu ficava muito cansada, viu? (S$_1$).

As dimensões afetivas no processo de avaliação   127

Em relação a essa questão, S_3 revela como se sentia diante da semana de provas:

> *Aquela semana de prova era horrível! A gente ficava naquela ansiedade, sabe? Naquele nervosismo... principalmente quando tinha prova de Física. Assim, no primeiro bimestre a gente nem ficava tão preocupado mas a partir do segundo já ia piorando, no terceiro e no quarto então, nem se fala... era uma angústia! Era prova a manhã inteira, você acabava a prova de uma matéria, tinha um intervalo e logo em seguida você fazia prova de outra matéria. Era assim a semana inteira* (S_3).

Além de comentar sobre a angústia e o nervosismo que a semana de provas causava nos alunos, S_3 também considera esse sistema de avaliação prejudicial aos alunos, uma vez que eles não tinham tempo para se dedicar aos estudos:

> *... Não dava pra estudar nada direito também porque tinha prova de todas as matérias. Não dava pra se dedicar mesmo, sabe? Eu também não podia ficar estudando só Física, se não ia mal nas outras provas. Acho que se não fosse desse jeito, a gente teria mais chances de recuperar* (S_3).

S_4 também revela que o sistema de avaliação adotado em sua escola impossibilita os alunos de se prepararem melhor para as provas:

> *As provas eram muito difíceis e era muito conteúdo de uma vez só! É o que eu falei, se os professores dessem uma prova assim que acabasse determinado assunto, a gente tinha mais chance de ir bem porque a gente conseguiria se preparar melhor! A gente poderia se dedicar àquela matéria* (S_4).

Pode-se observar que as falas dos participantes no núcleo D concluem que a semana de provas, adotada como sistema de avalia-

128   Afetividade e Práticas Pedagógicas

ção, só prejudica o desempenho dos alunos e aumenta o sentimento aversivo em relação à avaliação. De acordo com os relatos, se os professores avaliassem continuamente, assim que terminassem cada conteúdo, os alunos teriam mais chances de ter sucesso, pois a matéria não estaria acumulada.

Núcleo E – Feedback *punitivo*

Este núcleo é composto pelos relatos que retratam as posturas e atitudes de alguns professores diante da classe, no momento da devolução das avaliações, reprimindo e humilhando os alunos que não foram bem.

Mesmo que este núcleo não compreenda relatos de todos os participantes da pesquisa, pode-se afirmar que o *feedback* punitivo é uma das situações que mais potencializam a aversão dos alunos.

Para exemplificar, recorre-se a S_4:

> *Quando ele* [professor] *ia entregar alguma prova, a hora que ele chamava o meu nome, ele balançava a cabeça assim* [negativamente], *tipo: "'essa aí é uma burra mesmo!'". Nossa, aquilo me dava uma raiva! Caramba, ele não fazia isso com ninguém, só comigo! E fazia pra classe inteira ver mesmo! Ele olhava bem na minha cara e ainda falava: "Que vergonha!". Me humilhava mesmo! (S_4).*

Nota-se que S_4 demonstra, em seu relato, o sentimento de humilhação que a atitude do professor gerava. S_5 também comenta sobre esse fato:

> *O que eu não gostava que ela* [professora] *fazia é que, na hora de entregar as provas, ela chamava o nome da pessoa e fazia um comentário. Se a pessoa tivesse ido bem, ela falava parabéns. Mas se a pessoa tivesse ido mal, ela escorraçava na frente de toda classe! Isso era muito ruim! (S_5).*

As dimensões afetivas no processo de avaliação 129

De acordo com as verbalizações de S_2, é possível destacarmos uma outra forma de *feedback* punitivo:

Ela [professora] *dava tudo errado pra mim! Eu pegava as minhas provas e só via um monte de "x" vermelho, não tinha um certinho pra contar a história... Eu tenho certeza que na hora que ela pegava a prova e via que era minha, ela pensava: "Ih, essa é do S_2, aquele burro, não vou nem dar muita atenção pra não perder meu tempo". Sabe quando parecia que ela nem tinha lido a minha prova? Ela não considerava NADA, nem um "A" que eu escrevia. E eu tenho certeza que pelo menos um R* [regular] *eu tinha condições de ter tirado* (S_2).

Este participante relata sua revolta ao receber as provas corrigidas com nenhuma questão correta. Além disso, ele deduz que a professora corrigia suas provas carregada de preconceito em relação a ele, uma vez que nada era considerado.

O *feedback* punitivo, como afirmam os sujeitos da pesquisa, representa uma atitude, por parte do professor, que só vem agravar o sentimento aversivo do aluno em relação ao objeto de estudo, uma vez que pode gerar sentimento de revolta e sensação de fracasso.

Núcleo F – Recuperação punitiva

No núcleo F, encontram-se relatos de sujeitos que vivenciaram situações de recuperação que também tiveram efeitos aversivos para os alunos. Nessas recuperações, os alunos deparavam-se com uma prova bem mais difícil que a anterior, com exercícios mais complexos que os da prova anterior. S_1 exemplifica bem essa situação:

Na prova de recuperação dele [professor] *era a mesma coisa, só caía os exercícios mais difíceis, aqueles que a classe inteira ficou com dúvida. E aí, todo mundo se ferrava! É até incoerente porque na recuperação os exercícios eram mais complicados do que na prova normal...* (S_1).

130 Afetividade e Práticas Pedagógicas

Esta participante relata que era incoerente a prova de recuperação ser mais difícil que a prova anterior, pois os alunos prejudicavam-se com isso. S_5 também comenta sobre essa questão:

> *Era a D. [professora] mesma que elaborava as provas, tanto a prova normal quanto a prova de recuperação. Só que ela pegava bem mais pesado nas provas de recuperação e daí eu dançava! Acho que ela fazia pra sacanear quem tivesse ficado de recuperação* (S_5).

Para concluir, ele infere a possibilidade de a professora utilizar a recuperação como forma de punir os alunos, uma vez que não fazia sentido a prova de recuperação ser mais complexa que a prova anterior.

S_3 comenta que achava injusto o sistema de notas das provas de recuperação:

> *... a prova da recuperação era bem mais fácil que as provas normais. Mas uma coisa era errada, mesmo que você tirasse 10 na recuperação, você ficava com 5 na nota final. O máximo de nota que você conseguia, se você fosse pra recuperação, era 5. Mas daí, o aluno estudava que nem condenado pra recuperação, aprendia a matéria, ia super bem mas não era reconhecido por isso. É muito injusto!* (S_3).

Segundo os relatos verbais de S_3, o professor, na recuperação, não reconhecia o progresso do aluno, uma vez que a nota máxima que ele podia conseguir era cinco. Mesmo que o aluno tivesse acertado todas as questões da avaliação, não podia ficar com dez na média. Esse fato também evidencia a recuperação como uma prática punitiva e incoerente.

Semelhante à avaliação como armadilha, a recuperação punitiva retrata as relações de poder que a avaliação possibilita ao professor, distorcendo totalmente o caráter educacional do processo avaliativo.

Núcleo G – Preconceito do professor

O presente núcleo foi estruturado a partir de verbalizações que retratam atitudes de professores, diante do insucesso de seus alunos, consideradas como preconceituosas, no sentido de não acreditarem em sua capacidade de superação das dificuldades.

S_4 conta como o preconceito, por parte de seu professor, tornou-se evidente para ela:

> *Eu tinha uma amiga que conversava com ele [professor] direto, e ela me disse que ele falou pra ela que não suportava olhar na minha cara, que não gostava de mim de jeito nenhum! Falou que eu era uma burra e que nunca iria entender o que ele tava explicando, que era perda de tempo tentar ensinar alguma coisa pra mim, que explicar pra mim ou pro nada era a mesma coisa. Falou também que dava até desânimo olhar pra mim. Nossa, eu fiquei arrasada quando ela veio contar isso pra mim...* (S_4).

De acordo com os relatos de S_4, fica claro que o preconceito do professor, em relação a ela, era devido à sua dificuldade em Química. Segundo as suas verbalizações, o professor considerava perda de tempo tentar ensinar o conteúdo a ela ("ele tinha desânimo de olhar para ela"), e esse sentimento torna-se evidente em suas atitudes:

> *... o problema é que eu tenho muita dificuldade e ele [professor] não gosta de mim, aí não tem jeito, né? Pra todo mundo ele explica quantas vezes for necessário, menos pra mim... depois de um tempo, eu nem chamava mais ele, uma porque eu sabia que ele não vinha mesmo e outra porque não fazia mais questão das explicações dele* (S_4).

Percebe-se que as atitudes desse professor fizeram com que S_4 desistisse de pedir auxílio durante as aulas e, dessa forma, sua dificuldade ia se tornando cada vez maior. Assim como S_4, S_2 também relata sobre as conseqüências do modo de agir de sua professora:

Eu nunca tirava dúvidas com ela [professora] *porque eu tinha medo de perguntar e achava que tudo o que eu fazia era errado. Mas isso porque ela sempre agiu assim, como se tudo que viesse de mim fosse errado. Daí eu chegava em casa e pedia pro meu pai ou pra minha mãe me explicar* (S$_2$).

Este participante demonstra o medo que tinha de tirar dúvidas com a professora, devido ao modo com que ela o tratava. Diante dessa situação, assim como S$_4$, ele também desistiu de pedir auxílio à professora e começou a buscar ajuda em casa.

Ainda sobre esse tema, S$_5$ conta que sua professora não acreditava que ele pudesse superar suas dificuldades. Para ela, que já havia desenvolvido um preconceito em relação a ele, era inadmissível que ele pudesse, de fato, ter sucesso em sua disciplina:

Quando eu fiz a 5ª. série pela segunda vez, a professora vivia dizendo que eu tava colando na hora da prova só porque eu ia bem. Ela não admitia que eu pudesse estar conseguindo recuperar. Daí, em dia de prova, ela pegava a minha carteira e colocava grudada na lousa, longe de todo mundo só pra garantir que eu não tava colando mesmo (S$_5$).

Conforme as falas dos sujeitos, é possível afirmar que as atitudes preconceituosas do professor, diante das dificuldades do aluno, podem potencializar a aversão pelo objeto de estudo e contribuir para o sentimento de incapacidade e a baixa auto-estima.

Núcleo H – Plantão: Auxílio que não auxilia

O núcleo H compreende os relatos sobre os plantões de dúvidas, que eram realizados fora do horário de aula, mas que, na prática, não correspondem, de fato, a um auxílio, uma vez que a maioria dos alunos volta para casa com as mesmas dúvidas.

Através das verbalizações de S$_1$, fica evidente que, na prática, os plantões não correspondem a um auxílio e, conseqüentemente, os

As dimensões afetivas no processo de avaliação   133

alunos não conseguem sanar suas dúvidas. Durante as aulas, os professores não tiram dúvidas devido ao pouco tempo disponível para ensinar o conteúdo estipulado pelo calendário:

> *Os plantões também nem adiantavam muita coisa, muitas vezes nem era o professor que tirava as dúvidas, eram outros, de outras frentes. E ia muita gente nos plantões; daí, na maioria das vezes, eu não conseguia tirar todas as minhas dúvidas. Eu tinha muita dificuldade, mas quase sempre ia embora dos plantões com as mesmas dúvidas que eu tinha no começo* (S_1).

Como a escola não era capaz de solucionar o problema das dúvidas dos alunos, estes tinham que buscar soluções fora dela. S_1 conta como procurava tirar as dúvidas sobre a matéria:

> *...os plantões de dúvidas também não adiantavam muito e aí a gente tinha que procurar auxílio em outro lugar. É como eu te falei, muitas vezes a gente ia na casa do P. [colega de classe], que era inteligente, em vez de ir no plantão. A gente acabava tendo que se virar sozinho* (S_1).

Assim como S_1, S_3 aponta a deficiência dos plantões como um sistema de auxílio aos alunos com dificuldade. Ele também comenta sobre a presença de um outro professor no momento de sanar as dúvidas:

> *...Só que, pra mim, aqueles plantões não adiantavam nada, até porque era outro professor que dava os plantões. Não era o mesmo professor de manhã. Aí, o professor do plantão explicava tudo diferente. Se você já não tava entendendo alguma coisa, você passava a não entender mais nada* (S_3).

Pode-se concluir que o plantão de dúvidas, tido como um recurso para auxiliar o ensino, na prática, não correspondia a uma ajuda em

134   Afetividade e Práticas Pedagógicas

relação às dúvidas e dificuldades dos alunos, caracterizando-se como uma falha no planejamento da escola.

Núcleo I – Ausência de feedback

Neste núcleo, estão presentes verbalizações que evidenciam, nas práticas de avaliação, situações em que os alunos não recebiam retorno do professor sobre seu desempenho, sendosomente informados sobre a nota que tinham tirado.

S_1 relata que se sentia prejudicada pois a correção das avaliações era desvalorizada pelos professores:

> *O ruim desse professor é que ele sempre entregava as provas um dia antes da prova de recuperação e aí, sempre pegava a gente de surpresa. A gente não sabia se tinha que estudar ou não e aí acaba não se preparando para a recuperação. Você ia saber um dia antes se tinha ido mal ou não, na prova. E aí, se você ia reclamar, ele falava que era obrigação do aluno saber se tinha ido mal ou bem na prova porque todas as provas tinham gabarito. Só que o problema não era esse, a gente queria saber onde a gente tinha errado, entende? O gabarito não tinha a conta inteira, era só o resultado. E se a gente visse a prova um tempo antes, a gente podia tirar nossas dúvidas. Só que ele não tava nem aí (S_1).*

S_2 também relata a ausência de correção das provas com a classe. Além disso, ele infere sobre a falta de flexibilidade da professora diante da possibilidade de uma nova prova, devido a um grande número de notas baixas:

> *Outra coisa ruim das provas dela [professora] é que ela nunca dava um retorno. Ela não corrigia as provas com a gente, nem deixava a gente fazer outra prova sobre o assunto se a maioria da classe tivesse ido mal. A prova era aquela lá e a sua nota ia depender dela, do seu caderno e do seu comportamento, só (S_2).*

Ainda sobre o tema, S_3 comenta sobre a falta de *feedback* das provas de recuperação. Segundo seus relatos verbais, essas provas nunca eram refeitas com os alunos e, portanto, as dúvidas pendentes não eram esclarecidas. Conseqüentemente, a dificuldade ia acumulando:

> *...sem contar que as provas de recuperação nunca eram refeitas e aí a gente nunca conseguia tirar as dúvidas que ainda tinham ficado. Mesmo se o aluno ia mal, a prova não era refeita* (S_3).

A ausência de *feedback* é uma das marcas da avaliação classificatória que tem como única finalidade classificar o aluno, tendo um fim em si mesma, carecendo de uma perspectiva educacional.

Núcleo J – Avaliação como punição

Este núcleo de significação reúne relatos verbais que caracterizam a avaliação como uma forma de punir os alunos, geralmente diante de situações consideradas pelo professor como indisciplina.

S_1 comenta o quanto a classe prejudicava-se diante de uma "prova surpresa", para punir alguns alunos que estavam fazendo bagunça:

> *Acho que o pior de tudo é que ele* [professor] *usava a prova para ameaçar os alunos, sabe? Sempre que a classe tava fazendo muito "zona", ele mandava a gente pegar uma folha e fazer um exercício para nota. E esse exercício era sempre dos mais difíceis! E o pior é que quem não tava bagunçando se ferrava por causa dos outros. Não era justo!* (S_1).

O relato de S_1 evidencia que o objetivo do professor, diante da desordem da classe, realmente era punir os alunos pois além de "pegar a classe de surpresa", ele pedia os exercícios mais difíceis.

S_3 também relata casos em que o professor puniu a classe, com uma avaliação, diante de desordem:

136　　　Afetividade e Práticas Pedagógicas

Já aconteceu do professor chegar na classe e falar: "Peguem uma folha em branco e anotem o que eu vou colocar na lousa porque hoje eu vou dar uns exercícios pra nota". E aí, ele dava esses exercícios e depois dava uma nota. Essa nota era calculada com a nota da prova mesmo e daí ele dava a nota final. Só que todo mundo ia mal porque ele pegava a classe de surpresa. Física não é uma matéria fácil, a gente precisa estudar pra ir bem numa prova. Tinha muita gente que tinha dúvida na matéria e que não tinha resolvido isso ainda nos plantões. Não sei por que ele fazia isso. Não era com a intenção de ajudar porque isso só prejudicava a sala toda. A gente começou a reparar e percebemos que ele sempre vinha com esses exercícios pra nota depois de alguma aula em que a gente tinha bagunçado muito (S_3).

A avaliação como forma de punição é mais um exemplo do poder que a avaliação possibilita ao professor, legitimando sua autoridade perante os alunos. De acordo com os relatos verbais acima, é possível afirmar que a avaliação punitiva só aumenta o sentimento de medo em relação à prova, fortalecendo a idéia da avaliação como uma prática negativa.

Núcleo L – Memorização sem sentido

No presente núcleo de significação, a avaliação é percebida como uma prática que exige dos alunos apenas memorização, e não compreensão dos conteúdos estudados.

S_2 conta o que achava das avaliações que fazia:

...aquelas provas não avaliavam nada! Sabe aquelas perguntas que você só sabia se decorasse? Era uns detalhes que não tinha nada a ver. Parece que [a professora] *faz de propósito, só pro aluno ir mal mesmo. Eu reprovei esse ano* (S_2).

Pode-se observar, através do relato de S_2, que o aluno tem consciência de que a prática de avaliação vivenciada não tinha como

As dimensões afetivas no processo de avaliação   137

finalidade diagnosticar a situação dos alunos em relação aos conteúdos ensinados, uma vez que as provas exigiam a memorização e não a compreensão dos assuntos abordados em sala de aula. Este mesmo participante complementa:

> *Uma professora boa iria perceber que eu sabia a matéria, mas ela perguntava umas coisas tão ridículas na hora da prova, que só quem tinha decorado o livro que tinha condições de responder* (S$_2$).

S$_5$, por sua vez, diz que, para o aluno ter sucesso na prova, ele tinha que decorar uma série de conceitos mesmo sem os compreender. Portanto, os alunos decoravam vários conteúdos sem entender seus significados e suas funções:

> *Com tanta coisa pra decorar, o que acontecia é que eu decorava, só que não tinha a mínima idéia do que eu tava decorando. Tipo, eu não sabia como usar aqueles verbos em uma frase, sabe? E a gramática também, eu não sabia o porquê de usar aqueles auxiliares que nem o "Do" e o "Did". Aí ficava confuso!* (S$_5$).

A avaliação que exige memorização, e não compreensão dos conteúdos estudados, está na contra-mão da avaliação diagnóstica, que representa um momento de reflexão sobre as condições de ensino e a possibilidade de alterá-las.

Núcleo M – Avaliação com um fim em si mesma

Os relatos deste núcleo revelam que a avaliação é tida como uma prática com um fim em si mesma e não numa perspectiva diagnóstica: seu objetivo é classificar os alunos de acordo com a nota de uma única prova.

S$_2$ demonstra claramente, através de suas verbalizações, a consciência da prática de avaliação classificatória que vivenciou:

A gente tinha uma avaliação de cada matéria por bimestre, então eram quatro avaliações de uma mesma matéria por ano. Ou seja, se a gente fosse mal, já era, não tinha chance de recuperar. Só no bimestre que vem (S_2).

Em seus relatos, S_2 demonstra a capacidade de reflexão diante da experiência vivenciada em relação à avaliação. Ele considera a prática de avaliação não como um processo mas com um fim em si mesma, visto que o aluno era classificado de acordo com a nota de uma única prova. A avaliação, fora de uma perspectiva diagnóstica, tem uma função estática, que muitas vezes dá origem aos estigmas, desenvolvendo a baixa auto-estima dos alunos e o sentimento de incapacidade.

Núcleo N – O aluno "com melhor desempenho" como parâmetro

Os relatos deste núcleo de significação descrevem professores que tomam como parâmetro, para elaboração das avaliações, os alunos mais avançados.

De acordo com os relatos de S_5, é possível notar que os alunos que tinham dificuldades na matéria eram desconsiderados pela professora no momento da elaboração das avaliações e, conseqüentemente, acabavam sendo prejudicados por isso:

As pessoas que faziam Inglês fora da escola, nessas escolas de idiomas, iam super bem nas provas dela [da professora]. *Eles achavam a prova super fácil, entendiam tudo. Daí, acho que a D.* [professora] *pensava que eles iam bem por causa das aulas dela... mas o pessoal que não fazia, que nem eu, não conseguia fazer a prova direito porque a gente não entendia muita coisa* (S_5).

S_5 relata o comportamento da professora diante dessa situação, que agia como se o sucesso de alunos, que faziam inglês em cursos de idiomas, fosse devido às suas aulas, e a negligência em relação

As dimensões afetivas no processo de avaliação   139

aos alunos que não se saíam tão bem quanto os que tinham o auxílio de um curso fora da escola.

O fato de a professora tomar como parâmetro, para elaboração da prova, o aluno "com melhor desempenho", revela uma prática avaliativa que consiste numa decisão contra os alunos, na medida em que as dificuldades são ignoradas e os resultados das provas não são utilizados no sentido de rever e alterar as práticas pedagógicas.

Núcleo O – Calendário burocratizado

O núcleo O apresenta relatos verbais descrevendo a situação de escolas que desenvolvem todo o seu processo de ensino em função de um calendário previamente definido, e as conseqüências desse fato.

S_1 relata a sua visão diante do calendário instituído pela escola, durante todo o ano letivo:

> *Acho que nessa escola que eu estudava antes* [onde vivenciou a experiência], *eles* [os educadores] *jogavam toda a responsabilidade em cima do aluno. Ninguém auxiliava em nada. Tinha aquele calendário lá, com os dias das provas e os conteúdos e aí a gente tinha que estar sempre de olho, os professores não falavam nada. Não davam nem dicas do que ia cair na prova* (S_1).

Ela observa que, com o calendário, os alunos sentiam-se abandonados pelos professores, que diziam que a função do calendário era informar os alunos e, portanto, essa não era mais sua função.

Esta mesma participante aponta o calendário como uma prática das escolas que têm seu ensino voltado, basicamente, para o vestibular. Dessa forma, cada professor deve ensinar uma determinada parcela de conteúdos em um período de tempo estipulado pelo calendário, não podendo atrasar-se em relação às datas estipuladas.

140 Afetividade e Práticas Pedagógicas

No começo de cada bimestre a gente recebia a nossa apostila, o calendário de provas e também o que o professor teria que cumprir nesse bimestre, todo conteúdo que ele tinha que dar (S_1).

A imposição de um calendário demonstra a preocupação das escolas de Ensino Médio em executar todo o conteúdo programado, uma vez que essas escolas balizam suas práticas pelo vestibular. Assim, o ritmo do aluno é desprezado e o ato de avaliar não visa ao aprimoramento do processo de apropriação do conhecimento pelo aluno,mas, sim, à sua classificação.

Núcleo P – Situações que potencializaram o efeito aversivo

Neste núcleo, foram agrupados os relatos que descrevem situações que contribuíram para potencializar o efeito aversivo das práticas de avaliação vivenciadas, por parte de professores e pais. O núcleo P está subdividido em dois subnúcleos de significação, que serão analisados a seguir.

Subnúcleo P_1: O professor como um fator 'potencializador'

Neste subnúcleo de significação, o professor é tido como um fator que contribuiu para o aumento do sentimento aversivo do aluno, em relação às práticas de avaliação adotadas. Essa potencialização da aversão, pelo professor, se dá por meio de diferentes formas de agir. Na maioria das vezes, o mau relacionamento entre professor e aluno gera raiva, ódio e a sensação de desprezo e humilhação, por parte dos alunos.

Durante as entrevistas, alguns sujeitos relataram as conseqüências do comportamento hostil do professor, em relação a eles ou, até mesmo, à classe, de uma maneira geral:

Ele [professor] era muito grosso, ele respondia pro aluno! E, se alguém tinha alguma dúvida, ele era grosso, entendeu? Ele dava umas "patadas" assim, sabe? Ele chamava até a gente de burro!

Eram poucos os alunos que tinham coragem de falar com ele na sala de aula (S$_1$).

Ela [professora] era uma pessoa assim... muito brava dentro da sala de aula. Todo mundo tinha medo dela, entende? Então, a gente ficava até meio que com receio de fazer perguntas por causa do jeito dela (S$_2$).

...chegava na hora da aula, se eu chamasse ele [professor] pra falar que eu não tinha entendido o exercício, ele respondia todo grosso: "Como não entendeu? Eu já não te expliquei tudo isso no plantão?". E não explicava de novo... Ele me oprimia totalmente. Chegou uma hora que eu não tive mais coragem de perguntar nada pra ele (S$_4$).

Pode-se observar, pelos relatos, que diante de um comportamento hostil do professor, os alunos sentem-se reprimidos e, assim, perdem a coragem para fazer qualquer tipo de pergunta. Isso só agrava as dificuldades dos alunos.

Outras verbalizações, presentes neste subnúcleo, demonstram a negligência do professor em relação às dificuldades dos alunos:

O professor só dava as aulas na lousa. Tinha mania de fazer só metade dos exercícios porque sempre dava o horário da aula e ele deixava os exercícios pela metade (S$_1$).

Eu tinha dificuldade na maioria das matérias, mas a matéria que eu menos gostava já era Química, de começo! Ainda por cima tive a infelicidade de ter um professor que não gostava de mim, que me humilhava e que não fazia a menor questão de me ajudar. Ele não tava nem aí pra minha dificuldade (S$_4$).

Alguns participantes suspeitaram que o professor utilizava a avaliação como um instrumento de poder e alterava as notas dos alunos, de acordo com a sua vontade:

142   Afetividade e Práticas Pedagógicas

As provas, todas as provas, eram feitas a lápis, era proibido fazer de caneta. Cheguei até a pensar que ela [professora] apagava algumas coisas que eu tinha escrito e colocava outras no lugar [porque as provas estavam sempre inteiras erradas] (S₂).

Eu acho até que ele [professor] manipulava a minha nota. Do jeito que ele não gostava de mim, eu não duvido nada! Acho que ele tirava uns pontinhos de propósito de mim (S₄).

Teve uma vez que a D. [professora] corrigiu uma coisa errada na minha prova. Ela deu errado mas tava certo. E a minha mãe entendia um pouco de Inglês e viu que ela tinha errado na correção. Daí, minha mãe foi perguntar pra uma outra professora se tava certo mesmo e essa outra professora disse que tava. Daí, minha mãe foi lá na escola e fez a D. mudar a correção e mudar a minha nota. Minha mãe também falou pra ela parar de pegar no meu pé. Depois disso, ela começou a ser mais legal comigo. Não sei se ela tinha feito de propósito ou se tinha errado sem querer. Só sei que depois que minha mãe falou com ela, ela começou a dar mais atenção pra mim (S₅).

Pelas falas dos sujeitos da pesquisa, pode-se concluir que o professor, utilizando-se de sua autoridade, é capaz de potencializar o efeito aversivo das práticas de avaliação atuais, de diversas maneiras. Portanto, é importante ressaltar o papel da mediação do professor na relação sujeito-objeto. As interações, que ocorrem na sala de aula, são permeadas por afetividade, que se constitui como um fator de grande importância na determinação do vínculo que se estabelecerá entre o aluno e as áreas/conteúdos escolares.

Subnúcleo P₂: A condição 'potencializadora' da aversão em casa
Neste subnúcleo de significação, encontram-se relatos de S₂ que descrevem situações que potencializaram o sentimento de aversão em relação à avaliação, vivenciadas em casa, por causa da

incompreensão dos pais, que o agrediam devido às notas baixas e, conseqüentemente, contribuíam para o aumento do seu sentimento de incapacidade:

Quando eu comecei a tirar notas baixas nas provas, meu pai começou a estudar comigo. E o meu pai é português, ele tem um jeito de lidar com essas situações meio agressivo, vamos colocar assim. Se eu errava alguma coisa, ele batia em mim em casa, então, eu tinha que aprender ou aprender. Não tinha outra opção. Tinha dias que a gente passava horas estudando e eu achava que tava sabendo tudo, eu tinha certeza que eu sabia a matéria. Chegava na hora da prova e eu não conseguia fazer nada, sempre dava alguma coisa errada, aí dava aquele desespero! Eu sabia que além de outra nota baixa, ainda ia ganhar uns tapas do meu pai. Isso, com certeza, também agravou toda situação (S$_2$).

S$_2$ revela que as surras que levou do pai marcaram profundamente suas lembranças e geraram um sentimento de impotência pois, como relata, ele ia mal nas provas porque, no momento da avaliação, ele não conseguia fazer os exercícios pedidos, apesar de sua dedicação aos estudos.

Observa-se que a aversão do sujeito em relação ao objeto pode ser potencializada de diversas maneiras. No caso, a incompreensão dos pais gerou medo, raiva e prejudicou a auto-estima do filho.

Considerações finais

De acordo com os relatos dos sujeitos participantes da pesquisa, é possível afirmar que o modelo de avaliação empregado atualmente, em grande parte de nossas escolas, contempla uma série de recursos, como o *controle de corpos*, o feedback *punitivo*, a *avaliação como punição*, a *prova como armadilha*, entre outros, que acabam produzindo efeitos afetivamente negativos na vida dos alunos.

Com base nas falas dos sujeitos entrevistados, é possível inferir que a prática de avaliação tem deixado marcas aversivas que acompanham o aluno durante toda a sua vida, causando, muitas vezes, dramas pessoais que afetam sua auto-estima. Dessa forma, pode-se afirmar que a avaliação consiste, hoje, no ponto nevrálgico do nosso sistema de ensino, constituindo-se como, talvez, o principal responsável pelo fracasso escolar, além de ocasionar sérios efeitos aversivos que acabam afetando profundamente a qualidade da vida escolar dos alunos. Sendo assim, de todas as decisões pedagógicas assumidas pelo docente no planejamento de um curso, que produzem marcas afetivas e interferem na futura relação que se estabelece entre o aluno e o objeto de conhecimento, a avaliação merece uma atenção especial, como foi evidenciado na pesquisa.

O modelo tradicional de avaliação concebe, como função do ato de avaliar, a classificação e não o diagnóstico. O julgamento de valor passa, assim, a ter a função estática de classificar o aluno de acordo com um padrão determinado. Ele poderá ser, definitivamente, classificado como inferior, médio ou superior, com todas as implicações envolvidas. Segundo essa lógica, o aluno é o único responsável pelo seu sucesso ou fracasso. Como abordado anteriormente, nesta perspectiva, ensino e aprendizagem são entendidos como processos independentes, onde o ensino cabe ao professor e a aprendizagem cabe ao aluno. Os efeitos aversivos da avaliação tradicional são evidentes, dificultando sobremaneira o processo de vinculação esperada entre o sujeito e o objeto do conhecimento.

A avaliação, sendo uma dimensão da mediação pedagógica do professor, envolve, sensivelmente, a dimensão afetiva, não se restringindo apenas à dimensão cognitiva. Dessa forma, a avaliação deve ser planejada e desenvolvida como um instrumento sempre a favor do aluno e do processo de produção do conhecimento. Além disso, ela pode possibilitar um crescente envolvimento afetivo do sujeito com os objetos de conhecimento, num contexto de ensino afetivamente positivo.

As dimensões afetivas no processo de avaliação   145

Assim, é importante ressaltar a necessidade do resgate da avaliação como função diagnóstica (Luckesi, 1984). Por meio dessa função, a avaliação pode ser planejada e desenvolvida como uma situação de reflexão, no sentido de buscar não só o avanço cognitivo dos alunos, mas propiciar as condições afetivas que contribuam para o estabelecimento de vínculos positivos entre os alunos e os conteúdos escolares. Somente com a função diagnóstica, a avaliação pode auxiliar o progresso e o crescimento do aluno, através do aprimoramento das condições de ensino.

Na avaliação diagnóstica, o ato de avaliar atua como um momento para repensar a prática pedagógica e retornar a ela. Como diagnóstica, ela será um momento de reflexão e os seus resultados serão utilizados no sentido de rever e alterar as condições de ensino, visando ao aprimoramento do processo de apropriação do conhecimento pelo aluno.

Assume-se que, diante das atuais práticas de avaliação escolar, a avaliação diagnóstica pode representar a saída possível, no sentido de reverter a finalidade do ato de avaliar. Somente através dela, a avaliação pode implicar em uma decisão a favor do processo ensino-aprendizagem.

Com base nos relatos da presente pesquisa, torna-se evidente a necessidade de se reverem e alterarem as práticas de avaliação adotadas tradicionalmente. Formas de avaliação diagnóstica devem ser implementadas, compatíveis com uma pedagogia inclusiva, direcionada para o processo de transformação social e para o crescimento e desenvolvimento integral dos alunos.

Referências bibliográficas

Aguiar, Wanda Maria Junqueira. A pesquisa em psicologia sócio-histórica: contribuições para o debate metodológico. In: Bock, Ana Mercês Bahia; Gonçalves, Maria da Graça Marchina; Furtado, Odair (Orgs.) *Psicologia sócio-histórica: uma perspectiva crítica em psicologia.* São Paulo: Cortez, 2001.

Freitas, Luiz Carlos de. *Ciclos, seriação e avaliação: confronto de lógicas.* São Paulo: Moderna, 2003 (Coleção cotidiano escolar).

Freitas, Luis Carlos de. Organização do Trabalho Pedagógico. *Revista de Estudos.* Feevale, p. 10-18, 1991.

Kager, Samantha. *As Dimensões Afetivas no Processo de Avaliação.* Trabalho de Conclusão de Curso. Campinas: Faculdade de Educação da Unicamp, 2004.

Leite, Sérgio Antônio da Silva; Tassoni, Elvira Cristina Martins. A afetividade em sala de aula: as condições de ensino e a mediação do professor. Em: Azzi, Roberta Gurgel; Sadalla, Ana Maria Falcão de Aragão (Orgs) *Psicologia e Formação docente: desafios e conversas.* São Paulo: Casa do Psicólogo, 2002.

Luckesi, Cipriano Carlos. Avaliação Educacional Escolar: para além do autoritarismo. *Tecnologia Educacional*, n° *61*, p. 06-15, 1984.

Mediação e afetividade:
histórias de mudanças na relação sujeito-objeto

FLÁVIA REGINA DE BARROS[1]

"O professor autoritário, o professor licencioso, o
professor competente, sério, o professor
incompetente, irresponsável, o professor amoroso
da vida e das gentes, o professor mal-amado, sempre
com raiva do mundo e das pessoas, frio, burocrático,
racionalista, nenhum deles passa pelos alunos sem
deixar sua marca."

Paulo Freire

Apresentação

Atualmente, têm aumentado os estudos que focalizam o ser humano integrado, inter-relacionando os aspectos cognitivos e os aspectos afetivos, no processo de construção do conhecimento.

Na psicologia, a visão monista do ser humano tem sido assumida pela abordagem histórico-cultural, defendida por autores como Wallon e Vygotsky. Tal abordagem enfatiza os determinantes culturais, históricos e sociais da condição humana e considera que, no homem, as dimensões afetiva e cognitiva são inseparáveis.

---

1. Licenciada em Pedagogia pela Faculdade de Educação da Universidade Estadual de Campinas. Professora da rede particular de ensino de Amparo/SP.

Tendo como referencial teórico essa abordagem, assumimos que é por meio das interações sociais que os indivíduos se desenvolvem. Nesse sentido, a dimensão afetiva é parte integrante desse processo e vem se consolidando como de fundamental relevância na constituição do sujeito, bem como uma condição motivadora no relacionamento professor-aluno, no que diz respeito ao processo de ensino-aprendizagem.

Embora os fenômenos afetivos sejam de natureza subjetiva, isso não os torna independentes da ação do meio sociocultural, pois estão diretamente relacionados com a qualidade das interações entre os sujeitos, enquanto experiências vivenciadas. Dessa maneira, podemos supor que tais experiências vão marcar e conferir aos objetos culturais uma capacidade de provocar efeitos subjetivos nos sujeitos: as emoções e dimensões afetivas.

Ao destacar a importância das interações, Vygotsky (1998) propõe o conceito de *mediação,* aspecto fundamental para a aprendizagem e para o desenvolvimento. Para Oliveira (1997) *"Mediação, em termos genéricos, é o processo de intervenção de um elemento intermediário numa relação; a relação deixa, então, de ser direta e passa a ser mediada por esse elemento"* (p. 26). Ou seja, o desenvolvimento do psiquismo humano é sempre mediado por outras pessoas do grupo social que indicam, delimitam e atribuem significados ao comportamento do indivíduo. Para Vygotsky, é a partir de um intenso processo de interação com o meio social, através da mediação feita pelo outro, que se dá a apropriação dos objetos culturais.

Na escola, o professor é o principal mediador na interação sujeito-objeto. As ações, tanto do professor como do aluno, não são ações isoladas, mas convergentes entre si, em que as discussões e trocas colaboram (ou não) para que se alcancem os objetivos desejados. Consideramos que a natureza da relação entre o sujeito (aluno) e o objeto (conteúdos escolares) é também afetiva, e depende da qualidade da mediação vivenciada pelo sujeito, na sua relação com o objeto de conhecimento. A qualidade desta mediação, portanto, é fator primordial nesse processo, pois tanto pode direcionar o aluno ao fracasso,

Mediação e afetividade: histórias de mudanças na relação sujeito-objeto 149

como pode facilitar o processo de aprendizagem. Sobre isso, Tassoni (2000) aponta que:

> *O que se diz, como se diz, em que momento e por quê – da mesma forma que o que se faz, como se faz, em que momento e por quê – afetam profundamente as relações professor-aluno e, consequentemente, influenciam diretamente o processo de ensino aprendizagem, ou seja, as próprias relações entre sujeito e objeto* (p. 149).

Nesse sentido, assumimos, de acordo com Leite e Tassoni (2002), que a natureza da experiência afetiva (prazerosa ou aversiva, nos seus extremos) depende da qualidade da mediação vivenciada pelo sujeito, na relação com o objeto. Na situação de sala de aula, tal relação refere-se às condições concretas de mediação, planejadas e desenvolvidas, principalmente, pelo professor.

O presente capítulo apresenta as histórias de dois sujeitos que vivenciaram uma experiência de mudança radical nas suas relações com determinados objetos de conhecimento. Essas histórias foram resultados de uma pesquisa[2] (Barros, 2004), em que se buscava identificar relações de mediação desenvolvidas por professores, através das práticas pedagógicas, que produziram efeitos aversivos em seus alunos na relação com determinado objeto, havendo, posteriormente, mudanças radicais nessa relação, em função de uma nova história de mediação, com efeitos conseqüentemente positivos. Foram entrevistados sujeitos que, durante suas vidas escolares, vivenciaram essa dupla relação: tiveram uma relação aversiva com determinada disciplina mas, quando encontraram um professor que exerceu uma mediação positiva, alterou-se essa relação e os sujeitos passaram a se interessar pela disciplina, influenciando, inclusive, em alguns casos, na escolha da carreira profissional.

---

2. Trabalho de Conclusão de Curso: *A relação sujeito-objeto: diferentes histórias de mediação*, sob a orientação do professor Sérgio Antônio da Silva Leite.

150 Afetividade e Práticas Pedagógicas

Destacamos, fundamentalmente, que as condições de ensino, planejadas e desenvolvidas pelo professor, têm implicações no comportamento do aluno, em especial na relação que se estabelece entre ele e o objeto de conhecimento em questão, mas alterando-se essas condições de ensino, alteram-se, também, as relações estabelecidas.

A disciplina História: de uma relação aversiva à formação de um cidadão crítico

João[3] é do sexo masculino e tem 22 anos. Mora em uma cidade do interior do estado de São Paulo e, atualmente, cursa o primeiro ano de Ciências Sociais, em universidade pública, no período noturno. Cursou até o Ensino Médio em instituições públicas. Fez dois anos de curso pré-vestibular, pois não tinha condições de pagar uma faculdade particular; queria tentar uma universidade estadual.

Vivenciou a experiência aversiva com a disciplina História, da 5ª série do Ensino Fundamental até a 1ª série do Ensino Médio. A experiência positiva aconteceu nas 2ª e 3ª séries do Ensino Médio. Seu pai é professor de Matemática e não podia custear seus estudos. Ele, então, teve que trabalhar, durante dois anos, como empacotador em um supermercado, para poder pagar o cursinho, o que lhe possibilitou ingressar na universidade.

Uma mediação aversiva e os efeitos causados no sujeito

O sujeito, logo no começo de sua narrativa, relata que a História foi lhe apresentada como uma disciplina decorativa: *"(...) tinha que decorar, era a única saída para ir bem na prova"*.

Ele conta que sempre teve dificuldades para decorar, qualquer coisa que fosse. Por isso, sofreu tanto e teve tantos problemas, pois, além de a professora só privilegiar essa forma decorativa de aprender História, foi essa a mesma professora de História durante quatro anos seguidos, a partir da 5ª série.

---

3. Todos os nomes aqui citados são fictícios.

O sujeito relata que a professora tinha um relacionamento muito difícil com os alunos. Ele fala que ela não sabia se relacionar, ser simpática e ficar amiga dos alunos. A descrição que faz dela evidencia o caráter autoritário que apresentava em sala de aula: *"Ela tinha um jeito autoritário, era brava, exigente, gritava bastante, chegava até a ser grossa muitas vezes. Não gostava que ficassem fazendo perguntas, não admitia que ninguém tivesse dúvidas"*.

Além desse estilo autoritário da professora, que já criava um clima de distanciamento com os alunos, o sujeito relata como ela desenvolvia as suas aulas:

> *As aulas dela eram as mais desmotivadoras possíveis. Quando tinha aula dela, podia preparar a mão e a caneta, era copiar da lousa sem parar. Ela não gostava de usar livros. Dizia que a cópia ajudava a ir decorando e fazia com que a classe ficasse em silêncio, copiando. E no final da aula, tinha que levar o caderno pra ela dar visto. Se alguém não tivesse copiado ou estivesse faltando parte, ela fazia escrever o texto três vezes de novo.*

Ele ainda conta que, depois dessa cópia do texto da lousa, praticamente, faziam uma outra cópia, pois a professora dava diversas questões, todas seqüenciais sobre o texto. Então, o sujeito destaca que o objetivo das questões era decorar o texto, não exigindo reflexão alguma: *"Era pegar o começo do texto, ali tava a primeira pergunta e assim ia seguindo."*

Segundo o sujeito, eram raras as vezes em que a professora fazia explicações; ela passava o texto na lousa e sentava-se à mesa: *"(...) ficava lá, sentada, olhando pra gente copiar, às vezes até lixava a unha. Parecia que ela tava pensando, 'o que que eu estou fazendo aqui perdendo meu tempo?'"* É possível perceber, no relato, que o sujeito identifica tais atitudes como um descompromisso com a profissão, de alguém frustrado e que não gosta do que faz.

É bastante claro, na entrevista, o quanto as avaliações foram traumatizantes para o sujeito. Ao ser interrogado sobre a forma de

152 Afetividade e Práticas Pedagógicas

avaliação dessa professora, ele fala: *"Sabe que me dá até arrepios lembrar das avaliações... Eu ia mal sempre".*

Ele conta que ela utilizava as mesmas perguntas do caderno e era preciso decorar as respostas, pois ela só dava um ponto inteiro na questão se a resposta estivesse exatamente igual à que estava no texto: *"Ela não gostava que mudasse as palavras".*

Essa forma de avaliar, que valorizava somente respostas decorativas, deixou muitas marcas afetivas negativas no sujeito, pois ele não conseguia ir bem porque tinha dificuldades para decorar.

Ele relata que, inicialmente, ainda tentava estudar; lia bastante e depois pedia para a mãe ir tomando as perguntas para ver se decorava. Mas, diz que, na hora da prova, "dava um branco", ele não conseguia responder e misturava tudo.

Outra atitude da professora que, segundo o sujeito, marcou aversivamente a sua relação com a disciplina, foram os comentários que ela fazia na hora de entregar as avaliações corrigidas.

Para os alunos que tinham mais facilidade para decorar e, assim, conseguiam um melhor desempenho nas avaliações, eram só elogios. Quando era a vez de alunos como ele, que tinham dificuldades, eram só comentários desaprovadores e desmotivadores. O sujeito relembra, na entrevista, algumas falas da professora dirigidas a ele que lhe ficaram extremamente vivas na memória:

> *Eu não sei por que esses alunos ainda perdem tempo vindo à escola, não sabem nada, não estudam, só me fazem ficar perdendo tempo e tinta de caneta vermelha para corrigir o monte de bobagens que escrevem; é 'E' com certeza.*

Segundo o sujeito, o que o fazia se sentir ainda pior, era que esses comentários e essas comparações eram feitas no meio da sala, para a classe toda ouvir: *"Eu morria de vergonha, todo mundo ficava sabendo das minhas dificuldades"*, relata o sujeito.

Algo que fica muito claro, ao analisar os relatos, é o medo que o sujeito tinha de conversar com a professora, de tentar lhe explicar o que estava acontecendo e as suas dificuldades. Ele fala que ela mantinha um relacionamento tão distante com os alunos, que os deixava intimidados, fazendo com que ficassem sem coragem para qualquer conversa. Como relata o sujeito:

Eu queria falar pra ela que não era isso. Que eu estudava sim, eu tentava, mas, eu tinha dificuldades, eu não conseguia ficar decorando. Mas como eu ia falar isso pra ela. Era fazer críticas às aulas dela, ela não ia aceitar, era capaz até de as coisas ficarem piores do que já estavam.

Também pelos relatos, é possível perceber o quanto a qualidade da mediação (condições de ensino) influencia a relação sujeito (aluno) e objeto (disciplina História, no caso), pois ele conta que foi desanimando, chegando a nem estudar mais para as provas. Aos poucos, esse desânimo e essa relação aversiva com História foram se generalizando para as outras disciplinas, prejudicando-o e fazendo com que não tivesse mais vontade de ir à escola, perdendo completamente o interesse:

Para as provas de História eu já não estudava mais. Com Geografia, Português, que são essas matérias que precisa ler, parecia que eu tava criando um bloqueio, eu não conseguia mais estudar, eu não tinha vontade, do mesmo jeito que tava acontecendo com História por causa daquela professora. Mesmo com Matemática, que foi uma matéria que eu ia bem, meu pai é professor de Matemática então ele sempre me ajudava, minhas notas caíram.

Na entrevista, é possível observar o quanto a forma de ensinar e as atitudes dessa professora atuaram negativamente na disposição para o estudo do sujeito, pois ele repetiu a 7ª série. Ele afirma, claramente:

(...) aquela professora foi criando na minha cabeça uma imagem sobre mim: que eu não tinha vontade, que eu não estudava, que eu só escrevia bobagens. Então, eu não tinha vontade porque achava que todo mundo também ia pensar desse jeito.

O sujeito relata que chegou ao primeiro colegial bastante desmotivado: *"A minha relação com História era a pior possível, eu não sabia nada".*

Nesse ano, ele conheceu um novo professor de História. Mas, segundo ele, ao invés de as coisas melhorarem, elas pioraram: o novo professor se importava ainda menos com os alunos, demonstrando que não gostava do que fazia.

O sujeito conta que ele mais faltava do que ia dar aula. Quando ia, quase todas as vezes chegava atrasado e, para não ter que dar aula, passava um filme qualquer, que não tinha nada a ver com a matéria. De vez em quando, ele resolvia dar aula e o sujeito descreve: *"Quando resolvia dar aula era um desastre. Escrevia algumas frases na lousa, falava meia dúzia de palavras e enchia a gente de folhinhas de exercícios; pedia pra entregar, mas acho que ele nunca chegou a corrigir".*

Então, foi mais um ano perdido para o sujeito, em que ele não aprendeu nada. Na entrevista, reflete: *"Sinceramente não sei o que foi pior. Esse professor não tava nem aí, nem avaliação ele fazia".*

Assim, ele fala que quem já sabia História e tinha mais facilidade, ia estudando sozinho. Ele, não conseguia: *"(...)eu tinha um trauma tão grande que eu não conseguia pegar o livro pra ler. Então, ia ficando cada vez mais atrasado, mais desmotivado".* Essa fala sugere a dimensão dos efeitos dessa mediação aversiva na motivação do aluno.

A respeito desse professor, o sujeito reflete:

Eu acho que esse professor foi mais ou menos aquele tipo de pessoa assim...como vou dizer...aquelas pessoas que passam pela sua vida,

Mediação e afetividade: histórias de mudanças na relação sujeito-objeto 155

não levam nada e também não deixam nada, elas simplesmente passam. Com ele foi mais ou menos isso que aconteceu. Ele não deixou nenhuma marca em mim, nem boa e nem ruim. Mas, logo em seguida, faz uma pausa no relato, repensa e diz: Quer dizer... ruim acho até que ele deixou sim. Eu continuei com todos os meu problemas, com todas as minhas dificuldades com História, ele nunca percebeu minhas dificuldades, também, nem avaliação ele fez direito..

Na entrevista, o sujeito repete diversas vezes a fala *"não sei o que foi pior";* como ele relata, esse professor nunca lhe falou uma palavra a seu respeito e não ficava expondo-o para a classe. Por outro lado, também, não o ajudou em nada, simplesmente deixou as coisas como estavam. O sujeito fala tristemente: *"Eu continuei com o sentimento de que eu era incapaz de gostar, de aprender História".*

Uma história de mediação positiva que provocou grandes mudanças na vida do sujeito

O sujeito disse nem saber a razão, mas *"agradeceu a Deus por esse professor ter saído da escola".* No segundo colegial, então, veio um novo professor de História que, com uma postura positiva, mudou completamente sua relação com essa disciplina. Segundo o sujeito: *"O professor Antônio era 'o professor' de História".*

Como disse o sujeito: *"É claro que no começo eu fiquei meio com um pé atrás;* mas, como ele relata, logo no primeiro dia deu para perceber a diferença: *"Ele logo mostrou muita vontade de ensinar, se mostrou preocupado. Começou a perguntar o que a gente já tinha visto, se a gente tinha entendido, como estava, se a gente achava legal ele voltar um pouco...".*

Então, ele conta que a própria classe explicou toda a situação para ele, de como havia sido o primeiro colegial, as poucas aulas que tiveram, o descompromisso do professor com a profissão e com os alunos, enfim, que tinham aprendido muito pouco ou quase nada. O sujeito fala, muito enfaticamente, que o professor não desanimou; o otimismo e a confiança que demonstrou o "tocaram" e o marcaram, assim como toda a classe. Ele reproduz, na entrevista, as palavras do professor: *"Disse, muito confiante, que a gente não podia desanimar, que a gente não podia chorar pelo leite derramado. Que ele sentia muito pelo que tinha acontecido, mas que a gente podia recuperar o tempo perdido, era só ter vontade".* Em seguida, relata como o professor trabalhava, descrevendo as suas aulas: *"As aulas dele eram muito jóias. Ele conseguia prender nossa atenção. Ele explicava muito bem, falava em voz alta, mas, não de um jeito autoritário, de um jeito, vamos dizer..., firme que mostrava saber muito do que estava falando".* O sujeito ainda comenta que, às vezes, ele brincava, fazia algum comentário durante a explicação, o que ajudava a descontrair, não permitindo que as aulas ficassem cansativas.

Também fala do caráter crítico que o professor tentava implantar em sala de aula; relata que, na escola, ele era o único que tomava iniciativas referentes a debates, filmes de conteúdo crítico e, quando havia apresentações de trabalhos abertas ao público, a sala pela qual ele era responsável tinha sempre um destaque maior. Demonstrando um conhecimento crítico, o sujeito, na entrevista, analisa: *"Claro que esta é uma tarefa árdua – conscientizar os alunos –, pois não é da noite para o dia que se derruba todo este estado de coisas e sua máquina propagandística. Mas ele bem que tentava...".*

O sujeito relata que as aulas desse professor eram bastante participativas: abria espaço para perguntas e gostava que os alunos perguntassem. Ele conta que, inicialmente, sentia-se muito frustrado, pois tinha muita insegurança para perguntar e tinha medo de falar conteúdos irrelevantes: certamente, reflexo da história de mediação aversiva a que ele havia sido submetido anteriormente. Então, nunca perguntava nada, apesar de estar sempre atento às ótimas explicações do professor.

Com este comportamento, que nunca perguntava nada, o sujeito fala que começou a se diferenciar muito da turma, pois o jeito como o professor dava as aulas estimulava as perguntas e a grande maioria da classe perguntava. Assim, o sujeito sentiu que o professor começou a reparar nele: *"Várias vezes ele olhava pra mim, parecia que tava perguntando: 'e você não vai perguntar nada?'"*. O sujeito relembra, no relato, que, com medo que o professor perguntasse mesmo e ele se atrapalhasse todo e não conseguisse falar, desviava o olhar, olhava para o outro lado, tão grande era a sua insegurança.

Até que, um dia, na hora da saída, o professor o chamou e quis saber porque que ele não participava, nunca perguntava nada; queria saber se não estava entendendo, se tinha alguma dificuldade, se ele não estava sendo claro nas explicações ou se ele era muito tímido e não gostava de ficar fazendo perguntas.

O sujeito relata que, demonstrando toda a confiança que já sentia naquele professor, contou-lhe da insegurança que tinha, que sempre havia ido mal em História e que tinha dificuldades para decorar. Conta que o professor ficou muito impressionado quando disse "dificuldades para decorar"; respondeu-lhe que isso era um absurdo. Relembrando as falas do professor, o sujeito reproduz, na entrevista, o que ele falou:

> *(...) História não é pra decorar, é uma matéria muito legal, que eu só precisava entender, que uma coisa vai puxando a outra, que tem uma seqüência, um acontecimento é sempre conseqüência de alguma coisa. Ele falou que eu precisava aprender a estudar, eu precisava aprender a ler um texto e não querer decorar tudo, eu precisava tirar os pontos principais e entender, não decorar.*

Diz que se lembra exatamente desse dia, pois foi um momento muito importante para ele, que o marcou muito como o início de toda a mudança na sua relação com História. Na entrevista, descreve a importância dessa atenção do professor dedicada a ele: *"Eu me senti tão feliz com aquela preocupação dele, o fato de ele achar que o problema era na explicação dele e não só comigo. Sabe uma sensação de que ele queria dividir o problema comigo?"*

A partir dessa conversa, em que ficou sabendo das suas dificuldades, o professor começou, além de ajudar a classe (porque ele começou a pedir trabalhos em grupo e apresentações, para voltar um pouco e recuperar a matéria do primeiro colegial que não havia sido dada), a dedicar uma atenção especial ao sujeito. Relata que o professor mostrou-se muito disposto a ajudá-lo. Relembra, na entrevista, que o professor disse que ele teria que se esforçar, teria que fazer algumas atividades extras, fora das aulas, mas que, se tivesse empenho, passaria, pelo menos, a gostar de ler. O sujeito conta: *"É engraçado, mas, eu lembro dele me perguntando, como se fosse hoje: "E aí, aceita o desafio"?*

Ele fala que aceitou na hora, pois relata que tinha havido, mais ou menos, um mês de aula, mas, já gostava do professor, do seu jeito e confiava nele.

Então, para ajudar o sujeito, o professor começou a levar-lhe reportagens de jornais e revistas para incentivar a leitura. Como relata, as reportagens não eram exatamente da matéria; quase sempre, eram reportagens que falavam de questões sociais: pobreza, analfabetismo e da situação econômica do país. Levava para a casa essas reportagens e o professor pedia que as lesse e escrevesse, mesmo que fosse em tópicos, o que houvesse entendido.

Inicialmente, ele fala que teve um pouco de dificuldade; lia e não conseguia reelaborar o texto com suas próprias palavras; apenas copiava algumas frases e entregava. Mas, a atitude que o professor teve perante essa situação foi de fundamental importância: *"Ele lia e sempre me incentivava: 'estou gostando de ver, está indo muito bem, continua assim, tá jóia, tem exatamente os pontos mais importantes'"*. Então, o fato de o professor não menosprezar o esforço que o sujeito havia feito, ainda que ele não tivesse atingido o desejável, reconheceu e valorizou o seu trabalho.

Observa-se que, na interpretação do sujeito, essa atitude teve um grande valor, melhorando sua motivação e contribuindo para que houvesse uma mudança afetiva na relação com História: *"Nem sei se*

Mediação e afetividade: histórias de mudanças na relação sujeito-objeto 159

estava tão bom assim mesmo, mas, o mais importante foi que ele não me deixou desanimar, ele me encorajava e eu fui acreditando". O sujeito diz que todas as atitudes positivas do professor – a atenção, o apoio, o incentivo – foram muito importantes para ele. Além disso, demostrava, em sala de aula, uma grande preocupação com os problemas sociais e com o desenvolvimento da cidadania. Assim, relata: *"Por isso eu acho que esse meu professor foi fundamental na minha vida;, ele conseguiu aumentar minha auto-estima, mostrou que eu podia aprender, entender História e, mais ainda, ele me influenciou a ser um cidadão crítico, preocupado com os problemas sociais".*

Ele conta que o professor sempre se empenhou em fazer um trabalho de conscientização e de formação crítica e todo esse trabalho foi atingindo cada aluno de uma maneira. O sujeito fala, entusiasmado, o que, para ele, havia representado toda essa fase de mudança, toda essa preocupação do professor, que lhe mostrou que podia aprender e entender História, contribuindo, ainda, para a sua formação pessoal. Nas palavras do sujeito: *"Não só uma preocupação ali, com a matéria História, mas toda uma preocupação com a sociedade em geral. Essa foi a grande influência dele. Foi um grande professor. Filosofando um pouco, acho que o mundo precisava de mais pessoas como ele".*

Segundo o sujeito, nas aulas desse professor, além de ele trabalhar com os conteúdos obrigatórios de História, gostava de levar, sempre, questões atuais, de preocupação social, para que fossem discutidas em sala. Gostava muito de promover debates em sala de aula, incentivando as discussões, a formação de uma opinião e de uma postura crítica.

Então, o sujeito fala que ele buscou passar a formação de um cidadão crítico, "ligado nos problemas sociais" para todos os alunos. Ele destaca que o professor teve que fazer um trabalho a mais com ele, por causa das dificuldades que tinha para entender um texto. Afirma, na entrevista, que funcionou: *"(...) eu fui me interessando cada vez mais por essas leituras que falam de sociedade, de política, enfim, e olha que muitas vezes elas não são fáceis de entender não..."*

160   Afetividade e Práticas Pedagógicas

Assim, o sujeito conta que esse clima de debate que o professor propiciava nas aulas, o fato de, durante as explicações, pedir que a classe participasse, ouvindo opiniões de um e de outro, foram fundamentais para ele. Ele nunca havia percebido a riqueza de acontecimentos que a História traz, pois, suas aulas sempre se resumiram a cópias de textos da lousa. A cada aula, na troca constante de conhecimentos entre o professor e os alunos, ele foi se interessando, participando mais, tornando-se mais crítico.

Conta que, no final do terceiro colegial, praticamente, sentia-se outro aluno. Fala que teve uma grande evolução e que seu progresso foi visível. Exemplifica dizendo: *"É uma pena eu não ter os papéis que eu escrevi a primeira e a última reportagem pra eu te mostrar. As primeiras eram em tópicos, com frases copiadas da reportagem, já as ultimas, eu reescrevia as frases, sempre colocava o meu posicionamento no final"*. Então, ele conta que esses seus textos dessas reportagens que o professor lhe entregava, se transformaram, praticamente, em resenhas críticas: colocava os pontos principais e, no final, foi aprendendo a dar a sua opinião, fazer críticas, enfim, mostrar o seu modo de pensar. Ele analisa que essa atenção do professor, incentivando-o a ler essas reportagens, foi desenvolvendo seu interesse pela leitura; muitas vezes com temas bastante polêmicos, que instigavam a reflexão. Assim, ele relata:

> *Por isso que eu já disse muitas vezes que esse professor foi meio que uma influência ideológica na minha vida, na escolha da minha faculdade. Ele demonstrava claramente suas preocupações sociais, nas aulas dele sempre tinha um pouco de discussão política. E tudo isso sempre foi me interessando, com as reportagens que ele me dava, sempre puxando pra esse lado, eu também fui ficando bastante critico e cada vez mais interessado em ler.*

O sujeito ainda diz que chegou a ler Marx (*Manifesto Comunista*) no terceiro colegial e o professor, vendo o seu interesse, foi lhe indicando outros autores como: Frei Beto, Leonardo Boff, entre outros.

Segundo ele, o seu interesse por História, principalmente por questões que abordam política e sociedade, foi crescendo cada vez mais. Afirma, claramente, na entrevista, que o grande responsável por essa mudança, foi esse seu professor: pela sua postura em sala de aula, pelo grande conhecimento que tinha e pela demonstração de que gostava muito do que fazia. Como ele próprio relata: *"Quando o conheci, confesso que fiquei impressionado com tanta História. E, na situação em que eu me encontrava, ele foi fundamental, ele soube como me ajudar e acabou me influenciando com as suas idéias de militante político que ele é".* Conta, no relato, que sua mudança em sala de aula foi nítida. A postura retraída deu lugar a um aluno que participava, fazia críticas e que, nos trabalhos em grupo, todos queriam fazer com ele. Através da grande quantidade de leituras que passou a fazer, inicialmente, as reportagens que o professor lhe trazia, depois os livros, sempre com autores preocupados com o social, ele foi ganhando confiança e: *"foi ficando cada vez mais claro que eu queria fazer Ciências Sociais".*

Língua portuguesa: de uma relação aversiva à constituição de um sujeito leitor

Rodrigo é do sexo masculino e tem 20 anos. Mora na cidade de Campinas-SP e, atualmente, cursa o primeiro ano de Engenharia da Computação, em universidade particular da região, no período noturno. Cursou até o Ensino Médio em instituições públicas.

Vivenciou a experiência aversiva com Língua Portuguesa, da 5ª à 8ª série do Ensino Fundamental. A experiência positiva aconteceu nas 1ª, 2ª e 3ª séries do Ensino Médio. Seu pai é técnico agrônomo e é ele quem financia a faculdade do filho, pois, o sujeito ainda não trabalha.

Os efeitos provocados no sujeito por uma mediação aversiva

O sujeito, logo no começo de sua narrativa, relata que sempre teve dificuldades com Português, com a escrita, com a leitura, mas que o problema começou a se agravar a partir da 5ª série devido às atitudes dos professores que teve. A descrição que o sujeito faz da primeira professora evidencia o caráter autoritário que ela apresentava em sala de aula:

> *A professora era um verdadeiro desastre. Ela já era um pouco velha. Tinha um estilo autoritário. Gostava de usar sapatos de salto e ficava andando pelos corredores da sala, fazendo toc-toc, com uma régua grande de madeira na mão. Queria impor sua autoridade. Se via que alguém não estava de cabeça baixa trabalhando, ela batia com a régua na mesa para impressionar e assustar. Costumávamos dizer que ela era pré-histórica.*

Além do estilo autoritário dessa professora, que já criava um clima de distanciamento com os alunos, o sujeito relata como ela trabalhava, descrevendo as suas aulas:

> *Suas aulas eram sempre a mesma coisa. Pedia três leituras silenciosas do texto, depois ela lia uma vez, sem sentimento nenhum e depois ia pedindo para cada um ler um parágrafo. Em seguida, era uma lista de questões para fazer a interpretação do texto. Não me lembro de ela ter corrigido estas questões uma vez sequer.*

E, segundo o sujeito, nos exercícios de gramática era pior ainda, pois ela não explicava: simplesmente passava um modelo na lousa e pedia que os exercícios fossem resolvidos seguindo o modelo.

O sujeito também relata que a professora não dava oportunidade de fazer perguntas, nem para ela e nem para os colegas, pois *"ela ficava andando pelos corredores exigindo silêncio".*

"Ela só dava mais atenção para as meninas que ficavam sentadas nas primeiras carteiras. O resto... era resto". Essa fala evidencia as discriminações que a professora praticava na sala de aula. O sujeito se sentia rejeitado, pois a professora não lhe dava o mínimo de atenção.

Segundo ele, a professora não incentivava a leitura:

Mediação e afetividade: histórias de mudanças na relação sujeito-objeto　163

Ela sequer deixava a gente escolher os livros, nem chegávamos perto da biblioteca. Ela enchia uma caixa de livros e depois ia distribuindo um pra cada um, não importava se achávamos interessante ou não. E tínhamos que ler, porque tinha que entregar a ficha de leitura.

Assim, a leitura era tida como uma obrigação, pois a ficha de leitura tinha que ser entregue e os alunos não podiam sequer escolher os livros que julgassem mais interessantes; a professora era quem distribuía e ela não os deixava nem freqüentar a biblioteca.

Em seguida, o sujeito relata que, quando estava na 8ª série, essa professora estava preparando-se para aposentar e, com isso, as coisas pioraram. *"Ela começou a enrolar, não dando matéria pra gente, não passando nada, faltava direto, tirava licença, não dava aula, faltava. Ia, dava uma aula, ao invés de dar duas aulas, ela dava uma aula e ia embora".* Essa fala mostra bem como o aluno percebia o desinteresse da professora, o descompromisso com a sua profissão e com os alunos.

O sujeito relata que a professora não se aposentou, mas, conseguiu uma licença-prêmio, o que lhe deu o direito de ficar três meses afastada.

Com esse afastamento, veio um professor para substituí-la. Entretanto, esse professor não soube e nem se preocupou em perceber as dificuldades dos alunos. Ele começou a dar muita matéria, pedia exercícios para entregar valendo nota, não percebendo que a classe estava com o conteúdo atrasado devido ao descompromisso da primeira professora, como destaca o sujeito:

Ele começou a exigir muito da turma, nós não tínhamos base nenhuma porque fazia mais de seis meses que a gente não tinha aula.

Além de todo esse problema com o conteúdo, que já o deixava desanimado, o sujeito relata que o professor ainda começou a implicar com a letra dele, expondo-o e humilhando-o perante a classe:

164 Afetividade e Práticas Pedagógicas

E ele falava em alto e bom som, pra todo mundo da classe, que eu e mais três, mais quatro, precisávamos fazer um caderno de caligrafia, que a nossa letra era horrível, que era melhor a gente voltar pra 1ª série.

Segundo os relatos, a implicância do professor era tão grande que ele chega mesmo a comprar um caderno de caligrafia para o sujeito e para os outros alunos que, na opinião dele, necessitavam melhorar a letra. Como relata o sujeito: *"O pior eram as frases que ele escreveu: 'O professor João Paulo é o melhor', 'Eu adoro português e o professor João Paulo', 'Devo respeitar meu professor', eram umas coisas absurdas".* Para o sujeito, o professor estava mais preocupado em zombar dos alunos do que realmente possibilitar a melhora de sua letra.

Percebe-se, nos relatos, que todas essas atitudes do professor produziram, inicialmente, um sentimento de raiva. *"E eu, morrendo de raiva, fui lá, fiz o caderno inteirinho pra ele".* Ou seja, fez as atividades no caderno de caligrafia e, mais que isso, entregou até antes do prazo determinado pelo professor. Segundo o sujeito, fez isso tentando agradar o professor, aproximar-se dele e mostrar que tinha vontade, que podia melhorar. *"Mas, ele entendeu tudo errado. Entreguei o caderno, ele folheou o caderno pra ver se estava completo, não fez nenhum elogio, acho que nem reparou na letra. Só olhou pra mim e perguntou: 'Você está me desafiando?'"*

Como relata o sujeito, o professor não entendeu (ou fez que não entendeu) a sua atitude e a considerou como um desafio. Ele salienta que o professor não fez nenhum elogio, nem reparou na letra, evidenciando, de fato, o desinteresse pela melhoria da letra. *"Eu quase comecei a chorar na hora de nervoso. Tentei explicar pra ele que eu só estava tentando mostrar empenho, eu queria melhorar. Mas, ele nem quis saber".*

O sujeito ainda descreve que mais ninguém fez o caderno, ele foi o único que se preocupou em fazer e entregar, mas, o professor não soube reconhecer o seu esforço e ainda *"ele pegou e começou, além de tirar sarro da turma, dos meninos que não fizeram o caderno de caligrafia, ele tirava sarro de mim porque eu fiz"*.

Na entrevista, o sujeito tenta construir uma explicação para essas atitudes: *"Sabe quando parece que o professor dá aula porque ele foi obrigado a dar aula? Não é porque é uma coisa que ele gosta!"* Descreve, assim, uma possível relação de desinteresse do professor pela prática docente.

Completando essas informações, ainda relata: *"Nunca nenhum professor meu tinha reclamado da minha letra, o único que reclamou foi esse professor e, ele acabou com a minha auto-estima"*. Isto, certamente, agravou-se com o fato de o professor não ter reconhecido o seu trabalho e menosprezado o seu esforço, contribuindo para que ele ficasse com uma imagem negativa de si mesmo, gerando um sentimento de incapacidade.

O sujeito ainda conta que, enquanto esse professor permaneceu com a turma, o relacionamento com ele continuou difícil: *"Foi essa tortura até a outra professora voltar"*.

Quando terminou o prazo da licença, o professor substituto saiu e a professora voltou a assumir a classe. Mas, como descreve o sujeito: *"não sei o que era pior, ela continuou não dando matéria nenhuma, uma desmotivação total"*.

O sujeito relata que o desinteresse da professora era tão grande que ela chegou a pedir, várias vezes, para eles, alunos da 8ª série, fazerem desenho livre, somente para ocupar o tempo.

Segundo ele, a professora também não se importava com avaliações: *"Ela simplesmente passou a turma, não fez prova, não fez avaliação, não fez nada"*.

"Como eu poderia aprender, como eu poderia gostar de português com todos esses traumas. Eu me sentia um incompetente". Essa fala do sujeito evidencia que ele percebia o quanto as condições de ensino e a qualidade da mediação podem influenciar a relação sujeito (aluno) e objeto (Português, no caso); a fala "eu me sentia um incompetente" sugere a dimensão dos efeitos dessa mediação aversiva na auto-estima do aluno.

166 Afetividade e Práticas Pedagógicas

As mudanças provocadas por uma história de mediação positiva

Quando terminou a 8ª série, sua família mudou para um outro bairro e, assim, ele foi fazer o ensino médio em outra escola.

Inicialmente, ele enfrentou dificuldades nessa nova escola, certamente reflexo da história de mediação aversiva que ele tinha tido na disciplina de Língua Portuguesa, como ele próprio relata: "*todo mundo pegava e tinha uma base em português, participava das aulas, resolvia os exercícios, menos eu*".

O sujeito demonstra claramente a sua insegurança, o sentimento de incapacidade que o estava acompanhando em uma seqüência de falas da entrevista:

> *O que que eu ia fazer, eu teria que perguntar tudo, eu não sabia nada. Então, ficava lá, num canto ainda um pouco desinturmado e literalmente boiando. Aí eu me senti mais incompetente ainda. Eu já não sabia muito, na 8ª série eu não tive nada e ainda encontrei aquele professor pelo caminho. Então, eu estava muito atrasado em relação à turma. Tanto é que todo mundo aprendia as coisas e eu ficava meio pra trás.*

A professora de Português, que ele encontrou nesse primeiro ano de ensino médio e o acompanhou até o final do terceiro ano, foi quem o ajudou e o incentivou, através de uma mediação afetivamente positiva, possibilitando a mudança da sua relação com o objeto (Língua Portuguesa).

Segundo o sujeito: "*Independente de onde terminava a matéria, eu sempre continuava a voltar pra trás porque eu tinha muitas dúvidas*". A professora percebeu o comportamento do sujeito na sala de aula, sua postura retraída, uma vez que ele nunca conseguia resolver os exercícios e passou a lhe dar uma atenção especial.

Assim, conforme relata o sujeito:

> *Eu cheguei, não foi uma vez, foram várias vezes, conforme, depois das 11h30, que era o horário nosso de saída, a professora ficava*

comigo pra fazer a aula, dava uma aula particular pra mim basicamente, pra eu conseguir chegar no mesmo ponto da turma, porque eu era muito atrasado.

Novamente, o sujeito enfatiza que ele era "atrasado", evidenciando o quanto a sua experiência anterior o tinha marcado.

O relato sugere que a professora, além desses contatos após o horário de aula, estava sempre atenta ao aluno durante as aulas, sempre perguntando se ele tinha entendido; mostrava-se disponível para que ele a chamasse na sala de professores se quisesse tirar alguma dúvida, enfim, era sempre atenciosa e disposta a ajudá-lo. Ele nunca tinha visto aula de Português como a dessa professora. Para ele, tinha sido sempre do mesmo jeito: leituras e interpretações de texto que não compreendia; análises de frases que nunca conseguia fazer, sempre copiava ou deixava em branco. Mas as aulas dessa nova professora o surpreenderam: *"Ela explicava até a gente entender, a lousa era inteirinha riscada de explicações, se alguém não entendia ela ia explicando até entender. Lia os textos com a gente, mas não simplesmente lia, ela explorava o texto".*

Ele relata que, para explicar as escolas literárias, ela não colocava, simplesmente, as características na lousa e a única solução era decorar. Essa professora explicava todo o contexto que favorecia o aparecimento das características, fazendo, assim, que fosse realmente entendido, aprendido e não decorado.

O sujeito também conta sobre o incentivo que ela dava para a leitura: *"Incentivava a leitura dos livros para os vestibulares, sempre contava um pedacinho da história e depois dizia: 'Pra saber o resto vão ter que ler o livro'".* Na opinião do sujeito, essa forma de trabalhar era muito boa, pois incentivava a leitura, despertava a curiosidade.

Outro ponto importante destacado pelo sujeito é o fato de a professora preparar as aulas. *"Sabe, ela preparava a aula, ela chegava e sabia o que ia dar. Ela não ficava lá, perdida. Sempre procurava animar a aula, trazia coisas diferentes pra gente não ficar só no livro"* Para o sujeito, a professora saber o que vai ensinar e preparar as aulas faz com que o aluno tenha mais confiança, mais certeza no que ele está aprendendo, além de ter a possibilidade de fazer atividades diferentes, não ficando preso somente ao livro.

Além da mediação positiva da professora, o sujeito descreve a importância da ajuda dos colegas para que ele passasse a se interessar por Língua Portuguesa.

Ele relata que o trabalho grupal ajudou-o bastante mas a professora, novamente, teve um papel importante, pois, como era ela que organizava os grupos, tinha a sensibilidade de compô-los com alunos que tinham mais facilidade e poderiam ajudá-lo. *"Me ajudou bastante trabalhar em grupo. Geralmente, era ela que montava os grupos, então, ela me colocava com algumas pessoas que tinham mais facilidade e elas me ajudaram também a estudar".*

Segundo os relatos, a professora também demonstrou atenção e cuidado com relação à avaliação do sujeito. Ela soube compreender as dificuldades dele e procurava ajudá-lo, ao invés de prejudicá-lo, conforme ele próprio relata:

> *Então, ela sabia das minhas dificuldades e, ao invés de ressaltar os pontos em que eu tinha problemas, ela procurava destacar o que eu tinha feito certo, onde eu tinha ido bem. Ela sabia das minhas dificuldades e entendia, ao invés de ficar dando nota baixa pra me menosprezar. Ficava quase igual às outras, só que em relação ao que eu tinha aprendido.*

Os dados sugerem que esse cuidado com relação à avaliação é um ponto muito importante que se relaciona com a formação da auto-estima positiva do aluno.

Todos esses cuidados da atenção da professora, enfim, toda essa mediação positiva, provocaram efeitos e sentimentos muito positivos no sujeito. *"Toda vez que ela me encontra nas ruas, ela me cumprimenta e fala que eu fui um ótimo aluno".* O sujeito faz esse relato na entrevista com bastante entusiasmo, demonstrando quanto o reconhecimento da professora representou para ele.

Descreve, claramente, na entrevista, que aprendeu a gostar de Português pelo fato de a professora insistir com ele e apoiá-lo.

> Só consegui me recuperar, me empenhar para aprender português por causa do jeito da dona Teresa. Tinha um jeito calmo e tranqüilo, mas, ao mesmo tempo contagiante, é essa a palavra. Demonstrava gostar, ter verdadeira paixão pelo ensino de português.

O próprio sujeito destaca, nessa fala, a importância de ter uma professora que gosta do que faz.

Os dados demonstram que essa professora teve uma importância fundamental na vida desse sujeito. Ela buscou incentivá-lo durante todo o tempo. Ele relata que, quando estava no final do terceiro colegial, lembra-se das palavras da professora reconhecendo os resultados do trabalho que tinham feito juntos durante os três anos: *"Falou assim: Rodrigo você conseguiu e eu tenho certeza de que o que você aprendeu aqui você vai usar bastante mesmo que você faça Engenharia".* Conta que a professora passou a conhecê-lo muito bem, que ela sempre procurava saber sobre o que ele mais gostava e, assim, ela sabia que ele gostava de computadores e que queria fazer Engenharia da Computação.

É notável, nas falas do sujeito, que ele guarda as boas recordações dessa professora. Ela, com certeza, atuou, de forma fundamental, no seu processo de constituição pessoal, incentivando-o e apoiando-o nas atividades que ele ainda não conseguia dominar sozinho. E, ainda, buscou descobrir novas qualidades no sujeito, ajudando-o a ter uma outra visão de si mesmo, valorizando-se. *"Por isso, agradeço de verdade a dona Teresa, porque ela não ficou, como posso dizer, me recriminando por causa da minha letra. Com a ajuda dela, eu fui melhorando em português, junto com ela, fui descobrindo outras qualidades".*

Segundo o sujeito, sua letra não melhorou muito. Mas, ele conta que hoje consegue dizer isso sem se sentir mal, sem ter vergonha.

170 Afetividade e Práticas Pedagógicas

"Hoje, eu sei que eu posso aprender português mesmo não tendo uma letra muito bonita, é só algum professor ter vontade de dar aula e ajudar os alunos com mais dificuldades". A professora conseguiu ajudá-lo a descobrir outras qualidades, não dando tanta importância se a letra dele era feia ou bonita.

Outro aspecto desse processo foi que a professora o incentivou a descobrir a leitura. O sujeito relata que a forma como a professora trabalhava com literatura, relatando partes dos livros sem contar o final, criava um clima de suspense que incentivava os alunos a lerem. Ele conta que leu alguns livros da literatura por causa da curiosidade que esse jeito da professora trabalhar despertava. No mesmo sentido, relata que: *"Com ela, também comecei a me interessar pela leitura de jornais e revistas".* Segundo o sujeito, a professora levava a *Folha de S. Paulo* e a revista *Veja* para trabalhar em sala; às vezes, pedia o trabalho em grupo, às vezes pedia individual. Então, ela distribuía os jornais e as revistas para os alunos lerem e pedia para escolherem, em grupo ou individualmente, a reportagem que haviam gostado para, em seguida, fazerem uma apresentação para a sala. Como consequência, o sujeito reconhece:

> *Hoje, tenho o hábito de ler jornais aos domingos. Pedi para o meu pai começar a assinar a* Folha *logo que terminei o 3° colegial, já que não ia mais ler na classe, queria ler em casa. Não vou dizer que leio o jornal inteiro, mas, vou procurando as notícias mais importantes, o que tem mais haver comigo.*

Essa fala sugere que o trabalho com jornais e revistas foi muito significativo para o sujeito, pois, ajudou-o a se constituir em um leitor.

O sujeito também atribui a esse trabalho com jornais e revistas, sua melhora no jeito de escrever, de elaborar textos, de fazer redações.

> *Quando a gente lia a notícia, depois a gente tinha que reescrever o que a gente tinha entendido para apresentar, então tinha que ser um texto bom, pra todo mundo entender. Quanto mais a gente lê,*

mais informações a gente vai guardando, assim os textos saem melhores.

Considerações finais

Podemos afirmar que a qualidade da mediação que ocorre em sala de aula, incluindo todas as decisões de ensino assumidas pelo professor, influenciam sobremaneira a relação afetiva que se estabelece entre sujeito-objeto. Devemos, ainda, destacar que essa relação não é imutável; no mesmo indivíduo, alterando-se as formas de mediação, pode-se estabelecer uma nova relação com o objeto de conhecimento, favorecendo o processo de aprendizagem.

Notamos, nas entrevistas, o prazer dos participantes em relatar as experiências escolares afetivamente positivas, envolvendo os objetos de ensino e mediadas pelo respectivo professor. Ficou explícita a satisfação dos sujeitos ao falarem sobre os professores responsáveis pela mudança, não somente pela relação agradável que mantinham com seus alunos, mas, sobretudo, porque lhes possibilitaram, por meio de práticas pedagógicas eficazes, uma aprendizagem verdadeira, significativa e prazerosa. E mais que isso, esses professores contribuíram muito para que esses sujeitos superassem os efeitos das situações traumáticas, fruto da mediação aversiva a que haviam sido submetidos anteriormente.

Observando-se as histórias relatadas, os professores que, através de práticas pedagógicas favoráveis, possibilitaram o desenvolvimento de um sentimento afetivo positivo com as disciplinas História e Língua Portuguesa, foram fundamentais e interferiram diretamente na vida de cada sujeito, influenciando, inclusive, no caso do primeiro sujeito, na escolha de sua carreira profissional.

Essas histórias ilustram que a aprendizagem não se restringe à dimensão intelectual ou cognitiva, mas são profundamente marcadas pela afetividade. Nesse sentido, a dinâmica interativa da sala de aula deve ser sempre permeada por sentimentos de compreensão, consideração, respeito, aceitação e valorização do outro; tais sentimentos não só marcam a relação do aluno com o objeto de conhecimento, como também afetam a sua auto-estima, traduzindo-se em atitudes positivas do indivíduo em relação a si próprio e ao mundo.

A auto-estima é um conceito que ajuda a entender os efeitos da prática pedagógica. De acordo com Moysés (2001), auto-estima é a percepção que a pessoa tem do seu próprio valor, proveniente da experiência do meio ambiente e do contato com os outros. Ela é construída em todas as etapas do desenvolvimento humano, recebendo influência das pessoas significativas do ambiente familiar, social e escolar, como conseqüência das próprias experiências de sucesso ou fracasso. Os professores em questão, certamente, melhoraram a auto-estima desses alunos, incentivando-os, elogiando-os e demonstrando atenção para que eles pudessem se sentir seguros e capazes, influenciando diretamente a mudança na relação afetiva com o objeto de conhecimento. Segundo a autora, o fato de se considerar capaz ou não pode acabar influenciando o desempenho escolar do aluno, na medida em que poderá afetar o seu grau de esforço, de persistência e o seu nível de ansiedade. Nesse sentido, afirma *"...pessoas com percepções positivas das suas capacidades aproximam-se das tarefas com confiança e alta expectativa de sucesso. Consequentemente, acabam se saindo bem"* (p. 38).

Nos relatos, percebemos essa atuação positiva dos professores, fundamental para a mudança na natureza afetiva entre os alunos e os conteúdos escolares.

Confirmando a importância desta mediação positiva dos professores, segundo Wallon (1971) *"A emoção necessita suscitar reações similares ou recíprocas em outrem e, (...) possui sobre o outro um grande poder de contágio".* Assim, na escola, o professor contagia os alunos e, conseqüentemente, o ambiente de sala de aula, com suas emoções e sentimentos. Inferimos, portanto, que o aluno aprende realmente bem o que o cativa, numa atmosfera de aula que lhe parece segura, com um professor que sabe criar afinidades.

Referências bibliográficas

Barros, F. R. *A relação sujeito-objeto: diferentes histórias de mediação.* Trabalho de Conclusão de Curso. Campinas: Faculdade de Educação da Unicamp, 2004.

Leite, S. A. S. e Tassoni, E. C. M. A afetividade em sala de aula: as condições de ensino e a mediação do professor. Em Azzi, R. G. e Sadalla, A. M. F. de A. (Orgs) *Psicologia e formação docente: desafios e conversa.* S. Paulo: Casa do Psicólogo, 2002.

Moysés, L. *A auto-estima se constrói passo a passo.* Campinas: Papirus, 2001.

Oliveira, M. K. *Vygotsky: aprendizado e desenvolvimento: um processo sócio-histórico.* S. Paulo: Scipione, 1997.

Tassoni, E. C. M. *Afetividade e produção escrita: a mediação do professor em sala de aula.* Dissertação de Mestrado. Campinas: Faculdade de Educação da Unicamp, 2000.

Vygotsky, L. S. *A formação social da mente: o desenvolvimento dos processos psicológicos superiores.* S. Paulo: Martins Fontes, 1998.

Wallon, H. *As Origens do Caráter na Criança.* S. Paulo: Difusão Européia do Livro, 1971.

As dimensões afetivas nas atividades de ensino em classes de alfabetização

FABIANA AURORA COLOMBO[1]

> O prazer que se experimenta
> durante o processo de atividade
> constitui um momento biológico
> *necessário para formar qualquer hábito.*
> Vygotsky

Apesar de ser considerada por alguns estudiosos um fator determinante no processo de ensino-aprendizagem, a afetividade nem sempre foi tema das discussões em educação. Mais recentemente, a partir de propostas que concebem o homem como ser único e indivisível, a afetividade entra em cena como protagonista, sendo discutida em vários espaços da sociedade, especialmente na educação.

Podemos perceber, no cotidiano de sala de aula, que as dimensões afetivas presentes na relação professor-aluno são de fundamental importância para o sucesso da criança no processo de ensino-aprendizagem, para a construção do conhecimento e, nesse caso, para a aquisição da linguagem escrita. É a presença da afetividade em sala de aula que vamos abordar neste texto, mais especificamente as dimensões afetivas identificadas na relação professor-aluno, durante o

---

1. Pedagoga. Mestranda do Programa de Pós-Graduação da Faculdade de Educação da Unicamp. Bolsista Fapesp.

176 Afetividade e Práticas Pedagógicas

desenvolvimento de atividades de ensino da escrita, em classes de alfabetização.

Em recentes pesquisas (Colombo, 2002; Tassoni, 2000), vemos que as atividades de ensino, por serem situações de interação, são planejadas pelo professor e tendem a apresentar diferentes efeitos, dependendo de como foram desenvolvidas. Assumimos que a qualidade da interação entre o aluno e o objeto de conhecimento (os conteúdos escolares) varia de acordo com a natureza das dimensões afetivas existentes na relação professor-aluno.

Nas pesquisas citadas, foram realizadas observações de atividades de ensino da escrita em salas de pré-escola, nas quais foi possível identificar as interações professor-aluno. Como resultado da análise dessas interações, foram gerados dois grupos de Núcleos Temáticos – Verbais e Não-Verbais – os quais organizam os dados resultantes das observações feitas em sala de aula, de acordo com suas características.

Os **Núcleos Temáticos Verbais** referem-se aos conteúdos verbais emitidos pela professora, nos quais se identificam as dimensões afetivas de sua mediação através do tom, da modulação de sua voz e dos conteúdos das suas verbalizações, no momento de interação com as crianças. Foram identificados os seguintes núcleos:

Elogio: verbalizações emitidas pela professora, nas quais a criança era elogiada pelo seu desempenho no desenvolvimento da atividade.

Instrução: verbalizações emitidas pela professora, sendo ela solicitada ou não, com o intuito de esclarecer a criança a respeito da atividade e do que era esperado dela.

Incentivo: verbalizações da professora visando a enfatizar conceitos, concepções e idéias expressas pela criança. Dessa forma, a professora tentava incentivar a criança a continuar desenvolvendo a atividade, aumentando ou mantendo o seu envolvimento com o trabalho que estava desenvolvendo na construção da escrita.

Apoio: verbalizações pelas quais a professora dava "dicas" à criança, fornecendo pistas para a execução da atividade.

As dimensões afetivas nas atividades de ensino em classes de alfabetização 177

Cooperação: verbalizações da professora que, respondendo às solicitações da criança, demonstram a sua atenção e disponibilidade em ajudá-la no desenvolvimento da atividade.

Correção: verbalizações da professora que forneciam à criança informações sobre ortografia e normas da língua. Dessa forma, a criança poderia modificar a produção escrita.

Os **Núcleos Temáticos Não-Verbais** incluem os gestos e posturas da professora em relação à criança, caracterizando-se em ações, expressões corporais e faciais. São eles:

Expressão facial: movimentos faciais demonstrados, nos quais se identificam manifestações de sentimentos que expressam a confirmação da professora sobre o modo de execução da atividade pela criança, assim como sentimentos de carinho, de satisfação, de alegria e de prazer. Incluem-se, ainda, movimentos de cabeça e da face que expressavam confirmações sobre a atividade.

Aproximação: ações de proximidade física, deslocamento até a criança, demonstrando disposição em ajudar. A iniciativa da aproximação partia dela mesma ou era resultado da solicitação feita pela criança.

Contato físico: toque físico como abraço, aperto de mão, mão no rosto, na mão ou nas costas, todos interpretados como gestos de carinho, que ocorreram durante a mediação, no momento da execução da atividade escrita. Excluem-se toques não intencionais, como por exemplo, um esbarrão.

Atenção: ações protagonizadas pela professora, como arrumar material da criança na mesa, pedir para que se sentasse de maneira correta, que revelaram a atenção e o interesse pela criança durante a atividade. Percebeu-se a preocupação da professora com o bom desempenho da criança, bem como com a intenção de propiciar à criança uma sensação de conforto para o desenvolvimento da atividade.

Receptividade: posturas que indicavam a disponibilidade da professora em ouvir a criança, observando seu desempenho na realização da atividade, voltando seu rosto e/ou corpo para a criança, posturas corporais de inclinar-se em sua direção, até mesmo agachando-se diante da sua carteira.

De acordo com a disposição dos Núcleos Temáticos gerados nessas pesquisas, foi possível inferir que as dimensões afetivas estão sempre presentes na interação professor-aluno, o que nos remete ao conceito de *mediação*. De acordo com Vygotsky (1998), o desenvolvimento humano depende da interação que ocorre entre as pessoas e da relação com os objetos culturais, uma vez que, com a presença do outro, neste caso o professor mediador, ocorre a evolução das formas de pensar da criança, ao mesmo tempo em que ele se constitui como sujeito.

Nesse sentido, percebemos que é pela interação social que o ser humano desenvolve-se e, ainda segundo Vygotsky, especialmente nas interações em sala de aula, repletas de afetividade, constituindo-se manifestações de emoção, as quais exercem grande influência no desenvolvimento cognitivo e, como conseqüência, também na aquisição da escrita.

Presentes nas interações sociais estão as emoções, por meio das relações interpessoais. Wallon (1968) atribui às emoções a origem da consciência. Pelo contato do sujeito com o meio social, a consciência possibilita diversas ações do pensamento, indispensáveis para o conhecimento das coisas e de si mesmo. Ainda segundo o autor (Wallon, 1978), as emoções permitem ao sujeito uma primeira forma de consciência de suas próprias disposições, ao mesmo tempo em que, sendo visíveis através de vestígios expressos publicamente, constituem-se no primeiro meio de interação com o outro. Assim, a emoção torna-se o primeiro e mais intenso vínculo entre os indivíduos, tendo, como formas de expressão, o olhar, o gesto, a mímica.

Na escola, o professor tem um papel fundamental no processo de ensino, incluindo a alfabetização, pois, por meio da sua relação com o aluno, ele age como um mediador, um observador e um intérprete das manifestações afetivas da criança, possibilitando uma melhor relação desta com a escrita e identificando as implicações do processo de construção do conhecimento.

Dentro do cenário da mediação, ao identificar a afetividade nesse processo, percebemos a relação com a auto-estima, como conse-

As dimensões afetivas nas atividades de ensino em classes de alfabetização   179

qüência da relação professor-aluno. Segundo Moysés (2001), as decisões do professor acerca das atividades de ensino, que apontam para o sucesso do aluno, têm como perspectiva que o aluno atinja objetivos estabelecidos no planejamento, o que está profundamente relacionado com a *auto-estima* – a percepção que o aluno tem do seu próprio valor.

Desse modo, quando o professor planeja um curso, ele espera, com suas decisões, que o aluno aprenda e se aproprie do conhecimento. Podemos supor que suas decisões pedagógicas têm implicações afetivas, pois aprender algo novo com sucesso implica fortalecer a auto-estima do aluno, ou seja, melhorar o julgamento de si próprio, possibilitando autoconfiança e segurança em relação a determinado conteúdo.

As decisões pedagógicas e a aprendizagem significativa

Ausubel (1965), discutindo a relação entre o planejamento educacional e a aprendizagem, mostra que, para que ocorra a aprendizagem de um determinado conteúdo com sucesso, ou seja, atingindo objetivos preestabelecidos, é necessário que o curso seja planejado a partir da relação entre o que será aprendido e o que o aluno já sabe, possibilitando, assim, o que o autor chama de *aprendizagem significativa*. Sabemos que, através do planejamento pedagógico, o professor pode planejar condições para que essa relação realmente se estabeleça.

Para Luckesi (1995), o planejamento escolar implica no estabelecimento de metas, ações e recursos necessários para o alcance de resultados almejados, ou seja, a consecução dos objetivos, bem como a definição dos meios para atingi-los. Com isso, é possível considerar o planejamento das decisões pedagógicas, incluindo as atividades de ensino, como um fator determinante e fundamental para se atingir a aprendizagem significativa em sala de aula, ou seja, gerar melhores condições para o sucesso do aluno.

É também através das decisões pedagógicas planejadas que o professor tem a oportunidade de garantir que as atividades de ensino

sejam pensadas e desenvolvidas sem restringir a questão do processo ensino-aprendizagem apenas à dimensão cognitiva, planejando para
que a afetividade também faça parte do processo.

Segundo Leite e Tassoni (2002), podemos identificar cinco decisões assumidas pelo professor ao desenvolver determinado curso.
Tais decisões marcam afetivamente a relação que se estabelecerá
entre o aluno e o conteúdo escolar. Apresentamos a seguir uma síntese
das cinco decisões.

A primeira refere-se à escolha dos objetivos de ensino, o que
reflete valores e crenças do professor. A escolha de objetivos e
conteúdos relevantes pode favorecer o estabelecimento de vínculos
afetivos entre a criança e o objeto em questão, na medida em que o
aluno possa, por exemplo, relacioná-lo com sua vida ou identificar
sua função social.

A segunda de decisão descrita pelos autores refere-se ao ponto
de partida do ensino. Para essa decisão, Leite e Tassoni (2002) citam
Ausubel (1968), que propõe a investigação do que o aluno já sabe,
para, assim, apresentar o conceito de *aprendizagem significativa*,
que envolve a relação entre o conteúdo a ser aprendido e aquilo que
o aluno já sabe. Isso pode garantir à criança, desde o início, maiores
possibilidades de aprendizagem com sucesso.

Como uma terceira decisão, apresenta-se a organização dos
conteúdos. Preocupar-se com a organização lógica dos conteúdos a
serem ensinados é uma ação do professor que também se relaciona
com as dimensões afetivas Dessa forma, o professor pode facilitar
as relações entre a criança e o que será aprendido, aumentando as
chances de sucesso do aluno.

A quarta decisão a ser tomada pelo professor, ao planejar um
curso, envolve a escolha das atividades de ensino, objeto deste capítulo.
Os aspectos afetivos aqui identificados são vivenciados no cotidiano
da sala de aula, pois é durante o desenvolvimento das atividades que
a relação professor-aluno ocorre visivelmente, incluindo todas as posturas verbais e não-verbais citadas anteriormente. Nesse sentido, é
necessário cuidado em relação à escolha criteriosa das atividades de

As dimensões afetivas nas atividades de ensino em classes de alfabetização   181

ensino, que devem ser motivadoras e relacionadas com os objetivos preestabelecidos.

Na quinta e última decisão, Leite e Tassoni (2002) nos apresentam a questão da avaliação, tema tão polêmico no cotidiano escolar. A avaliação tem sido vista como um dos principais fatores responsáveis pelo fracasso escolar. Para uma maior reflexão e revisão desse quadro, os autores citam Luckesi (1984), que propõe o resgate da função diagnóstica da avaliação, possibilitando maiores chances de o aluno envolver-se afetivamente com o conteúdo e apropriar-se com sucesso do conhecimento.

Vemos, assim, que a afetividade ultrapassa as relações *tête-à-tête* entre o professor e o aluno, atingindo as diversas dimensões do trabalho pedagógico que, no conjunto, devem garantir as condições para o sucesso da aprendizagem do aluno, e as conseqüentes relações afetivamente positivas na relação do aluno com os conteúdos escolares.

Na seqüência, ampliaremos a análise do importante papel das atividades de ensino no processo escolar.

As *atividades de ensino*

As atividades de ensino são parte integrante do planejamento de um curso e por elas podemos observar mais claramente a relação professor-aluno, com os aspectos afetivos envolvidos. Entendemos a atividade de ensino como um processo de interação entre professor e aluno, que tem um objetivo específico, determinado pelo momento de processo ensino-aprendizagem.

A atividade de ensino pode ser realizada em grupo, em duplas, de forma individual; na classe ou no pátio; a atividade pode ser um ditado, uma produção escrita, um seminário, uma cópia, uma cruzadinha, a elaboração de um cartão, uma interpretação de texto, um questionário, etc.

Para efeito de análise, é possível identificar nas atividades de ensino três momentos: o instrucional, o de desenvolvimento e o de *feedback*. O instrucional, geralmente, é o momento em que se inicia o processo, no qual o professor explica a atividade, diz o que deve ser feito, o que é esperado do aluno. Já o momento de desenvolvimento é a realização da atividade propriamente dita, desenvolvida pelo aluno. E, finalmente, o *feedback* é o retorno da correção do professor sobre a atividade desenvolvida pelo aluno, viabilizando-lhe o processo de reflexão sobre seu desempenho.

Porém, vale lembrar que esses aspectos nem sempre ocorrem linearmente, um após o outro. O *feedback*, por exemplo, pode ocorrer durante o desenvolvimento, no qual o professor pode dar novas instruções para que o aluno retome o desenvolvimento da atividade com mais segurança.

Dessa forma, podemos perceber que a atividade de ensino também é uma situação marcadamente afetiva, pois ela se concretiza por meio de relações interpessoais entre professor e aluno. Percebemos, ainda, que a atividade caracteriza-se como uma situação de mediação, pois por ela o professor pode facilitar a apropriação do conhecimento pelo aluno. Assim, por meio da relação professor-aluno, a atividade de ensino ultrapassa a dimensão cognitiva, envolvendo a dimensão afetiva, contribuindo explicitamente para o sucesso do processo de ensino-aprendizagem.

Entretanto, uma atividade de ensino pode apresentar problemas, identificados no cotidiano de sala de aula, impossibilitando um bom desempenho ao aluno. Uma atividade de ensino torna-se inadequada quando um dos três aspectos citados não foi adequadamente desenvolvido. Por exemplo: atividades com instruções imprecisas e confusas, que o aluno não sabe como desenvolver; ausência de um objetivo claro; participação passiva do aluno; falta de *feedback*, etc.

O cuidado dispensado com o planejamento das atividades de ensino deve prever que tais problemas não ocorram, evitando-se as conseqüências aversivas de um planejamento mal organizado, o que pode implicar na deterioração das relações entre sujeito e objeto, com o possível insucesso do processo de aprendizagem. Uma vez instalada uma relação aversiva entre o aluno e o objeto de conhecimento,

As dimensões afetivas nas atividades de ensino em classes de alfabetização   183

certamente a apropriação do mesmo se tornará um processo penoso, abalando profundamente suas condições motivacionais, como esclarecem os autores Leite e Tassoni (2002).

A partir dessas considerações, passaremos a analisar algumas situações de atividades de ensino ocorridas em sala de aula, que ilustram a importância das dimensões afetivas presentes na relação professor-aluno, durante o desenvolvimento de atividades de ensino da escrita. Essas atividades foram videogravadas em uma sala de aula da 1ª série do Ensino Fundamental, na qual foram coletados dados para um projeto de pesquisa. Foi possível identificar que a comunidade considera a professora competente e comprometida com o processo de alfabetização.

No que se refere ao projeto pedagógico, pudemos perceber que a escola enfatiza a interação social como parte integrante do processo de aprendizagem. Sobre a alfabetização, a escola propõe o reconhecimento das experiências anteriores dos alunos com a escrita, garantindo que sejam ativos durante o processo de aprendizagem.

Apresentaremos, a seguir, três atividades filmadas na referida sala, nas quais podemos identificar a presença das dimensões afetivas na relação professor-aluno, envolvendo o ensino da escrita.

Hoje é domingo

Em agosto, desenvolvendo com as crianças atividades sobre o folclore, a professora apresentou o texto da conhecida parlenda *Hoje é Domingo*. Inicialmente, aparentava ser uma atividade comum, porém, logo pudemos perceber que a forma como foi desenvolvida deixou bem aparente a presença das dimensões afetivas na prática pedagógica do professor.

Várias foram as atividades propostas tendo como tema a mesma parlenda. Numa primeira atividade – de leitura da parlenda – a professora leu o texto com bastante entonação, enfatizando a presença das rimas. Na seqüência, foi feita a leitura coletiva e depois uma leitura em dois grupos, trabalhando as rimas de forma bem divertida,

184   Afetividade e Práticas Pedagógicas

com um grupo perguntando e o outro respondendo, como em um desafio em que nenhum dos grupos poderia errar a resposta. Após a leitura e discussão do texto, a professora entregou para as crianças uma folha com o título da parlenda e o primeiro verso. As crianças deveriam realizar a reescrita do texto. A atividade foi, então, iniciada com as instruções dadas pela professora, que foram repetidas para que ficasse claro como deveria ser desenvolvida a atividade.

Professora: *"Percebam que uma frase puxa a outra, é como se um falasse e o outro respondesse, como fizemos na hora de ler."*

A professora ainda relembrou aspectos da leitura do texto: a presença da rima a cada dois versos, os personagens e objetos, e ainda fez com a classe a declamação da parlenda de memória.

Pudemos perceber, nas instruções dadas pela professora, a presença das dimensões afetivas da prática pedagógica do professor, pois suas verbalizações eram emitidas afetuosamente, com o intuito de esclarecer a criança a respeito da atividade e do que era esperado dela ao desenvolver essa atividade, procurando garantir o sucesso do aluno. As crianças iniciaram a atividade imediatamente, demonstrando, assim, segurança para desenvolvê-la, enquanto a professora andava pela classe entre as carteiras.

Ao notar a necessidade de alguma criança, ela se aproximava, com uma postura muito solícita, pronta para mediar a relação da criança com a escrita. Em uma dessas aproximações, Fábio disse à professora que se esqueceu como se escreve *cachimbo*; ela prontamente o atendeu, agachando-se ao lado de sua carteira de modo a ficar bem próxima a ele.

Professora: *"Eu preciso de duas letrinhas pra fazer esse som de ch – ch. (sonorizando o dígrafo) Quais são essas letras, Fábio?*
Fábio: *"Ah, é o C e o H. Eu tinha esquecido".*
Após dar a dica de como escrever a palavra e ver que a criança conseguiu escrevê-la, a professora o elogiou.

Professora: *"Muito bem! É assim mesmo que se escreve cachimbo."* *Sorrindo, ela ainda passa a mão no cabelo de Fábio, que corresponde seu sorriso, sorrindo também.*

Podemos identificar, nessa interação, a presença das marcas afetivas pela proximidade física da professora, demonstrando sua disposição em ajudar Fábio a desenvolver a atividade com êxito. Identificamos, também, o apoio dado pela professora ao fornecer dicas, como a sonorização do dígrafo *ch*, a partir do que Fábio resolveu dúvidas. Percebemos a presença das dimensões afetivas quando, ao ver o bom desempenho da criança, a professora o elogiou, cumprimentando Fábio pelo sucesso na escrita da palavra e, ao mesmo tempo, estabeleceu com ele um contato físico ao passar a mão no seu cabelo. Ao final da interação, a professora sorriu para Fábio, que imediatamente, retribuiu, elucidando o caráter afetivo da relação e a satisfação de ambos com a escrita produzida.

Em outra interação, durante a mesma atividade, a professora percebeu que Isabela escrevia com visível medo e insegurança, demonstrados por seus olhos bem abertos e com uma das mãos tampando a boca. Aproximando-se com calma, a professora conversa com a criança.

Professora: *"Deixa eu ver o seu, querida."*
Ela curvou-se na direção de Isabela e de sua atividade. Isabela afastou-se de modo a permitir que a professora visse sua produção escrita. A professora, após ler o que a Isabela escreveu disse 'OK', fazendo sinal de 'jóia' com mão, levantando o polegar e fechando os outros quatro dedos da mão.
Professora: *"Está certinho, Isabela. Você pode continuar que é assim mesmo que se faz."*
Isabela ajeitou-se na carteira, pegou o lápis e passou a escrever com convicção, olhando diretamente para a atividade, segurando o lápis com firmeza e um discreto sorriso no rosto, demonstrando estar concentrada na atividade.

186 Afetividade e Práticas Pedagógicas

Fica claro que, com o incentivo da professora, Isabela sentiu-se mais segura para desenvolver a atividade. Vemos que a atividade de escrita tornou-se tranqüila após a intervenção da professora, que assegurou que estava correto como estava fazendo. As dimensões afetivas ficaram aparentes durante esta atividade, através da relação face-a-face da professora com seus alunos e foram de fundamental importância para o bom desenvolvimento da escrita pelas crianças. Com o elogio, a instrução, a receptividade, a proximidade física, o apoio, a expressão facial e o incentivo, a professora facilitou a relação da criança com a escrita.

A primavera endoideceu

Com o objetivo de apresentar aos alunos as diversas formas de escrita de um texto, a professora desenvolveu uma atividade com o texto *A primavera endoideceu*, de Rosana Medeiros. O texto era escrito em curvas, formando o miolo, as pétalas, o caule, uma flor. Inicialmente, a professora leu para as crianças, que também tinham o texto em mãos. Depois, ela conversou com os alunos sobre o tema e os aspectos abordados pelo texto. As crianças, então, fizeram a leitura coletiva e em voz alta.

Como proposta de atividade, as crianças tinham um espaço logo abaixo do texto impresso para que escrevessem um texto, formando com as suas letras desenhos como borboletas, sol, sorriso, chuva e laço. Durante as instruções dadas pela professora, as crianças demonstravam estar muito motivadas para o desenvolvimento da atividade, o que era percebido a cada novo aspecto da instrução, quando a professora dava "dicas", apresentava possibilidades de escrita e de desenhos.

As crianças iniciaram, então, a atividade. Após algum tempo, Yasmim chamou a professora, que a atendeu prontamente, dirigindo-se até o seu lugar. A professora, demonstrando-se atenciosa, organizou o material de Yasmim na carteira, guardando lápis no estojo, deixando a folha na posição vertical, em relação à carteira da criança. Segue-se a descrição da interação:

As dimensões afetivas nas atividades de ensino em classes de alfabetização   187

Professora: *"Sente direitinho, com as pernas embaixo da mesa."*

Pudemos ver que a professora estava preocupada em propiciar à criança uma sensação de conforto para o desenvolvimento da atividade, demonstrando sua atenção para que a criança tivesse um bom desempenho.

Yasmim havia escolhido o tema chuva para a escrita do seu texto. E perguntou à professora:

Yasmim: *"É assim?"*

Pegando a folha, a professora respondeu:

Professora: *"Yasmim, que criativo! É isso mesmo. Só precisa arrumar uma coisinha. Está faltando uma letrinha para ficar molha – lha, pois aqui está escrito MOLA. O que falta?"*

Sorrindo, Yasmim respondeu já perguntando:

Yasmim: *"É o H que está faltando?"*

Correspondendo ao sorriso, a professora disse:

Professora: *"Exatamente, parabéns, Yasmim. Viu como você sabe?"*

A professora elogiou Yasmim pela correção realizada.

Vemos que a professora corrigiu a ortografia do texto de forma tranqüila, sem expor a criança ou deixá-la tensa, pelo fato de ter cometido um erro ortográfico. Yasmim vivenciou a mediação da professora com um sorriso, demonstrando-se à vontade no momento da correção.

Em outra interação durante essa atividade, vendo a forma como Murilo escrevia, rápido, colocando o lápis na boca, passando a mão na cabeça, mostrando-se ansioso, a professora aproximou-se calmamente da criança e disse:

Professora: *"É preciso ter calma, Murilo. Estamos trabalhando tranqüilamente, sem pressa. Eu sei que você consegue escrever com capricho. Vamos lá?!"*

Murilo se ajeitou na carteira, colocou sua folha mais perto de si e voltou a escrever de forma mais tranqüila. A professora disse, muito cordialmente:

Professora: *"Isso, não falei que você conseguia? Muito bom."*

Demonstrando serenidade, após ser tranqüilizada pela professora, a criança desenvolveu a atividade com o tema escolhido por ela – o sol – de forma muito satisfatória.

Da mesma forma, com cada aluno a professora parou na carteira, verificando o desempenho de todos. Na folha da atividade, ela escreveu para os alunos, deixando mensagens como: *Que criativo! Quanto sorriso! Que idéia legal! Você é demais!* As crianças demonstraram-se satisfeitas com o *feedback* dado pela professora ao final da atividade.

Nesse retorno da professora, após o desenvolvimento de uma atividade por ela proposta, identificamos mais uma vez a presença das dimensões afetivas por meio da atenção que ela dispensou às crianças, escrevendo em cada uma das folhas com os textos produzidos.

Pudemos perceber que, por meio dessa atividade, muitas das dimensões afetivas da prática pedagógica da professora vieram à tona quando da sua relação com os alunos. Através dos aspectos como instrução, o elogio, a atenção, a receptividade e até mesmo a correção, presentes na interação da professora com os alunos, a afetividade foi determinante para que a escrita das crianças fosse produzida com sucesso.

Extra! Extra! Feira cultural na escola!

Essa atividade tinha como objetivo a confecção de um texto para o jornal informativo da escola, sobre a Feira Cultural, que ocorreria no próximo mês. A elaboração do texto se deu de forma coletiva: as crianças iam dando contribuições, a professora escrevia na lousa e, então, as crianças escreviam no caderno.

Ao iniciar a atividade, explicitando para a classe como seria realizada, percebemos a preocupação da professora em deixar claro o objetivo da atividade, a forma como ela seria desenvolvida, como se daria a participação da classe, etc. As crianças receberam uma folha pautada e foram orientadas a colocarem o nome e a data. Logo após uma discussão para decidirem, todos escreveram na folha o título escolhido para a notícia.

As dimensões afetivas nas atividades de ensino em classes de alfabetização 189

A produção escrita foi iniciada com a instrução da professora para que as crianças começassem a dar idéias de como iniciariam o texto. De início, nenhuma criança se manifestou. Com muita disponibilidade, a professora reiniciou as instruções:

Professora: *"Criançada... Olhem todos aqui pra mim. Temos um trabalho a fazer, um trabalho coletivo, que não pode ser só de uma pessoa e nem só da professora. Precisa da colaboração de vocês. Entenderam?"*

A professora falava de forma expressiva e muito carinhosa, chamando a atenção de todas as crianças, que a ouviam com a atenção; além disso, ela se reocupou em deixar claro como seria o desenvolvimento da atividade. Essa atitude da professora ilustra o aspecto instrucional da atividade que é permeado pelas dimensões afetivas da mediação do professor. Em seguida, pudemos perceber uma maior motivação dos alunos para o desenvolvimento da atividade: eles fizeram um movimento com a cabeça, mostrando que entenderam as instruções. Rebeca logo disse:

Rebeca: *"Então já começa falando que dia vai ser, professora."* Ela *fala alto, com convicção.*
Professora: *"Pronto, já temos um início. Obrigada, Rebeca. Muito bem! Nosso texto então começará com a informação do dia em que acontecerá a Feira Cultural. 'Dia 25...'"* A professora fala enquanto escreve.

Percebemos que, a cada oportunidade, a professora elogia o desempenho das crianças durante a atividade. Nessa atividade, como nas outras descritas, observamos a mediação da professora marcada afetivamente, agindo em favor do aluno, aproximando-se deles, mostrando-se disponível para ajudar a cada necessidade.

Dando prosseguimento à atividade, a professora aproveitou para alertar os alunos com relação às regras do texto.

Professora: *"Primeira série. Atenção para o parágrafo. Lembra dos dois dedinhos? Vamos começar uma frase, precisamos deixar parágrafo, né?"*

Hugo: *"Ih, é mesmo, professora. Ainda bem que tô começando. Tinha esquecido. Sorte que não vou ter que apagar muito."*

Professora: *"Sorte também você estar atento ao que eu digo, Hugo. Não se preocupe, pode apagar que se demorar eu espero."*

Enquanto isso, a professora aproveitou para andar pela classe verificando a escrita das crianças. Ela parava em cada carteira, lendo o que os alunos escreveram. Corrigia, orientava, dava atenção, de maneira calma, permitindo que o aluno revisse o que estava escrevendo, corrigisse e continuasse a atividade sem problemas ou dificuldades.

Utilizando-se do momento de produção coletiva, foi possível que a professora interagisse com todos os alunos no decorrer da atividade, proporcionando-lhes as condições afetivas necessárias para um bom desempenho.

Em outro momento, ela continuou.

Professora: *"Tá ficando jóia! O que mais, crianças? O que podemos escrever? Já falamos o dia, a hora e o local. Precisamos dizer o que vai ter na Feira. Quem me ajuda?"*

Clara: *"Fala do nosso trabalho, da Emília"* A aluna diz, mas baixinho, demonstrando-se tímida.

Professora: *"Como, Clara? Pode falar mais alto, quero te ouvir."*

Clara: *"Fala da Emília e do Sítio."* Clara olha para professora sorrindo e fala mais alto.

Professora: *"Ah, sim. Vamos falar do que nós, a primeira série, mostraremos na Feira. Como escrevo?"*

Depois de escrever sobre esse novo item, a professora vai até a carteira de Clara cumprimentá-la pela colaboração e ver o que ela já havia escrito. A professora disse:

Professora: *"Gostei de ver, Clara. É isso mesmo! Olha como sua letra está bonita, cada vez mais caprichada."*

Clara sorri e continua escrevendo.

A relação da professora com a aluna, nesse momento, foi caracterizada pelo incentivo da professora. A aluna demonstrava-se envergonhada para participar, porém, ao receber o incentivo da professora, deu a sua idéia para contribuir com o texto. Após a escrita, recebeu o elogio da professora, o que a fez sorrir com satisfação. A atividade prosseguiu até a conclusão do texto, sempre com a participação das crianças.

Nessa atividade, observamos momentos da mediação da professora que, permeada pelas dimensões afetivas demonstradas através de posturas verbais, como o elogio, a instrução, o incentivo, o apoio, e a correção – e das posturas não verbais, como a atenção, a aproximação, a expressão facial e o contato físico – contribuíram significativamente para que os alunos desempenhassem de maneira satisfatória a atividade de escrita de uma notícia de jornal.

Observações finais

Foi possível observarmos que, nos diversos tipos de atividades de ensino da escrita nessa classe de alfabetização, por meio das dimensões afetivas presentes na mediação do professor, os alunos tiveram a possibilidade de melhor se relacionar com o objeto de conhecimento em questão. Através das posturas identificadas nos Núcleos Temáticos Verbais – o elogio, o incentivo, a correção, o apoio, a cooperação, a instrução – e das posturas identificadas nos Núcleos Temáticos Não Verbais – a aproximação, a expressão facial, o toque físico, a atenção e a receptividade, todas essas dimensões da mediação do professor garantiram o bom desempenho do aluno, melhorando sua relação com o conteúdo a ser aprendido e, conseqüentemente, garantindo seu sucesso em sala de aula.

Podemos dizer que, nos diferentes tipos de atividades de ensino da escrita, a mediação planejada pelo professor e permeada pelas dimensões afetivas se faz fundamental para que o aluno atinja os objetivos previstos para a atividade. No caso da alfabetização, a mediação contribui de forma significativa para a construção do conhecimento, possibilitando uma relação positiva do aluno com a linguagem escrita. Vimos, nos fragmentos apresentados, que a situação de aprendizagem mostra-se impregnada de afetividade. A cada gesto, a cada aproximação, a cada palavra dada pela professora, uma nova possibilidade de aprendizagem abre-se para a criança, de forma que ela se sinta capaz de relacionar-se com a escrita. Com as dimensões afetivas da mediação do professor em cena, percebemos que foram criadas melhores condições para que se estabeleça uma relação saudável entre a criança e o conteúdo a ser aprendido.

Referências bibliográficas

Ausubel, D. P. Cognitive structure and the facilitation of meaningful verbal learning. In Ausubel, D. P. and Anderson, R. *Readings in the Psychology of Cognition*. New York: Holt, Rinehart & Winston, 1965.

_____. *Educacional Psychology, a cognitive view*. New York: Holt, Rinehart & Winston, 1968.

Colombo, F. A. *Análise das Dimensões Afetivas na Mediação do Professor em Atividades de Produção Escrita da Pré Escola*. Relatório Técnico apresentado como exigência de conclusão de bolsa de Iniciação Científica concedida pela FAPESP. Faculdade de Educação, Unicamp, 2002.

Moysés, L. M. M. *A Auto-Estima se Constrói Passo a Passo*. Campinas: Papirus, 2001.

Leite, S. A., Tassoni, E. C. M. A afetividade em sala de aula: as condições de ensino e a mediação do professor. In Azzi, R. e Sadalla, A. M. F. de A. (Orgs) *Psicologia e Formação Docente: desafios e conversas*. São Paulo: Casa do Psicólogo, 2002.

Luckesi, C. C. Avaliação Educacional Escolar: para além do autoritarismo. *Tecnologia Educacional*, n° 61, Nov/Dez, p. 6-15, 1984.

Luckesi, C. C. *Avaliação da Aprendizagem Escolar*. São Paulo: Cortez Editora, 1995.

As dimensões afetivas nas atividades de ensino em classes de alfabetização 193

Tassoni, E. C. M. *Afetividade e a Produção Escrita: a mediação do professor em sala de aula*. Dissertação de Mestrado em Educação, Faculdade de Educação, Unicamp, 2000.

Vygotsky, L. S. *A Formação Social da Mente*. São Paulo: Martins Fontes, 1998.

Wallon, H. *A Evolução Psicológica da Criança*. São Paulo: Edições 70, 1968.

_____. *Do Acto ao Pesamento*. Lisboa: Moraes Editores, 1978.

PARTE II
AFETIVIDADE NA CONSTITUIÇÃO DO LEITOR

Constituição do sujeito-leitor:
análise de alguns aspectos relevantes

ELLEN CRISTINA BAPTISTELLA GROTTA[1]

> A formação não é outra coisa senão o resultado de um determinado tipo de relação com um determinado tipo de palavra: uma relação constituinte, configuradora, aquela em que a palavra tem o poder de formar ou transformar a sensibilidade e o caráter do leitor.
>
> *Larrosa*

Para iniciarmos uma discussão sobre os aspectos relevantes na constituição de sujeitos-leitores, é preciso, de antemão, vislumbrar alguns pressupostos teóricos sobre a constituição de qualquer sujeito e de como ele interage e se apropria da cultura. Contudo, nossa discussão será centrada no processo de constituição do sujeito como leitor – ou seja, como se apropria da leitura enquanto um instrumento cultural que lhe permite participar da cultura letrada que circula em seu contexto social. Nesse sentido, nos valeremos de alguns conceitos

---

1. Pedagoga e Mestre em Psicologia da Educação pela Faculdade de Educação da Unicamp. Professora do Ensino Fundamental da Escola Comunitária de Campinas.

descritos por Vygotsky e Wallon sobre a formação das funções psíquicas superiores: cognição e afetividade.

Segundo Vygotsky (1994), o homem é um ser fundamentalmente social, pois nem consigo mesmo consegue se relacionar diretamente. É pela mediação do outro, do signo, das interações sociais que o homem constitui-se como sujeito, desenvolve-se e produz cultura. Nesse ínterim, a linguagem coloca-se como um lugar privilegiado de interação humana e constituição dos sujeitos.

O mesmo autor, em seus estudos sobre o processo de formação das funções psíquicas superiores, aponta que a psique e a subjetividade humana são formadas por relações sociais internalizadas; são constituídas a partir do processo de internalização de situações de intersubjetividade, tendo como base a operação com signos.

Assumindo também uma abordagem social para o desenvolvimento humano, Wallon (1968)[2] ressalta a existência de um entrelaçamento entre a dimensão cognitiva e a afetiva no processo de construção do conhecimento pelo sujeito e, conseqüentemente, na formação de sua subjetividade.

Para esse autor, a emoção é o primeiro e mais forte vínculo entre os seres humanos. Ao nascer, é pela emoção (choro) que o bebê mobiliza a mãe ou qualquer outra pessoa responsável por ele, para atender suas necessidades básicas (fome, frio, calor). Nesse sentido, a emoção impulsiona as primeiras interações do sujeito com o outro, sendo responsável pelos primeiros contatos da criança com o mundo físico e social. Dessa forma, a afetividade[3], manifestada através de impulsos emocionais, assume inicialmente a função tanto de

---

2. Trabalho original 1941.

3. Para Wallon (1968) afetividade, emoção e sentimento são conceitos distintos. A emoção é um ato fisiológico que envolve a expressão corpórea (rubor, calor, tremor, hiper ou hipotonia, etc.) de estados afetivos, subjetivos. Possui bases biológicas, mas é orientada para o social. As emoções têm grande poder de contágio e são nutridas pela presença e atenção do outro. Como sintetiza Almeida (1999), *"para Wallon, o social é o cenário das emoções, e o tônus é o seu tecido, as suas vestes"* (p. 67). A afetividade, por sua vez, é um termo mais abrangente. Engloba tanto as emoções quanto os sentimentos que tem raízes psicológicas e são estados subjetivos mais duradouros e menos orgânicos que as emoções.

comunicação entre o bebê e o outro, quanto de sobrevivência, o que é típico somente da espécie humana (Wallon, 1995)[4].

Por meio dessa comunicação estabelecida entre o bebê e o meio humano, via emoção, os movimentos inexpressivos do bebê vão adquirindo expressão e intenção. Dessa forma, é na interação com os adultos e a partir da interpretação deles que os impulsos e movimentos da criança ganham significado.

A criança, à medida que interage com o meio humano, passa de um estado de total sincretismo para um progressivo processo de diferenciação, sendo que a afetividade está sempre presente nas interações dela com o outro, mediando e determinando suas relações com a cultura e sua constituição enquanto sujeito (Wallon, 1968).

Como destaca Dantas (1992), para Wallon, é a atividade emocional que

> *realiza a transição entre o estado orgânico do ser e a sua etapa cognitiva, racional, que só pode ser atingida através da mediação cultural, isto é, social. A consciência afetiva é a forma pela qual o psiquismo emerge da vida orgânica: corresponde à sua primeira manifestação. Pelo vínculo imediato que instaura com o ambiente social, ela garante o acesso ao universo simbólico da cultura, elaborado e acumulado pelos homens ao longo da história. Dessa forma é ela que permitirá a tomada de posse dos instrumentos com os quais trabalha a atividade cognitiva. Neste sentido, ela lhe dá origem"* (p. 85 e 86).

A partir destas considerações, pode-se afirmar que a afetividade, pelas interações sociais que propicia, possibilita o acesso da criança ao universo simbólico da cultura, dando origem à atividade cognitiva e estimulando seu avanço.

A criança tem, então, acesso ao mundo simbólico por meio das manifestações afetivas que perpassam suas relações com os outros,

---

4. Trabalho original 1934.

198 — Afetividade e Práticas Pedagógicas

pela afetividade que o adulto expressa nas mediações que exerce entre o sujeito e o meio físico, cultural e social (Tassoni, 2000). Dessa forma, a afetividade que perpassa as relações do sujeito com o outro imprime sentido afetivo às interações do sujeito com os objetos da cultura. É a afetividade, expressa pelo adulto ao mediar as interações da criança com o mundo, que transforma as experiências sociais em algo significativo para o sujeito, ou seja, em uma experiência individual que marca sua constituição e sua subjetividade.

Enfim, através dos pressupostos teóricos de Vygotsky, sobre a formação social das funções psíquicas superiores, e de Wallon, sobre a dimensão afetiva presente nas interações sociais, pode-se afirmar que um sujeito se constitui, define seu modo de ser-no-mundo, a partir da internalização das relações sociais que vivencia e da qualidade afetiva que perpassa tais relações. São os fenômenos afetivos que marcam a qualidade das interações sociais e transferem à internalização dos objetos culturais um sentido afetivo.

A pesquisa

Pensando a linguagem escrita e a leitura (atividade lingüística) como objetos culturais bastante valorizados na sociedade atual, podemos colocar a questão: como um sujeito se constitui leitor? Que experiências de/com a leitura são significativas para a formação de sujeitos leitores?

A partir dos dados coletados em pesquisa que fizemos em 2000[5], pode-se dizer que os leitores vão se constituindo a partir da natureza e da qualidade da relação que cada sujeito vai estabelecendo, ao longo

---

5. Dissertação de mestrado, defendida pela autora na Universidade Estadual de Campinas/ FE, com a orientação do Prof. Dr. Sérgio Antonio da Silva Leite, em 2000, com o título de *Processo de formação do leitor: relato e análise de quatro histórias de vida*. Esse trabalho teve como objetivo resgatar, na história de vida de quatro sujeitos leitores (professores universitários com idade entre 40 e 60 anos), quais eram os aspectos determinantes em sua formação como leitores. Neste artigo, assumimos, como base de reflexão, parte dos dados coletados no desenvolvimento da referida pesquisa. Citaremos os quatro sujeitos com nomes fictícios (Adão, Bernardo, Carlos e Daniela).

de sua vida, com o material escrito, seja direta (lendo por si mesmo) ou indiretamente (leitura do outro para si). Vejamos, então, de forma mais específica, quais aspectos/experiências foram determinantes para a formação desses leitores, segundo o que relataram sobre suas histórias de vida e de leitura.

O papel do outro e da relação afetiva no acesso ao universo da leitura e da escrita, antes da alfabetização

Para todas essas pessoas, o universo da leitura foi apresentado antes mesmo de saberem ler e escrever, por outros leitores que liam para eles, criando uma situação afetuosa, de atenção ao outro (criança), por meio da leitura. Em outras palavras, ler significava o adulto despender atenção à criança, ao desenvolvimento de sua imaginação; ao mesmo tempo, o prazer que essas pessoas leitoras tinham em ler, transparecia na forma como liam (voz, expressões da face...) ou na posição dos corpos entre o leitor e o ouvinte, conferindo um sentido afetivo ao próprio ato de ler.

Carlos lembra nitidamente de sentar no tapete da sala de sua casa, aos pés de sua avó, aos domingos e, enquanto brincava com o caderno infantil do jornal, sua avó lia, em voz alta trechos do suplemento literário do mesmo jornal. Ele frisa que *"a voz dela era muito delicada, uma voz assim suave (...) Era muito gostoso!"* Nesse sentido, pode-se dizer que a leitura configurava-se como um espaço de demonstração de afeto entre avó e neto; tanto que, ele não se recorda do conteúdo dos textos lidos, mas não se esquece do contexto afetivo em que essas leituras aconteciam. Dessa forma, a interação do sujeito com a leitura, mediada pela avó, era perpassada por um clima de muito afeto, possibilitando a interação do sujeito com o texto de forma bastante positiva, conferindo à leitura um sentido também afetivo.

Daniela traz também a presença de uma de suas avós como alguém que disparou suas primeiras interações com o universo da escrita, na infância. Ela contava histórias e declamava poesias que lembrava de memória, pois foi alguém que se alfabetizou rudimentarmente e não possuía grande domínio de leitura ou acesso aos livros. Além dessa avó, Daniela não se recorda de nenhum outro familiar (mãe, pai, avós e tios) que contava e/ou lia histórias para ela e seus irmãos. Assim, as principais lembranças que tem da infância, em torno da leitura, dizem respeito às suas interações com a avó. Em suas palavras: *"eu não me lembro, por exemplo da minha mãe contando histórias, ou meu pai. Isso era uma coisa muito ligada à minha avó; ela era a mulher que ensinava declamação... Ela tinha um repertório de quadrinhas! Eu acho que as poesias ela tinha aprendido dentro de uma tradição oral; muitas coisas eram em italiano"*. E Daniela completa: *"eu considero que essa entrada para a coisa da narrativa, ficção, da poesia... esse mundo da leitura, vai entrar na minha formação, pela minha avó, através da oralidade"*.

Outra pessoa marcante foi uma empregada doméstica que, ao mesmo tempo em que cumpria seus afazeres domésticos diários (lavar, varrer, passar roupas...), colocava Daniela e seus irmãos numa rede de balanço e contava histórias oralmente. Ela não se recorda do conteúdo das histórias contadas por ela, mas se lembra muito bem da situação em que estas aconteciam:

> *nós tínhamos uma empregada que punha a gente na rede e ficava contando história... Enquanto ela se ocupava de algumas coisas da casa, ela também se ocupava da gente e, esse "se ocupar da gente", é que tinha essa rede.... Eu imagino que a forma dela se ocupar da gente, enquanto ela fazia outra tarefa, era pela história. Agora, não consigo me lembrar exatamente das histórias.*

O relato de Daniela explicita que as histórias contadas pela empregada exerciam um efeito sedutor nos três irmãos, uma vez que permaneciam mais quietos e atentos nesses momentos. Mas sua memória aponta que o contexto envolvido nessas narrativas a cativava mais do que o próprio conteúdo; ou seja, a afetividade que a empregada dispensava aos três irmãos, enquanto contava histórias e/ou por contar

Constituição do sujeito-leitor: análise de alguns aspectos relevantes   201

histórias, foi relevante no desenvolvimento do seu gosto por essa atividade lingüística.

Os relatos dos dois sujeitos, Daniela e Carlos, vislumbram a importância do acesso à narrativa, antes mesmo da alfabetização, pela familiaridade que propicia com o universo da escrita, com o desenvolvimento da imaginação... E sobretudo pela significação que essas experiências de leitura ou de contar histórias adquirem, quando realizadas por pessoas que gostam de ler ou contar histórias oralmente e que utilizam a leitura/história como uma forma de demonstração de afeto e atenção em relação ao ouvinte. Cabe ressaltar que o gosto de ler e a demonstração de afeto, através da leitura, são percebidos pelos sujeitos-ouvintes, pela forma como essas pessoas liam ou contavam histórias (tom de voz, entonação, expressões faciais...) e pela própria proximidade dos corpos (leitor/contador e ouvinte), o que imprime ao ato de ler/contar histórias uma atmosfera afetiva que marca mais do que o próprio conteúdo das histórias, nessa fase que antecede a alfabetização.

Desenvolvimento da capacidade de leitura e compreensão: o papel do outro e dos livros como instigadores da leitura

A alfabetização, como desenvolvimento da capacidade de ler, é um evento marcante na constituição de sujeitos leitores, uma vez que lhes permite acessar o universo da escrita de forma independente. Nesse sentido, faz-se relevante que o período da alfabetização possibilite o desenvolvimento de habilidades de leitura e compreensão do que se lê, trazendo cada vez mais agilidade para a leitura, de forma que o sujeito acesse e tenha condições de compreender textos cada vez maiores e mais complexos.

Na pesquisa realizada, a alfabetização é um período citado de forma direta somente por Carlos que, por falta de vaga na escola pública, foi alfabetizado por uma prima. Em seu relato, ele descreve a forma lúdica e afetuosa com que sua prima lhe apresentou as letras do alfabeto e lhe ensinou a decodificação da escrita. Ele comenta que o carinho, a meiguice e a suavidade da prima ao ensinar,

202 Afetividade e Práticas Pedagógicas

proporcionavam-lhe grande prazer na descoberta das sílabas e na possibilidade de atribuir sentido a elas (lê-las). Enfim, destaca também a afetividade como algo significativo nos primeiros acessos à decodificação da escrita.

Os demais sujeitos, apesar de não fazerem referência aos eventos de ensino e aprendizagem da leitura, falam sobre a liberdade de acessar e ler livros de forma independente, por vontade e desejo próprios, após adquirirem certa habilidade e competência de leitura.

De forma ainda mais clara, podemos dizer que, a partir do momento em que aprenderam a ler, os sujeitos puderam lançar-se ao universo da escrita de forma mais autônoma; isso possibilitou maior interesse pela própria leitura, pois buscavam histórias e temas que os interessavam ou que foram se tornando interessantes à medida que foram lendo e conhecendo as histórias e/ou os temas.

Nos primeiros anos de alfabetização, Carlos e Daniela apontam para a importância da leitura de livros que apresentam o desenho como um apoio à compreensão da escrita, pois, como ainda não eram muito habilidosos na atividade de ler, o desenho possibilitava maior compreensão do texto e estimulava a própria leitura.

Um aspecto marcante para todos os sujeitos pesquisados, a partir do desenvolvimento da capacidade de ler, foi a possibilidade de lerem por si mesmos, de serem autônomos na escolha e leitura de livros disponíveis, muitas vezes na biblioteca de familiares, que já lhes chamavam atenção, pela relação que mantinham com a cultura letrada (livros). Nesse sentido, o próprio acesso aos livros instigou a curiosidade de conhecer histórias e sua leitura, disparando o interesse por outros livros, por vezes da mesma coleção, autor ou estilo de um livro que já tinha sido lido por escolha pessoal. Na adolescência, a leitura de um livro como disparador de outras leituras apareceu também como fato significativo, mas os temas de interesse de leitura ampliam-se para questões, políticas, sociais, econômicas... além da literária.

Concluindo, o acesso a livros diversos e a escolha livre em bibliotecas é mais um fator importante na história do sujeito-leitor que pode contribuir para que ele goste de ler, principalmente, a partir do

Constituição do sujeito-leitor: análise de alguns aspectos relevantes 203

momento em que já desenvolveu a habilidade de leitura enquanto domínio do código.

O acesso ao material escrito: as bibliotecas, o empréstimo e a doação de livros

O acesso ao material escrito por intermédio de tios, primos, avós, pais, professores, pelo empréstimo de livros ou recebimento deles como presentes e/ou o acesso via bibliotecas particulares (familiares, na própria casa...) ou as municipais são experiências que se fazem importantes, pela familiaridade que instauram entre o sujeito e o universo da escrita, bem como pela associação que fazem do modo-de-ser dessas pessoas com as leituras que realizam.

Adão, Bernardo, Carlos e Daniela revelam um significativo deslumbramento ao terem acesso a bibliotecas e livrarias, ou seja, ao manterem contato com o objeto de leitura (livro) em grande quantidade, organizado em estantes e acessível, de forma que pudessem manusear livremente e escolher suas leituras. Comentam, também, sobre a atmosfera afetiva (barulhos da abertura das estantes, a forma carinhosa como eram tratados pelos leitores da casa...) que pairava durante esses momentos de interação com os livros ou com os leitores/possuidores das bibliotecas.

Adão, por exemplo, teve contato direto com seu avô somente até os seis anos, ocasião do falecimento dele, mas a imagem desse avô, como leitor e pessoa culta, de muito prestígio social na cidade, perdura durante toda sua vida. E a biblioteca particular que tinha era uma "memória viva" disso. Guarda imagens nítidas da biblioteca do avô, do barulho que fazia ao abrir as portas das estantes para acessar os livros e da literatura que havia ali – hoje, seu objeto de estudo na universidade. Ou seja, Adão continuou interagindo com o avô, após sua morte, a partir dos objetos culturais que deixou (livros, biblioteca...), pelo próprio barulho das portas de correr das estantes e pela admiração que toda família nutria pela intelectualidade de seu avô.

Com suas palavras, revela que lembra

exatamente onde ficava a biblioteca na casa. Ela era uma estante de madeira com vidro de correr na frente. Os livros não ficavam

204   Afetividade e Práticas Pedagógicas

abertos como hoje, ficavam escondidos. Lembro daquele barulho de correr da roldana, abrindo o vidro que fechava a estante....

Em relação aos livros e ao quanto o avô e sua relação afetiva com a imagem intelectual o influenciaram durante toda a vida, comenta:

hoje eu me lembro de alguns livros que meu avô lia que são exatamente a minha área de trabalho, mas eu não vejo como uma relação direta. Pode até ser... isso não está impedido, mas... Meu avô, por exemplo, lia Camões, exatamente o que eu trabalho hoje. Ele lia Cervantes, esses clássicos da literatura do séc. XVI, XVII e alguns destes grandes da literatura portuguesa que são coisas do meu período hoje, séc. XVI, XVII. Ele lia, eu me lembro dele ler, mas eu não sei se eu me lembro exatamente dele lendo esses livros ou só porque agora me interesso mais por eles, me lembro mais dele.

Por sua vez, Bernardo teve acesso aos livros por um tio que, por ser padre, tinha uma vinculação muito forte com o universo da cultura letrada. Foi ele quem sempre presenteou o sobrinho com livros e incentivou seus estudos, financiando a compra de livros e discutindo com ele seus pensamentos e reflexões sobre os temas que estudava.

Ou seja, em mais uma história de vida o acesso à leitura se dá por meio de um leitor bastante admirado e valorizado, pelo sujeito e pela família, por sua intelectualidade. E a vinculação afetiva de Bernardo com esse tio vai conferindo à leitura e aos livros um sentido também afetivo.

Carlos revela que a biblioteca de um de seus tios foi um verdadeiro tesouro para ele, pois, por meio dela, entrou em contato com o universo da leitura e com o prazer que existe na leitura. Essa biblioteca foi o primeiro espaço onde podia ler e folhear livros à vontade, expandindo seu referencial de leitura, até então restrito à cartilha e aos livros didáticos. Em suas palavras, *"a Cleusa e o Gersão (seus tios) eram muito generosos, eles me deixavam abrir aquela estante e revirar. Eu lembro que... eu até deixava tudo no chão quando eu saía para brincar".*

Já na universidade, apresenta-se fascinado novamente pelo livre acesso aos livros, quando a biblioteca do curso de Filosofia da Unicamp liberou o acesso pessoal. Seu entusiasmo pode ser percebido através de sua fala: *"você não acredita a maravilha que era caminhar assim pelas estantes de filosofia, chegar até as referências! Este foi um marco para mim de acesso às obras, principalmente dos clássicos".*

Daniela também traz a importância do fácil acesso aos livros, por intermédio das bibliotecas familiares e escolares, em sua formação como leitora e no prazer que nutre pelo ato de ler.

Como não possuía livros em casa, a biblioteca de um tio com quem tinha contato somente nas férias, por morar em outra cidade, era algo marcante. Na verdade, nos períodos de férias, era "exportada" para São Paulo com o objetivo de procurar, na estante desse tio, sua leitura de férias designada pela professora.

Essa solicitação escolar propiciou não só uma grande interação de Daniela com livros, mas também com um ambiente onde a leitura era bastante valorizada e praticada. Em sua narrativa, relata que *"tenho uma lembrança muito marcante das férias passadas na casa do meu tio, onde, além de passar as férias, eu tinha que estar resolvendo com ele, na estante dele, a minha leitura de férias".*

Foi nesse contexto que, pela primeira vez, Daniela teve acesso a uma estante de livros e à literatura de Monteiro Lobato, iniciando o seu fascínio pelo universo da leitura. Segundo suas palavras, *"na minha casa eu nunca vi nenhuma estante sequer, nem na casa da minha avó. Na casa do meu tio havia na sala uma estante cravada na parede com toda a biblioteca dele ali e toda a coleção de Monteiro Lobato, que eu li inteirinha".*

A relação de Daniela com os livros, no interior da casa (família) desse tio era acalentada e/ou perpassada de muita afetividade. Como ela comenta:

eu adorava ficar lá em São Paulo. Primeiro, porque eu tinha dois primos mais velhos que me pajeavam. Eu era a filha mais velha na minha casa e na casa dos meus tios eu era a mais nova. Neste sentido,

206 Afetividade e Práticas Pedagógicas

eu era muito atendida, muito mimada na minha passagem pela casa com presentes, com passeios, com coisas especiais; mas, nada ligado diretamente aos livros. Eles não liam para mim, ninguém me ajudava a fazer as fichas de leitura que eu tinha que fazer. Mas, a relação com os livros ela era também acalentada por essa coisa afetiva.

Enfim, *"tinha um efeito sedutor sobre mim encontrar aquela estante de livros... Eram coisas que exerciam assim... um grande fascínio sobre mim".*

Sobre a biblioteca de sua escola do Ensino Fundamental, ela comenta do clima que a bibliotecária imprimia nesse espaço e das lembranças afetivas que tem desse lugar e de suas experiências de leitura ali. Nesse sentido, diz que se recorda exatamente da biblioteca, da sua localização, da disposição de seu mobiliário, do cheiro que possuía; bem como, do espaço onde ficavam os livros mais antigos e a disposição de algumas obras.

Em relação à bibliotecária, comenta que ela foi alguém que lhe deixou boas recordações, pois era uma pessoa simpática, que conseguia administrar a distribuição dos livros, a organização do espaço e do acervo das obras com a presença barulhenta dos adolescentes. Segundo Daniela, a bibliotecária

tinha uma química para administrar o lugar, a coisa do silêncio, a coisa do barulho em grupo, de tal modo, que a gente gostava. Todo dia a gente estava lá. Não era uma coisa ruim. Eu nunca me senti espantada da biblioteca pela postura da bibliotecária. Claro que tinham as broncas, as brigas. Mas, o que eu me lembro é que era um lugar que a gente ia muito, ia todo dia e por várias vezes. Ia para estudar, ia para encontrar pessoas, ia para ficar e ser vista...

A admiração pela forma de ser e de ler do outro: relação entre afetividade, cognição e gosto pela leitura

O prazer da leitura, percebido na forma de ler de uma pessoa, apareceu também em destaque na adolescência dos quatro sujeitos

Constituição do sujeito-leitor: análise de alguns aspectos relevantes 207

pesquisados. Entretanto, tal prazer pela leitura, sentido na **forma como o outro lê**, apresentou-se misturada **à admiração que os sujeitos nutriam pela intelectualidade desse leitor e pelas relações que ele estabelecia entre as leituras que fazia** ou **delas com o contexto social.** Tais eventos de leitura aconteceram, predominantemente, através dos professores que os sujeitos tiveram no Ginásio e Colegial – atualmente Ensino Fundamental (ciclos III e IV) e Ensino Médio.

Vale conhecermos um pouco sobre o que disseram os sujeitos pesquisados sobre os seus professores, que se configuraram como modelos de leitores para eles. Ou melhor, pessoas que admiravam pela reflexão que estabeleciam em aula, em torno das leituras que faziam e pelo fascínio que demonstravam pela leitura, quando se dispunham a ler para os alunos ou comentar as leituras que realizavam.

Para Bernardo, que estudou em regime de internato em instituição católica, seus professores, apesar de serem padres – terem cursado somente teologia ou filosofia na universidade e não terem licenciatura para dar aulas – possuíam "notório saber" em relação aos conteúdos das disciplinas que ensinavam. Sob o ponto de vista do sujeito, tal domínio de conteúdo era conquistado através da leitura constante de textos relacionados às suas áreas de trabalho (Matemática, Português, Geografia...). Em outras palavras, define seus professores *"como pessoas informalmente competentes"*, pois considera que essa competência era alcançada através de muita leitura e não, propriamente, em algum curso de especialização ou licenciatura.

Bernardo afirma que essa familiaridade dos professores com a leitura era perceptível durante as próprias aulas, devido aos comentários que faziam a respeito dos livros que liam e das leituras suplementares que indicavam aos alunos.

Outra imagem associada aos seus professores é de que eram rigorosos com a disciplina e exigentes em relação à aprendizagem, mas, ao mesmo tempo, demonstravam estar sempre *"de bem com a vida e com a profissão"*. As aulas possuíam um clima tranqüilo, em que não havia discussões, repreensões ou reprovações e os professores eram bastante equilibrados, justos e serenos. A interação entre professor/aluno era permeada de respeito e confiança mútuos.

A partir dos comentários que Bernardo fez da sua relação com os professores e da imagem que tem dos mesmos, pode-se concluir que eles se configuravam como modelos de leitores, de intelectualidade e personalidade para seus alunos, principalmente para o sujeito, pela relação prazerosa que estabeleciam com o conhecimento acadêmico, através da leitura, e pelo prazer que tinham em transmitir seus conhecimentos e leituras para seus alunos.

Reconhecendo a importância da leitura em sua vida, Bernardo afirma que a leitura foi uma herança maravilhosa da educação escolar que recebeu. Em suas palavras, *"eu assumo essa herança como uma coisa muito boa do passado, que me deu satisfações e um nível cultural que me permitiu uma carreira acadêmica com êxito. Então, me deu tranqüilidade"*.

Carlos, que sempre estudou em escolas públicas, destaca em sua história de vida a presença marcante de dois professores (Português e Filosofia), que se configuraram como modelos de leitores em sua formação e que lhe permitiram associar a leitura com desenvolvimento da intelectualidade, aquisição de conhecimento e reflexão sobre a realidade social e política do país.

Em relação à professora de Português, afirma ter sido apaixonado por ela, tanto pelas características físicas quanto pela forma cativante com que conduzia suas aulas.

Os excertos de obras literárias, contidos no livro de gramática, encantavam o sujeito; ao mesmo tempo, a paixão que a professora tinha em ensinar e o entusiasmo com que lia e comentava os textos despertavam o interesse de Carlos pela leitura.

Em vários momentos da narrativa, tentou definir a relevância dessa professora, em sua formação como leitor, mas faltou-lhe palavras, pois o que lhe chamava atenção, contagiava e encantava era a paixão da professora em ler e comentar os textos. Como Carlos diz:

não sei... Gostaria de ter palavras para descrever o entusiasmo, a paixão da professora em ensinar, em comentar o texto... Ela era minúscula, baixinha, mas ficava enorme para mim. Eu a levava muito a sério. Ela explicava textos, lia poesia... A aula dela era magnífica!

Nesse sentido, a forma como a professora interagia com os textos (lia e comentava) exercia um efeito sedutor no sujeito em relação à leitura.

O encantamento com o professor de Filosofia ocorria também pela forma como as aulas aconteciam. O sujeito sentia-se estimulado a ler pelas aulas instigantes que o professor ministrava e pela indicação e acompanhamento de leituras paralelas. Suas aulas consistiam em exposições sobre questões transcendentais, como: o sentido da vida, a angústia humana, a busca da felicidade, etc. Carlos afirma que, nesses momentos, seu professor *"falava pausadamente, mas com profundo teor de reflexão. Eu ficava apaixonado com a densidade de sua reflexão. Era um tipo de discurso que me cativava".*

Carlos admirava o conhecimento e as reflexões desse professor e percebia que eram oriundas de suas leituras. Tal fato levou-o a se aproximar de seu professor, fora dos períodos de aulas, em busca de indicações de livros para ler, ou seja, em busca de fontes que lhe permitissem refletir como seu professor, partilhar dos seus conhecimentos.

Já Daniela, aponta que foi só ao longo do Ginásio (III e IV ciclos) que encontrou um professor de Português que foi bastante significativo no desenvolvimento de seu gosto e desejo pela leitura, principalmente, de obras literárias. Para ela, ter aulas com esse professor foi uma grande sorte. Ele era um grande leitor e, como tal, constantemente, apresentava a literatura comentando sobre os autores ou lendo trechos das obras.

O conhecimento desse professor em torno das obras, bem como seu entusiasmo e sua desenvoltura na leitura de textos em sala de aula foram conquistando a admiração de Daniela, cativando-a para a

210 Afetividade e Práticas Pedagógicas

leitura, principalmente literária. Nesse contexto, começou a nutrir um forte sentimento de identificação com seu professor. Em suas palavras:

acho que havia uma identificação com a timidez, uma identificação com a pessoa dele na condição de leitor. Enfim, eu gostava do trabalho dele em sala de aula e gostava da própria disciplina; eu gostava das aulas de português e aí, o desejo da identificação. A gente começa mesmo a perseguir aquela pessoa nas coisas que ela faz, nas coisas que ela pensa... Eu reconhecia nesse professor uma espécie de leitor modelo.

Esse professor configurou-se, então, como um modelo de leitor para ela, alguém que admirava e imitava no que diz respeito às leituras e às formas de ler. Segundo Daniela, além de nutrir um forte desejo de aproximar as suas leituras das leituras realizadas por esse professor, tinha o desejo de conquistar a admiração dele, por isso, começou a ler a maioria dos textos comentados e citados pelo mesmo em sala de aula. Como ela mesma diz: *eu tinha uma admiração muito grande por ele e acho que eu queria que ele tivesse uma admiração por mim e o caminho que eu escolhi para isso foi começar a aproximar as minhas leituras das leituras dele".*

É interessante observar que Daniela relata que, metodologicamente, as aulas desse professor não possuíam nada de especial em relação aos demais professores de Português da época. Ele indicava um único livro para ser lido por toda a sala, depois solicitava ficha de leitura e organizava debates sobre a história do livro. Seu diferencial, o que a cativava para a leitura, era a desenvoltura que o professor possuía em ler e discutir as leituras em sala de aula – seu conhecimento das obras e seu prazer ao lê-las.

Já na universidade, na interação com seu orientador de mestrado, Daniela leu uma série de textos literários e textos sobre filosofia, lógica, imagens, ampliando seus referenciais de leitura. Afirma que a convivência com seu orientador a fez reviver aquele sentimento de admiração por um professor e o desejo de ser leitor como ele, como

Constituição do sujeito-leitor: análise de alguns aspectos relevantes 211

havia vivenciado no ginásio com o professor de Português. Assim, seu orientador configurou-se como um modelo de leitor para ela, alguém que admirou e imitou em suas leituras e na forma de ler e de pensar. Na realidade, o que fascinava Daniela nesse professor era o fato de ele estar sempre estimulando o pensamento e a busca de novas perspectivas para uma leitura, ou a partir dela. Nesse sentido, ela buscou aprender com ele essa forma particular de ler e refletir sobre os textos e concepções neles contidas. Em seu relato, aponta ter atingido este objetivo: *"eu acho que eu aprendi a fazer bem isso também: a procurar uma tomada nova, uma perspectiva diferente. (...) Eu acho muito enriquecedor não fechar o pensamento, sempre achar um jeito de você mesmo desmanchar o que está fazendo"*.

A partir dos relatos citados e comentados, é possível considerar que o que marca essas histórias de vida, no caminho da formação como leitores, é a relação que seus professores estabeleciam com a leitura. Ou seja, lendo, comentando suas leituras ou indicando livros para serem lidos, os professores transmitiam aos seus alunos o prazer que tinham pela leitura e o valor que atribuíam a ela, como espaço discursivo e reflexivo. Nesse contexto, cabe trazer para discussão a teoria sobre o poder de contágio das emoções, descritas por Wallon (1995) e apresentadas também por Almeida (1997) e Dantas (1992). Para Wallon, a emoção tem o poder de contagiar o outro, uma vez que ela é plástica, ou seja, é percebida pelo outro pelas expressões da face e do corpo, pelo tom e pela entonação da voz, etc.

Enfim, os professores, demonstrando o prazer e o entusiasmo que tinham em ler ou comentar suas leituras, despertavam nos sujeitos certa afeição por eles e o desejo de ser como seus professores, ou melhor dizendo, de saber refletir como eles ou de vivenciar o prazer que tinham em ler. Nesse sentido, percebe-se que a adolescência é um período em que, por excelência, possibilita uma estreita relação entre afetividade, desenvolvimento da cognição/intelectualidade com o gosto pela leitura.

Afetividade e Práticas Pedagógicas

Na adolescência, as formas de demonstrar afeição saem do campo físico, corpóreo (abraço, beijo, proximidade física) e ganham expressão no campo intelectual, por meio das idéias, pensamentos, reflexões, leituras... (Wallon em Almeida, 1999). Nesta direção, nutrindo grande admiração por seus professores quanto à forma de ser, de pensar e de ler, os sujeitos desenvolveram um desejo de identificação com os mesmos. Esse desejo era buscado através da leitura dos mesmos livros lidos e/ou citados por seus professores, da imitação de suas formas de ler e do valor que atribuíam à leitura, como objeto cultural. Por outro lado, a demonstração de afeto do professor para com o aluno era percebida na dedicação em preparar as aulas, demonstrar e ensinar o conhecimento que possuíam e nos elogios verbais e escritos que atribuíam aos sujeitos, através das relações que estabeleciam entre leituras, ou destas com a realidade em suas produções escritas (redações, provas...), ou verbalizações em aula.

Valorização do livro como acesso ao universo cultural letrado: apropriação do conhecimento

A valorização do livro como acesso ao universo cultural letrado é percebida, pelos sujeitos, na relação com outros leitores (familiares, professores e amigos). É observando o prazer do outro em ler, o valor que atribui ao conteúdo (texto) e ao objeto escrito (livro), que desperta no aprendiz o desejo de apropriar-se também da leitura e dos conhecimentos que podem ser adquiridos através dela, num processo de imitação. Um exemplo interessante é quando uma criança, de posse de um livro já lido por um adulto em voz alta para ela, lê, em outro momento, a história também em voz alta, realizando as mesmas expressões e entonações feitas por este adulto. Ela imita o adulto e dessa forma vai se apropriando da leitura, do prazer de ler, da forma como o outro faz uso da leitura e do valor afetivo, cognitivo e social que o adulto atribui à leitura.

Na fase escolar, na adolescência e na vida adulta, o prazer pela leitura é conquistado e/ou acrescido de outras motivações, relacionadas aos aspectos próprios dessas faixas etárias. As pessoas começam a

Constituição do sujeito-leitor: análise de alguns aspectos relevantes 213

observar os outros em sua forma de ser, pensar e agir sobre a realidade e a buscar aproximar-se do pensamento de alguns deles por identificação ou admiração, como discutido no item anterior.

Na história de vida dos quatro sujeitos pesquisados, aparece o convívio com pessoas que não só eram ávidos leitores, mas também se utilizavam da leitura como forma de apropriação do conhecimento científico. Ou seja, liam textos/livros específicos de uma ou mais áreas do conhecimento, apresentando um modo diferenciado de pensar e agir sobre a realidade ou de discutir os assuntos de suas áreas de estudo. E nesse contexto, conquistavam destaque e respeito social.

Na história de Adão, temos a imagem muito forte de seu avô, como um intelectual (lia sobre diferentes assuntos, mas principalmente clássicos da literatura e escrevia poesias). Ele era respeitado e admirado na cidade e na família por essa característica. Desta forma, desde pequeno, Adão viveu num ambiente onde a cultura letrada era vivenciada e valorizada por todos. Segundo ele,

na minha casa o incentivo para a leitura era enorme... Eu nasci de fato num ambiente absolutamente de livros. (...) Na minha casa, quem não foi trabalhar em lugares relativos à educação e cultura, fez negócio com isso, que é o caso da minha tia,

que possuía uma livraria dentro da casa em que morava com o avô do sujeito.

Nesse caso, sua mãe teve papel determinante, pois, desde que Adão era muito pequeno, buscou reproduzir no filho a imagem intelectual que tinha de seu pai (avô do sujeito), incentivando suas leituras e demonstrando o orgulho que tinha do pai diante de qualquer movimento do sujeito em direção à familiaridade com os livros e à apropriação de conhecimento através deles.

No caso de Bernardo, Carlos e Daniela, a associação da leitura como uma atividade de apropriação do conhecimento científico, que produz um domínio específico de vocabulário, elementos argumentativos e uma forma diferenciada de agir e pensar sobre determinada área, foi percebida predominantemente na escola, durante a adolescência. Seus professores foram, então, "objetos" de observação, admiração e imitação.

Bernardo, como já descrevemos, percebia seus professores como autodidatas, que possuíam grande domínio do conteúdo que ensinavam, a partir de suas leituras. Ou seja, associava o grande conhecimento de seus professores ao grande volume de leitura e estudo que realizavam e não por especializações dirigidas, como em cursos ou universidades. O que lhe chamava atenção em seus professores era a forma como discutiam os assuntos em aula, o conhecimento que demonstravam... E assim a leitura foi sendo associada ao conhecimento e buscada como algo importante para sua formação cultural e intelectual.

Carlos revela que admirava o conhecimento e as reflexões de seu professor de filosofia. Pois, ele *"falava pausadamente, mas com profundo teor de reflexão. Eu ficava apaixonado com a densidade de sua reflexão. Era um tipo de discurso que me cativava"*.

Essa admiração levou-o a se aproximar do professor fora do espaço das aulas, para buscar indicações de leitura e refletir sobre elas. Nesse caso, mais uma vez, a admiração pela forma de pensar de alguém promove a aproximação e a busca de ler e refletir sobre os mesmos livros e assuntos, como uma forma de apropriação do conhecimento já adquirido pelo outro.

Em relação aos livros que eram indicados por esse professor em momentos individuais, Carlos diz:

> *nestas leituras, além do meu desejo e prazer pela leitura, eu percebia um sentido profissional... uma coisa legítima. Não era o Carlos lendo coisas que não servem para nada, mas era o Carlos lendo coisas que o professor que eu conferia autoridade estava me indicando.*

Enfim, é perceptível o reconhecimento que Carlos tinha desse professor como um especialista em filosofia e a associação de seu conhecimento com a leitura.

Constituição do sujeito-leitor: análise de alguns aspectos relevantes 215

Daniela destaca que nutriu forte admiração por seu professor de português, pelo seu conhecimento em torno das obras literárias, bem como por seu entusiasmo e desenvoltura na leitura de textos em sala de aula. Nesse contexto, começou a nutrir um forte sentimento de identificação com seu professor.

Esse professor era, então, um modelo de leitor para Daniela, alguém que ela admirava e imitava no que diz respeito a leituras e a formas de ler. Além de nutrir um forte desejo de aproximar as suas leituras das leituras realizadas pelo professor, revela que tinha o desejo de conquistar a admiração do mesmo. Sendo assim, começou a ler a maioria dos textos comentados e citados em sala de aula.

Podemos dizer, então, que a afetividade do professor pelos alunos é percebida já no preparo das aulas e no teor de reflexão e discussão que desenvolvem em sala, ou seja, pela preocupação do professor em preparar aulas que possibilitem o crescimento intelectual de seus alunos. Mas vale destacar ainda que os alunos, além de perceberem a atenção e a dedicação dos professores no preparo das aulas, percebem o prazer que eles têm pelo conhecimento, pela leitura e pela reflexão, e se encantam com isso. Tanto que a admiração pelo conhecimento de seus professores os levou a se aproximarem deles, realizando as mesmas leituras que já tinham feito e que foram citadas em aula, ou mesmo promovendo aproximação física, em busca de indicações de leituras ou discussões paralelas às aulas.

Espaço de interlocução sobre as leituras realizadas

Em todas as histórias de vida pesquisadas, a necessidade e a importância de um espaço de discussão sobre as leituras realizadas foram apontadas como algo essencial e determinante na aprendizagem da própria leitura e na percepção dela como uma atividade cultural socialmente valorizada.

Cabe destacar que, para os sujeitos pesquisados, a discussão entre amigos, professores, alunos ou familiares, sobre leituras que realizaram, permitiu: a ampliação da própria habilidade de ler; relacionar o pensamento dos autores com a realidade; apreender, relacionar,

216 Afetividade e Práticas Pedagógicas

comparar e questionar o pensamento de diferentes autores; a formação de opinião própria; a ampliação da imaginação e de elementos de reflexão e crítica da realidade social. Na interação com o outro, geralmente mais experiente, foi possível experimentar outra(s) visão(ões)/reflexão(ões) de um mesmo livro ou pensamento, perceber outros focos de leitura, estabelecer outras relações que, sozinhos, não conseguiriam. Em outras palavras, a mediação do outro na leitura de alguém promove um espaço de interlocução que permite com que a pessoa vá além do já apreendido, durante a sua leitura individual.

O plano social permite que o sujeito vá além de suas possibilidades individuais, tanto no sentido de compreensão do que se lê, quanto no sentido de ampliação do pensamento e das habilidades de compreensão, inferência, estabelecimento de relações e crítica da leitura realizada. Vejamos exemplos dessas situações, nas histórias de vida/leitura de Carlos e Daniela.

Carlos relata que, em sua adolescência, houve um colega de trabalho, alguns professores e amigos da comunidade católica que foram muito importantes no desenvolvimento da sua habilidade de ler, pelas mediações que fizeram em suas leituras e mesmo pelo espaço interlocutivo que instauravam.

Ele afirma que foi o professor de História que o ensinou a ler sistematicamente, a estudar os textos teóricos: grifar os trechos principais para fazer citações, destacar a idéia central e elaborar um resumo com as próprias palavras, ou seja, ensinou-o a construir um fichamento.

Durante essa aprendizagem, recebeu alguns alertas do professor quanto à organização e à limpeza de seus fichamentos e à forma de sua redação em provas e trabalhos. Tais críticas eram consideradas pelo sujeito como uma atenção do professor para consigo, o que possibilitava que tivesse maiores cuidados ao ler e redigir um texto.

Sob a orientação de padres, os jovens da comunidade católica que freqüentava liam muitos textos filosóficos e, posteriormente, promoviam debates e/ou aulas a respeito dos mesmos. Nesses encontros, recebia também muitas indicações de leituras, empréstimo de livros e

Constituição do sujeito-leitor: análise de alguns aspectos relevantes 217

comentários sobre reportagens de jornais da época, muitas vezes clandestinos, pois era a época da ditadura militar no país.

Como conclui o próprio sujeito, nessa comunidade *"finalmente eu encontrei amigos que se relacionavam pela leitura, não necessariamente de literatura brasileira ou mesmo estrangeira, mas de textos produzidos pelo próprio grupo clandestino. Todos eles com essa particularidade de fazer crítica social"*.

Outra pessoa importante foi um topógrafo, militante de esquerda que conheceu em um de seus empregos, pois foi um grande estimulador e interlocutor de suas leituras relacionadas ao pensamento de esquerda. Esse amigo e colega de trabalho discutia muito com Carlos a respeito da conjuntura política do país, alertando-o para a ideologia subjacente à imprensa oficial, tanto escrita quanto televisiva. Ao mesmo tempo, indicava leituras e emprestava livros às escondidas, devido à ditadura, levava o sujeito à livraria para comprar livros e ajudava a escolhê-los.

Um dos livros comprados sob a orientação deste colega de trabalho introduziu, para o sujeito, a idéia marxista de revolução, pela qual o conhecimento está sempre associado a uma pretensão de mudança e de transformação da realidade. A premissa do livro está na idéia de que não basta conhecer o mundo e suas relações, é preciso transformá-lo. A totalidade das idéias, expressas em tal livro, não foi de fácil compreensão para Carlos, apesar das constantes discussões com o topógrafo sobre os novos conceitos que ele introduzia. E, mais uma vez, o topógrafo instaura um espaço de interlocução, emprestando outro livro que ajudaria a fundamentar as idéias do anterior e permitiria novas discussões sobre o pensamento político de esquerda.

Cabe dizer, ainda, que as interações com esse topógrafo possibilitaram não só maior compreensão das leituras que realizou, sob orientação e acompanhamento dele, mas também aprofundaram o significado da leitura e o prazer do sujeito em ler. A leitura deixou de ser realizada somente por prazer e adquiriu uma razão política; passou a ser instrumento de aquisição de conhecimento com a finalidade de transformar a sociedade.

Daniela, por sua vez, aponta alguns professores que mediaram suas leituras e possibilitaram o desenvolvimento de várias habilidades de leitura.

No mestrado, com seu orientador, leu uma série de textos literários e textos sobre filosofia, lógica, imagens, ampliando seus referenciais e habilidades de leitura (principalmente as de inferência, do estabelecimento de relações e de crítica).

Para Daniela, esse professor configurou-se como um modelo de leitor – alguém que admirou e imitou em suas leituras e na forma de ler e pensar, através do espaço de interlocução que este instaurava em aula. Como afirma a própria aluna:

> *a interação com o meu orientador em torno dos textos que a gente leu junto foi sempre assim: foi sempre a surpresa, o espanto diante do que não tinha sido visto, que não tinha sido possível pensar até então. Foi ter que se deparar com uma outra visão, a desconhecida, a não pensada, aquela que vai desmontar; porque meu orientador tem esse movimento, ele consegue, numa mesma aula, montar um raciocínio restrito a uma certa coisa e depois desmontar.*

Em síntese, esse professor era admirado por Daniela por estar sempre estimulando o pensamento dos alunos e buscando novas perspectivas para uma leitura, ou a partir dela. Dessa forma, foi com ele que Daniela diz ter aprendido a habilidade de ler e refletir sobre os textos e concepções neles contidas.

Pela análise de trechos dos relatos de Carlos e Daniela, foi possível perceber que o espaço de discussão de leituras realizadas se faz importante e estimulante de novas leituras, uma vez que permite a ampliação da compreensão das idéias do autor. Além disso, como já apontamos, possibilita a aprendizagem de várias habilidades de leitura, do prazer em ler percebido no outro e do valor que a apropriação de conhecimento, via leitura, tem para os leitores mais experientes.

Constituição do sujeito-leitor: análise de alguns aspectos relevantes 219

Destaque social a partir das leituras realizadas e relações estabelecidas entre elas e o universo em que vive

Os sujeitos pesquisados apontam que, por volta da adolescência, tomam consciência de que o domínio da linguagem escrita, de seu discurso e mesmo dos conhecimentos que circulam por meio dela, lhes proporcionou destaque social perante amigos e professores. Conseqüentemente, tal situação alimentou ainda mais o gosto que já tinham pela leitura. Adão, Bernardo e Carlos revelaram que desenvolveram até certa vaidade e arrogância em razão da ampla experiência de leitura que possuíam, ou seja, da maior familiaridade que tinham com o conhecimento legitimado e veiculado pela escrita, em comparação com seus colegas da mesma faixa etária (adolescência).

Vale dizer que a busca de apreciação, destaque e mesmo de diferenciação dos outros é algo que caracteriza a adolescência. Segundo Wallon (1995),

> *por ocasião da puberdade (...) o indivíduo tenta pôr em destaque a sua pessoa, não mais, sem dúvida, para efetuar o seu próprio reconhecimento e sua plena apropriação, mesmo que até certo ponto ele tenha de se familiarizar com as transformações desse período, mas sobretudo para torná-la conhecida e apreciada pelos demais* (p. 158).

Nesse sentido, a leitura na adolescência, apesar de ser praticada pelos sujeitos, principalmente, com a intenção de aprofundar o conhecimento sobre a realidade, também possibilitou trocas afetivas. Em outras palavras, a busca dos sujeitos pelo saber estava atrelada à possibilidade de diferenciarem-se dos demais alunos, receberem elogios e alcançarem destaque e admiração dos familiares, professores e colegas, em função do maior domínio teórico e retórico que possuíam, a partir da prática constante da leitura.

E, novamente, podemos nos valer do pensamento de Wallon sobre o desenvolvimento da afetividade e da cognição para

220   Afetividade e Práticas Pedagógicas

entendermos as trocas afetivas na adolescência e vida adulta. Para
o autor, a afetividade evolui ao longo do desenvolvimento do indivíduo
para um plano mais cognitivo, diversificando as necessidades e as
manifestações de afeto.

Dependendo da idade, a criança precisa de uma nutrição afetiva
mais racionalizada. É interessante notar que, mesmo conservando
o contato corporal como uma forma de carinho, os adultos
necessitam de um afeto mais cognitivo, que é sentido por eles quando
são, por exemplo, admirados; para os adultos, os outros lhes
demonstram afeto quando lhes fazem um elogio, falam da sua
capacidade, enfim, toda vez que é destacada sua competência
profissional. Também para a criança na fase escolar, mais
significativo que um beijo é o professor, por exemplo, identificar
seu trabalho entre vários da sala, revelar que a conhece, demonstrar
que se interessa por sua vida (Almeida, 1999, p. 108).

Sendo assim, o elogio e a admiração, expressados em palavras
pelo adulto para a criança ou adolescente, substituem o afeto, antes
transmitido através do toque, da proximidade física. Ou seja, na fase
escolar, e mais ainda na adolescência, as relações afetivas se estendem
para o campo da cognição.

Carlos, por exemplo, em seus relatos, aponta que, na adolescência, o acesso às leituras diversificadas e o gosto por ler começaram a
influenciar sua forma de escrever – sua elaboração argumentativa e
a estrutura lingüística de suas redações e trabalhos de pesquisa.
Segundo ele, suas redações eram inspiradas nos textos que lia; imitava
a forma, o cenário, o estilo literário e a trama dessas leituras, inserindo
novos personagens e contextos. Como tais adaptações/redações eram
muito elogiadas por seus professores, foi percebendo que havia uma
estreita relação entre a leitura e um bom desempenho/criatividade na
escrita. Nas palavras do próprio sujeito,

através dos elogios às minhas redações, eu "saquei" que havia
uma relação entre ler e escrever (...). O que eu lia, eu adaptava nas

Constituição do sujeito-leitor: análise de alguns aspectos relevantes   221

redações e isto era valorizado pelos professores. É claro que automaticamente você vai percebendo que continuar lendo é um tesouro importante.

Enfim, os elogios às suas produções escritas estimulavam o sujeito a ler cada vez mais... e as leituras eram perpassadas de carga afetiva advinda de suas produções cognitivas/intelectuais – de sua capacidade de analisar, refletir e argumentar sobre os fatos da realidade e do pensamento dos autores que lia, demonstrando a elaboração de um pensamento/opinião própria, além de domínio da retórica e da escrita.

Em síntese, elogios, orientações e estímulos às produções escritas são trocas afetivas, num plano mais racional, que podem ser estimuladoras da leitura, quando ela é percebida como um espaço que permite a ampliação do conhecimento da própria realidade e da estrutura e funcionamento da língua escrita.

Considerações finais

Após as considerações sobre alguns aspectos relevantes à constituição de sujeitos-leitores, apontadas por quatro adultos, podemos concluir que as experiências de leitura que um sujeito vivencia podem participar da formação de sua subjetividade (modo de ser e pensar), bem como contribuir para sua formação enquanto leitor, dependendo da qualidade afetiva das mediações e da relação (experiência) que este mantém com os materiais de leitura.

Em outras palavras, um sujeito define seu modo de ser-no-mundo a partir da internalização das relações sociais que vivencia com familiares, amigos, professores... e da qualidade afetiva que perpassa tais relações. São os fenômenos afetivos que marcam a qualidade das interações sociais, conferindo um sentido afetivo à internalização de objetos culturais, no caso, a leitura de textos.

Vale dizer que, para uma reflexão mais específica sobre o papel da instituição familiar e escolar, na formação de leitores, cabe a leitura dos textos a seguir, que trazem tais análises como foco central.

Referências bibliográficas

Almeida, Ana R. S. A emoção e o professor: um estudo à luz da teoria de Henri Wallon. *Psicologia: teoria e pesquisa.* Maio-Agosto, vol 13, nº 2, p. 239 – 249, 1997.

_____. *A emoção na sala de aula.* Campinas: Papirus, 1999.

Dantas, Heloysa *et al.* A afetividade e a construção do sujeito na psicologia de Wallon. Em: *Piaget, Vygotsky e Wallon: teorias psicogenéticas em discussão.* São Paulo: Summus, 1992.

Grotta, Ellen C. B. *Processo de formação do leitor: relato e análise de quatro histórias de vida.* Dissertação de Mestrado. Campinas: Faculdade de Educação da Unicamp, 2000.

Tassoni, Elvira C. M. *Afetividade e produção escrita: mediação do professor em sala de aula.* Dissertação de Mestrado. Campinas: Faculdade de Educação da Unicamp, 2000.

Vygotsky, L. S. *A formação social da mente: o desenvolvimento dos processos psicológicos superiores.* São Paulo: Martins Fontes, 5ª ed, 1994.

Wallon, Henri. *A evolução psicológica da criança.* Lisboa: Edições 70, 1968 (trabalho original 1941).

_____. *As origens do caráter na criança.* São Paulo: Nova Alexandria, 1995 (trabalho original 1934).

O papel da família na constituição do leitor

JULIANA SIMÕES ZINK DE SOUZA[1]

> Na vida de cada leitor existiu, quando criança, um
> adulto que o introduziu no mundo dos livros.
>
> *Marisa Lajolo*

Apresentação

Sabemos que a leitura é uma prática fundamental à participação do ser humano no mundo atual – grande parte de nossas ações cotidianas está, de alguma maneira, relacionada a um tipo de informação escrita. Lemos livros e revistas, propagandas, números de telefone, bulas de remédios, cartas, receitas, e-mails, cardápios, legendas de filmes, horários de ônibus, placas de trânsito. É fácil perceber a importância de se desenvolver, desde cedo, o hábito da leitura, uma vez que ela nos possibilita o envolvimento ativo com o mundo à nossa volta.

No entanto, a prática da leitura vai além de uma simples ferramenta técnica ou uma habilidade mecânica de decodificação e reprodução de sinais gráficos. Ela é, também, uma prática social que propicia ao indivíduo o aumento de sua bagagem cultural – pela leitura podemos conhecer, imaginar, criar e dialogar com novos olhares e

---

1. Pedagoga formada pela Universidade Estadual de Campinas, professora da rede privada de ensino de Campinas na área de educação infantil bilíngüe.

idéias que, aos poucos, transformam nossa maneira de entender e questionar a realidade.

Para que a leitura se constitua para o indivíduo como um instrumento de inserção cultural, é necessário que ela aconteça de forma prazerosa. Ler com prazer transforma o livro, as histórias e as idéias em informações interessantes, que envolvem o leitor e têm um sentido especial na sua vida. Como desenvolvemos o prazer pela leitura? Quais os aspectos que se destacam na história de vida de leitores autônomos e que, talvez, os tenham tornado tão interessados e adeptos à leitura?

Este capítulo irá discutir, à luz de dados coletados durante uma pesquisa acadêmica[2], o processo de constituição do leitor, mediado pela família. Apresentaremos dados referentes à história de vidas de quatro jovens sujeitos que se constituíram enquanto leitores, isto é, demonstravam o hábito da leitura, o que indica a existência de uma história de relação positiva com essa prática social.

Alguns pressupostos teóricos

Segundo as idéias presentes na abordagem histórico-cultural, o indivíduo constitui-se através da interação com o "outro", alguém que o apresente aos diversos objetos e práticas culturais e, por meio dessa interação, o ser humano passa a internalizar formas de interagir com o meio. Nesse sentido, o "outro" realiza uma *mediação* entre o sujeito e a cultura responsável por grande parte da formação do sujeito e, por isso, de valor incalculável para o desenvolvimento do ser humano dentro do ambiente social. Desde bebê, o ser humano necessita da presença do "outro" para garantir sua sobrevivência. Desde o início da vida é preciso alguém que nos apresente ao mundo e nos mostre como participar neste. Segundo Wallon (*apud* Werebe e Nadel-Brulfert, 1999):

---

2. Estudo realizado em 2004-2005 para a conclusão do curso de graduação em Pedagogia da Universidade Estadual de Campinas, UNICAMP sob a orientação do Prof. Dr. Sérgio Antônio da Silva Leite.

O papel da família na constituição do leitor

O recém-nascido é um ser cuja totalidade de reações necessita ser completada, compensada, interpretada. Incapaz de efetuar algo por si próprio, ele é manipulado pelo outro e é, nos movimentos deste outro que suas primeiras atitudes tomarão forma (p. 161).

As idéias de Vygostky e Wallon, segundo Arantes e Aquino (2003), inserem-se na abordagem histórico-cultural e foram adotadas como pano de fundo para a realização da pesquisa aqui relatada. Além da importância dada à mediação do "outro", encontramos nas idéias desses dois teóricos o pressuposto de que a *qualidade* das interações que o sujeito vivencia durante sua vida marca a natureza da relação que ele estabelece com os objetos culturais. Segundo Grota (2000):

(...) pode-se afirmar que um sujeito se constitui, define seu modo de ser-no-mundo, a partir da internalização das relações sociais que vivencia e da qualidade afetiva que perpassa tais relações. São os fenômenos afetivos que marcam a qualidade das interações sociais e transferem à internalização dos objetos culturais um sentido afetivo (p. 25).

Neste sentido, entendemos que o sucesso da relação entre o sujeito e a leitura depende da *qualidade* da mediação que o sujeito vivencia – se as experiências de leitura organizadas pelo "outro" forem positivas ao sujeito, é bastante provável que sua relação com os livros também se torne positiva.

Para que possamos refletir sobre a qualidade da mediação, é preciso que falemos sobre a *dimensão afetiva* do ser humano, presente também nas relações entre a criança e a leitura.

Como já exposto em vários capítulos anteriores, o ser humano é constituído não somente pela razão, mas também pela dimensão afetiva, a qual, associada às outras dimensões, mostra-se constantemente ativa e se faz presente durante toda a trajetória de vida do indivíduo, determinando suas ações e imprimindo marcas às experiências vivenciadas.

Com a atividade da leitura não é diferente – há uma relação marcadamente afetiva entre o sujeito e os livros, imbuída de sentimentos, positivos ou não, os quais contribuirão para determinar a natureza da relação que irá se desenvolver entre o sujeito e essa prática social. Nesse sentido, a pesquisa iniciou sua reflexão a partir de algumas questões que pudessem esclarecer o processo de constituição do leitor: *Qual a importância da leitura na vida do ser humano? Porque somos tão incentivados a ler pelos pais, professores, amigos, e até mesmo pela mídia? Quais aspectos desse processo podem tornar o leitor aprendiz um leitor autônomo, apaixonado pelo pela prática da leitura?*

Sabemos que a leitura pode ser uma *estratégia de comunicação*; constitui-se em uma habilidade indispensável ao indivíduo que vive em sociedade. Desde o nascimento, o ser humano é obrigado a desenvolver recursos de expressão para que garanta sua sobrevivência. O choro, os toques e as risadas do bebê são as primeiras estratégias desenvolvidas. A partir da resposta que o choro provoca – um adulto, geralmente, volta sua atenção à criança – o bebê tem a possibilidade de interagir com as pessoas e construir e se apropriar de significados a respeito do que acontece à sua volta, além de obter a satisfação de suas necessidades.

Quando crescemos um pouco mais, desenvolvemos a fala, os gestos e a linguagem corporal, habilidades que possibilitam uma interação mais autônoma com o ambiente – a criança não é mais um ser passivo que depende exclusivamente do "outro"; agora já possui meios que lhe permitem trocas mais complexas com as pessoas e o ambiente.

Com o desenvolvimento da linguagem, a criança aprende a expressar suas vontades, discutir, dialogar e interagir com o mundo de forma mais madura. Nesse processo, geralmente simultâneo ao desenvolvimento da fala, é comum que a criança seja apresentada aos livros, em casa ou na escola. É o primeiro contato mediado com a escrita – um dos meios mais complexos e muito utilizado para garantir a comunicação entre os diversos membros integrantes de uma sociedade.

Espera-se que a criança pequena, gradualmente, conheça e se envolva com essa prática social, pois, se observarmos como a escrita

O papel da família na constituição do leitor 227

é utilizada atualmente, veremos a importância que esse instrumento de comunicação possui dentro de nossa sociedade. Desde as mais simples informações, como uma placa indicando a linha do ônibus, até a transmissão de acontecimentos históricos, todas são disseminadas pelo código escrito. É preciso ressaltar que não são apenas as letras que lemos em nosso cotidiano – há uma série de outros suportes que fazem uso de diferentes recursos como, por exemplo, imagens, gestos e sons, que também transmitem informações importantes ao indivíduo. Em nosso dia-a-dia interpretamos pinturas, músicas, cores e ritmos, informações que não se transmitem por letras, mas que, da mesma forma, demandam certa "leitura" da situação.

Todos esses diferentes canais de comunicação social exigem determinadas habilidades de identificação e compreensão da informação, que só serão desenvolvidas através do contato com a leitura desde os primeiros anos de vida do indivíduo. Quanto mais próxima e profunda for a sua relação com os diferentes tipos de texto, mais facilidade o indivíduo terá em interpretar informações à sua volta.

Além disso, mais do que um exercício mecânico de reconhecimento de símbolos, notamos que, atualmente, a leitura configura-se como uma ferramenta poderosa para se entender e se transformar a realidade. Dizemos "ferramenta poderosa" porque a escrita se faz tão necessária a ponto de agregar poder ao indivíduo que a possui, isto é, saber ler e escrever possibilita ao sujeito entender o que acontece à sua volta, construir opiniões e armazenar diversas informações, enquanto que aquele que não domina a leitura e a escrita tem mais chances de permanecer excluído e alienado, atuando de forma passiva e não transformadora no ambiente social.

Segundo Paulo Freire (FREIRE, 1976 e 1982), por meio do contato com o texto, o indivíduo pode experienciar uma transformação no seu nível de consciência, isto é, ele pode passar de um estágio primário, considerado *ingênuo* – visão de mundo passiva, alienada e alienante, incompatível com a transformação social – a um estágio superior, *crítico,* no qual se torna consciente dos reais determinantes da realidade e se compromete com os problemas aí identificados, contribuindo ativamente para a transformação social. É o processo que o autor chama de *conscientização*.

Essa ascensão da consciência se faz possível porque, pela prática da leitura, entra-se em contato com novos saberes, vivem-se novas experiências, aumenta-se o conhecimento e a consciência crítica, sendo possível entender, interagir e assumir uma postura transformadora do meio de que faz parte.

Portanto, a importância da leitura, hoje, é indiscutível – ela funciona como uma estratégia de sobrevivência, tão importante quanto o choro do bebê, pois, por meio dela, necessidades pessoais são atendidas, além de possibilitar a construção de novos saberes que desenvolvem o indivíduo, possibilitando-o participar ativa e criticamente de sua realidade social.

No entanto, quando pensamos na constituição do leitor, não podemos imaginar um movimento repentino – não nos tornamos bons leitores do dia para noite. Ao contrário, ao falar na trajetória de constituição do leitor, referimo-nos a um processo complexo, longo, que envolve inúmeras experiências ocorridas durante os anos de vida de cada indivíduo, e, ao contrário do que imaginamos, uma grande parte dessas experiências acaba se dando fora do ambiente escolar.

As experiências desse processo de constituição sempre envolvem mediadores, como os pais, parentes, professores e amigos, que colocam o indivíduo em contato com os livros, histórias e imagens e, dessa forma, vão contribuindo para que ele se constitua em um sujeito leitor, que faz uso e entende o mecanismo e a importância do ato de ler e escrever.

No entanto, mais do que ensinar uma criança a ler, é importante fazê-la envolver-se com a leitura, apaixonar-se pelos livros. Para isso, é preciso proporcionar uma história de mediação em que a leitura assuma um caráter positivo, para que, então, a criança sinta a importância do ato de ler, e comece a fazê-lo com prazer.

Nesse sentido, entendemos a formação do leitor como um processo complexo, que supera a idéia de leitura restrita ao desenvolvimento da

O papel da família na constituição do leitor 229

habilidade de decodificar e reproduzir letras e palavras – embora o domínio do código esteja aí incluído. O processo de formação do leitor está inserido na trajetória de constituição do próprio indivíduo como ser social, pois possibilita a construção de novas idéias, a expansão da cultura pessoal e a transformação da visão de mundo. Além disso, entendemos que, nas situações em que a relação com a leitura ocorre com sucesso, essa experiência concretiza-se como uma prática que, além de trazer benefícios à formação do indivíduo, caracteriza-se como um momento prazeroso.

Mais do que decodificar e interpretar o que está escrito nos livros, a criança precisa sentir prazer pelo momento da leitura, entendê-lo como uma experiência interessante, de construção de sentidos, que lhe desperta o gosto e a paixão pelo texto. Assim, é imprescindível que voltemos a refletir sobre o conceito de *mediação* – são os agentes mediadores os responsáveis por proporcionar aos leitores uma história de experiências que transformam o ato de ler em uma prática apaixonante.

Através do processo da mediação, é possível que o indivíduo perceba uma série de características atribuídas pelo mediador ao objeto cultural. Nesse sentido, entendemos que a mediação, ao possibilitar uma série de aspectos agradáveis ao momento da leitura, acaba marcando-o de forma positiva, tornando o sujeito interessado em manter a prática da leitura, por entendê-la enquanto uma situação associada a conteúdos afetivos positivos. Portanto, observa-se a importância dos agentes mediadores, enquanto responsáveis por organizar experiências de qualidade e transmitir aspectos afetivos capazes de marcar positivamente a relação com o objeto cultural apresentado ao indivíduo aprendiz.

Os dados de pesquisa disponíveis (GROTA, 2000) apontam que o indivíduo inicia sua constituição como leitor logo na infância, quando vivencia seus primeiros contatos com os livros. Sabemos que a importância das experiências vividas na fase inicial da vida é enorme, pois aí acontecem os primeiros contatos com o mundo. Através das primeiras interações que o bebê estabelece com o meio já é possível que ele se aproprie de uma série de significados fundamentais a seu desenvolvimento.

A criança constitui-se ao interagir com os pais, familiares ou outras pessoas presentes no seu ambiente físico e social. Principalmente no período da infância, o indivíduo mostra-se extremamente receptivo a interações, pois é por meio delas que ele irá internalizar práticas culturais que o possibilitarão atuar, futuramente, de forma autônoma. Quando discutimos a infância e as experiências que ocorrem nessa fase, é fundamental situar o papel da família, uma vez que, quando pequenos, o contato com outras pessoas concentra-se no ambiente familiar. As interações mais marcantes, os aprendizados de maior valor e as relações mais intensas acontecem no espaço da família, onde se destacam, geralmente, pais, irmãos e avós.

Por serem tão próximos e ativos na vida das crianças, esses personagens, em nosso meio, têm um papel extremamente importante, uma vez que serão eles os agentes que possibilitarão à criança vincular-se com a cultura. A família será, pois, a mediadora que proporcionará à criança o contato com o meio social através do qual ela irá, gradual e consistentemente, constituir sua visão de mundo e apropriar-se das práticas culturais que manterá durante sua vida. Segundo Flores (1994):

> [No ambiente familiar o indivíduo se apropria de uma série de valores como a] *adaptação ao meio ambiente, a capacidade de socialização, os passos mais importantes da evolução física e psíquica, a formação moral e um sem-fim de coisas mais* (p. 12).

Quando analisamos a solidificação do hábito da leitura em sujeitos leitores, observamos que a família, geralmente, exerce um papel fundamental como mediadora entre a criança e a escrita, ao proporcionar experiências que marcam a relação que ela estabelece com os livros. Essas experiências mediadas podem tanto contribuir para que a relação constitua-se numa perspectiva afetivamente positiva, como também determinar que a leitura adquira um caráter negativo, desinteressante, associada à obrigação ou à cobrança, tornando-se

O papel da família na constituição do leitor 231

aversiva aos olhos da criança. Observa-se, então, que a *qualidade* de cada situação de mediação é responsável por marcar positiva ou negativamente o momento da leitura.

Sendo assim, a mediação realizada pelos familiares, durante a infância, é extremamente importante e a *qualidade afetiva* da mesma parece ser determinante no processo de constituição da criança, como um pequeno sujeito leitor iniciante, e do adulto, como leitor autônomo.

A pesquisa buscou entender as situações vividas pelos sujeitos e as estratégias utilizadas por suas famílias que se mostraram bem sucedidas, ao marcar o momento de leitura de forma afetivamente positiva, contribuindo para que os sujeitos consolidassem o hábito de ler associado a sentimentos agradáveis.

A pesquisa

Na pesquisa realizada, entrevistaram-se quatro jovens sujeitos, que se caracterizavam como leitores de sucesso, isto é, que liam por prazer e constantemente, pois entendiam a leitura como um hábito que vai além da obrigatoriedade escolar, proporcionando-lhes momentos de lazer, de imaginação e de crescimento pessoal. Em um de seus textos, Abramovich (1997) ilustra, em poucas palavras, o perfil do leitor que a pesquisa buscou estudar:

> *Ler foi sempre maravilha, gostosura, necessidade primeira e básica, prazer insubstituível... E continua, lindamente, sendo exatamente isso* (p. 14).

Durante as entrevistas, cada sujeito relatou experiências de vida relacionadas a momentos de leitura que aconteceram durante a fase da infância. Além da descrição dessas situações, os sujeitos também as significaram dentro da sua trajetória de formação, isto é, mais do que simplesmente relatar as experiências de leitura, os sujeitos descreveram o sentido que cada uma teve, as sensações que cada uma despertou.

Essa significação possibilitou-nos analisar o papel das dimensões afetivas na história de cada sujeito, pois, além do contato com a leitura, os sujeitos confirmam que a qualidade desse contato e as sensações que esses momentos despertaram foram determinantes no estabelecimento da relação futura com os livros.

Durante a coleta de dados, realizaram-se duas entrevistas com cada sujeito, as quais foram transcritas e analisadas, de forma a oferecer informações que pudessem esclarecer o problema inicial: *qual o papel da família no processo de constituição do leitor? De quais maneiras as dimensões afetivas manifestam-se nas situações de leitura e qual a importância delas na relação que se desenvolve entre o sujeito e os livros?*

Organizamos os relatos dos quatro sujeitos por meio de Núcleos de Significação, os quais, segundo a definição de Aguiar , discutida em Bock, Gonçalves e Furtado (2001) são:

> [Agrupamentos que reúnem] *(...) temas/conteúdos/questões centrais apresentadas pelo sujeito, entendidos assim menos pela freqüência e mais por aqueles que motivam, geram emoções e envolvimento. (...)Cada um dos núcleos deve, portanto, agregar questões intimamente relevantes para a compreensão dos aspectos pesquisados. (...) Tais núcleos são, pois, os organizadores das falas expressadas pelos sujeitos* (p. 135-136).

Cada entrevista apresentou determinados aspectos, considerados fundamentais à compreensão do papel da família na constituição do leitor. Tais aspectos foram extraídos dos relatos, pelos recortes das falas de cada sujeito, e foram inseridos nos núcleos temáticos. A seguir, apresentaremos os principais Núcleos de Significação, que ilustram as diversas experiências de leitura vividas pelos sujeitos, a importante participação da família, como mediadora desses momentos e a forte presença da dimensão afetiva perpassando as situações de leitura.

Descrição do sujeito enquanto leitor

Esse primeiro núcleo agrupou falas nas quais os sujeitos caracterizam-se como leitores. São descritos horários e locais preferidos para a leitura, o tipo de material lido, e a função que a leitura possui na vida de cada um dos sujeitos. O núcleo está dividido em três subnúcleos: a) *função da leitura*, no qual o sujeito descreve o que entende por leitura e qual a função da mesma dentro do rol de atividades que realiza em sua rotina diária; b) *o material lido*, um subnúcleo que descreve o tipo e a qualidade do material escrito lido pelos sujeitos atualmente; c) *rotina de leitura*, no qual os sujeitos descrevem as práticas de leitura que realizam, o local, horário e a freqüência de suas leituras.

a) A função da leitura

Em relação à função da leitura, destacaram-se falas enfatizando as dimensões afetivas da relação estabelecida entre o sujeito e o livro, uma vez que tal relação é associada a sentimentos sempre positivos. A leitura, no caso dos sujeitos entrevistados, era uma atividade que se dava por iniciativa própria e caracterizada como um momento que diverte e interessa.

> *Leio mais por diversão, e também para aprender alguma coisa, não sei, depende do que eu leio. Acho que ela é mais diversão, eu leio é porque eu gosto mesmo (S₁).*

Para os sujeitos, a leitura configura-se tanto como uma prática de lazer, que o seu caráter formativo – a possibilidade do aumento da bagagem cultural e a ascensão do senso crítico – acaba se mostrando em segundo plano. Esse aspecto formativo é entendido, pelos sujeitos, como uma conseqüência da prática de uma leitura prazerosa e não como o principal fator motivador.

> *[Vejo a leitura] como prazer, como uma coisa legal, gostosa de fazer. Então você não tem que ler porque a professora mandou ou porque*

234 Afetividade e Práticas Pedagógicas

você acha que vai ser útil – você tem ler porque gosta, porque você acha divertido. Depois de gostar, a conseqüência é você se formar, ser um bom leitor, ter um vocabulário maior (S₂).

Nesse sentido, observamos que os sujeitos reconhecem tal importância da leitura, pois a consideram como uma prática que lhes dá acesso a novas informações e os constitui como indivíduos; mas, antes disso, entendem-na como uma situação de lazer, associada a momentos agradáveis, que os coloca em contato com assuntos interessantes, relacionados aos seus gostos pessoais.

b) O material lido pelo sujeito

Esse subnúcleo reuniu trechos que descrevem o material lido pelos sujeitos. Em sua grande maioria, as falas apontam para a escolha de livros que geram momentos de reflexão e questionamentos. São obras que discutem política, a realidade social, a cultura, pesquisas acadêmicas e, até mesmo, ficção científica, todos escritos em linguagem bastante elaborada.

As obras lidas pelos sujeitos fogem do gênero voltado ao consumo de massa, como, por exemplo, revistas para adolescentes ou livros *best-sellers*. Pelo contrário, os materiais selecionados são bastante específicos e aprofundados.

Leio muita ficção, fantasia, tudo! O que aparecer na minha frente eu leio. Estes gêneros me interessam porque falam de épocas e lugares imaginários, muito diferentes dos nossos. O que mais me atrai nestas leituras é a descrição dos lugares onde a história se passa e também a História destes lugares e dos próprios personagens (S₁).

Os relatos apontam que os sujeitos entrevistados possuíam uma grande quantidade de material escrito em casa, o que provavelmente facilitava o acesso aos livros e aproximava a relação de cada sujeito com o material escrito. Ter livros por perto

O papel da família na constituição do leitor 235

mostrou-se um fator essencial para que o indivíduo estabelecesse vínculos fortes com a leitura. Os relatos apontam que, freqüentemente, procurando por alguma atividade, o sujeito encontrava-se frente aos livros que possuía e sentia-se interessado em explorá-los. Dessa forma, o hábito da leitura ia aos poucos se instalando na rotina de cada um, tornando-se cada vez mais autônoma.

c) A rotina atual de leitura

Os trechos de depoimentos reunidos nesse subnúcleo permitiram identificar a quantidade de tempo que cada sujeito reserva à prática de leitura dentro de sua rotina e, a partir dessa parcela de dedicação, foi possível perceber a importância que a leitura possui dentro do rol de atividades dos sujeitos.

Os quatro sujeitos entrevistados relataram hábitos de leitura diárias, sendo impedidos apenas pela falta de tempo disponível, devido à rotina extensa, envolvendo os estudos escolares e a prática de atividades extras, como aulas de inglês ou esportes.

Apesar de a leitura acontecer constantemente na rotina dos sujeitos, ela não se dá devido à obrigação estipulada por qualquer sugestão externa dos pais ou da escola. Ela acontece por iniciativa dos próprios sujeitos e em horários e locais por eles estipulados, configurando-se como uma prática pessoal, dependendo exclusivamente do tempo livre e da disposição do sujeito.

Eu não tenho horário para ler. Eu leio quando eu quero, quando estou com vontade. Em casa, às vezes eu pego um livro e na cama, antes de dormir eu vou ler, deixo na cabeceira e depois pego de novo (S$_2$).

Os relatos revelaram a preferência por locais calmos e silenciosos, onde o leitor possa estar sozinho e concentrado em sua leitura. O espaço mais citado pelos sujeitos foi o quarto de dormir, onde conseguem realizar a leitura de forma confortável e

236 Afetividade e Práticas Pedagógicas

individualmente e, na maioria das vezes, na parte da noite, antes de se deitarem para dormir.

> *Eu costumo ler em lugares que não tenha muita gente, em casa eu leio sempre no meu quarto, sozinha, às vezes com uma música tranqüila para não ficar aquele silêncio absoluto. Eu estou sempre lendo algum livro, alguma coisa (S₃).*

O perfil que se configurou, a partir desses depoimentos, aponta um sujeito que entende a leitura como uma forma de lazer, que lhe desperta o interesse para buscar novas informações e, sem ser obrigado por alguma norma ou pessoa próxima, realiza a leitura autonomamente, transformando-a em mais um hábito em meio a todas as outras atividades que pratica em seu cotidiano.

Acesso aos livros

Esse núcleo reuniu trechos de depoimentos relacionados às estratégias de acesso de cada sujeito ao material escrito que lê. São descritos os locais e a quantidade de material com que cada sujeito está habituado a ter contato no ambiente familiar.

Um primeiro aspecto que se destaca é a facilidade do contato com os livros, ou seja, todos os sujeitos possuíam grande quantidade de material escrito na própria casa, ou tinham acesso a outros espaços que permitiam o acesso aos livros (escola, internet, biblioteca).

Os sujeitos apontam que, quando não encontram dentro de casa o material que desejam ler, têm à sua disposição outros espaços que podem lhes fornecer o material, como, por exemplo, bibliotecas da escola com um acervo extenso, ou amigos leitores com quem costumam emprestar ou trocar livros.

> *Tem bastante coisa aqui em casa, eu compro ou pego emprestado de amigos. Tenho também alguns livros que fazem parte de uma coleção própria (S₁).*

As coisas que leio eu tenho na minha casa ou na escola. Quando eu vi que em casa eu já tinha esgotado as opções, eu passei a procurar na escola (S$_4$).

A natureza dos livros, ou seja, livros de temas que interessavam cada sujeito e livros adequados às fases de vida relatadas por eles, também são aspectos que se destacam nesse núcleo. Não apenas houve um contato próximo com o material escrito, desde a infância, mas a sua natureza foi levada em consideração e tida como um fator essencial no fortalecimento da relação positiva com a leitura.

Eles compravam um monte. Compravam livros fáceis, bem de criança... Era livrinho de história pra criança, história curtinha, fácil de entender (S$_3$).

A maioria [dos livros] a minha mãe comprava, trazia novinho pra gente... Eu gostava muito das capas, coloridas, que chamavam a atenção (S$_4$).

É importante ressaltar que os quatro sujeitos entrevistados pertenciam a uma família de nível socioeconômico que permitia a compra de material escrito, tornando o ambiente familiar um espaço bem guarnecido em termos de quantidade e variedade de livros.

Rotina de leitura

Aqui foram reunidas as falas relacionadas às rotinas de leitura vivenciadas pelos sujeitos durante a infância. São depoimentos reforçando a importância que o ritual familiar de leitura desempenhou na formação da cada sujeito como leitor.

Apesar do termo *rotina*, a maioria dos relatos aponta para situações em que a leitura acontecia de maneira espontânea, isto é, sem o caráter obrigatório. Os sujeitos tinham a liberdade de escolha do horário, do local e do material que iriam ler. Percebe-se que as rotinas de leitura nem sempre possuíam um espaço e/ou tempo pré-determinados.

238 Afetividade e Práticas Pedagógicas

As situações em que a leitura acontecia informalmente, partindo do interesse do próprio sujeito ou de um convite carinhoso dos pais, são as mais marcantes, segundo os sujeitos, e foram consideradas fundamentais para tornar a leitura um momento prazeroso.

Eu acho que o costume da leitura livre dentro de casa me mostrou que ler um livro ou um gibi podia ser tão interessante ou divertido quando assistir televisão, ou qualquer outra atividade (S_1).

A gente ia brincar na casa de uma amiga... pegávamos livros de fábulas que ela tinha, líamos e misturávamos as histórias, os personagens e achávamos o máximo porque ficava tudo maluco. Mas sempre por brincadeira, nada obrigado (S_3).

Os sujeitos também apontam outras situações em que a leitura acontecia a partir de condições preestabelecidas, como, por exemplo, o pedido dos pais ou um horário reservado à leitura. No entanto, mesmo sendo levados a ler a partir de solicitações externas, os sujeitos relatam que a situação era organizada de forma tão agradável que acabava se tornando mais um momento de incentivo ao hábito da leitura.

Portanto, mesmo que os pais, de certa forma, direcionassem os filhos a ler, a maneira com que o faziam não imprimia à leitura um aspecto negativo; pelo contrário, os pais mediavam a situação entre os sujeitos e os livros de maneira tão positiva, que contribuíam para que essa prática se consolidasse. Observamos, então, a importância da mediação do "outro" – aqui representado pelos pais – e como a qualidade dessa mediação pode contribuir para que se estabeleça uma relação de sucesso entre o sujeito e o objeto.

O que mais se destaca, nos relatos de situações envolvendo a mediação, não é, simplesmente, o fato de que os pais colocam o sujeito em contato com o livro, mas que o fazem através de uma ação mediadora impregnada por sentimentos positivos, que acabam marcando afetivamente o momento da leitura, transformando-a em uma prática prazerosa e motivadora ao sujeito.

O papel da família na constituição do leitor 239

Quando eu era menor, por exemplo, a gente tinha o horário de leitura, todo estabelecido, tudo cadastrado mesmo com o meu pai. Todo dia de manhã a gente acordava mais ou menos nove horas, e das nove e meia às dez e meia, a gente pegava, sentava e ia ler. Meu pai falava que era o horário de leitura e, então, todo mundo sentava e ia ler... Meu pai e minha mãe sentavam na mesa e iam ler, a gente pegava algum livro, sentava no sofá e ia ler também. Era gostoso. O legal era ter todo mundo junto ali, tanto é que quando eles [os pais] saíam da sala a gente parava de ler... Quando estava todo mundo junto você sentia um clima gostoso, uma afetividade... Isso era mais importante do que o livro ou da história que eu estava lendo (S$_2$).

Ao vivenciar situações que marcavam a leitura positivamente, os sujeitos foram, aos poucos, desenvolvendo o hábito de ler. Com o tempo, passaram a ler autonomamente – escolhiam o local e o material que iriam ler – caracterizando esse momento como qualquer outra atividade de lazer que realizavam em seu cotidiano.

Em casa, a leitura além de ser mais fácil, porque não tinha aquele negócio de precisar ler certo, mostrar as letras, era também uma leitura mais tranqüila, do meu gosto, quando eu queria ler eu lia e quando eu não queria, estava tudo bem (S$_3$).

[A leitura] acontecia mais quando eu não tinha o que fazer. Geralmente nestas horas a gente vai ver televisão, né? Mas eu não... eu ficava folheando, lendo e quando percebia já tinha passado um tempão que eu estava ali! (S$_4$).

Vale ressaltar que a leitura em casa é apontada pelos sujeitos como oposta à rotina de leitura realizada dentro da escola – uma leitura obrigatória, silenciosa e individual, focada na simples e mecânica decodificação das letras.

240   Afetividade e Práticas Pedagógicas

O cantinho dos livros

Esse núcleo reuniu falas a respeito dos espaços físicos dedicados especialmente aos livros ou à leitura. São falas descrevendo estantes, armários e pequenas prateleiras onde eram guardados os livros infantis e locais especiais usados para momentos de leitura. Possuir um espaço físico reservado unicamente aos livros permite que identifiquemos, antes de tudo, o valor atribuído ao material escrito, uma vez que este garante um local especial dentro do ambiente familiar.

Ao mesmo tempo, possuir um cantinho reservado aos livros mostrou-se uma estratégia bem-sucedida, no sentido que facilitou o contato do sujeito com o livro – o sujeito sabia sempre onde encontrar seus livros e podia organizá-los e manipulá-los à sua própria maneira.

Havia uma estante na sala de casa, onde ficavam todos os livros. Era uma estante um tanto alta, cheia de livros, que ficava ao lado do sofá na sala. Era um lugar difícil de alcançar, tanto que eu lembro de ter caído várias vezes ao tentar subir para pegar algum livro. Mesmo assim, eu insistia em tentar pegá-los (S$_1$).

Quando a gente era pequeno, os livros costumavam ficar na sala numa estante baixinha e embaixo da televisão; ali ficavam os livros de criança (S$_3$).

Era uma prateleira onde ficavam todos os livros da casa – tanto os de criança quanto os dos meus pais. Minha mãe fez uma separação, então a gente sabia onde ficavam os nossos livros. Quando dava vontade era só ir até lá. A gente subia na escrivaninha e puxava alguns (S$_4$).

Outro aspecto que se destaca na descrição desses espaços físicos é a constante presença de livros infantis. Esses livros geralmente ficavam separados do resto do acervo para facilitar que a criança os encontrasse. As estantes dos livros infantis normalmente eram mais

O papel da família na constituição do leitor 241

baixas e guardavam livros coloridos de diferentes tamanhos, o que chamava ainda mais a atenção dos sujeitos.

A gente tinha uma biblioteca em casa, tinha bastante livro infantil que a gente pegava e lia... Havia livrinhos e história infantil, do tipo, O barco, O gato de botas, O gato e o sapato. Gibi o meu pai também comprava na banca pra gente ler (S_2).

A liberdade em utilizar os livros a qualquer momento e da forma que desejassem – apenas folheando, observando as imagens, lendo em voz alta – foi um aspecto que, segundo os sujeitos, contribuiu para que a leitura se tornasse algo divertido, sem regras ou rotinas rígidas.

Pais: os grandes mediadores

Esse núcleo agrupou falas nas quais os sujeitos descrevem e significam as situações de leitura organizadas pelos pais. É importante ressaltar que tais experiências foram responsáveis por proporcionar aos sujeitos as primeiras experiências de contato com o material escrito.

Para melhor organizar as falas, o núcleo divide-se em quatro subnúcleos: a) *a mediação*; b) *formação dos pais*; c) *a relação entre os familiares*; d) *pais leitores*.

a) A mediação

Foram reunidos trechos descrevendo as práticas de leitura que os pais organizavam no ambiente familiar e as significações elaboradas pelos sujeitos referentes a tais situações.

As situações relatadas nesse subnúcleo são sempre caracterizadas como responsáveis por contribuir para que o sujeito se motivasse cada vez mais para ler, ou seja, na opinião dos sujeitos, a mediação dos pais propiciou, constantemente, situações que, de alguma maneira, incentivou-os a manter e desenvolver o prazer pelo contato com os livros.

Ter livros conta muito, mas o incentivo pra você chegar até estes livros também precisa acontecer, porque só os livros não te levam

242   Afetividade e Práticas Pedagógicas

a lugar nenhum, você não aprende sozinho. O jeito que os pais apresentam estes livros e incentivam você a usá-los é muito importante (S₁).

Um aspecto que se destaca nas falas sobre a mediação dos pais é o fornecimento de material aos sujeitos. Em todos os relatos destaca-se o fato de que os pais mantinham o hábito constante de comprar livros. Estavam sempre trazendo novos livros de histórias, revistas e gibis que chamavam a atenção por seus temas divertidos, por terem capas e imagens coloridas, sempre recebidos como presentes especiais.

A maioria [dos livros] a minha mãe comprava, trazia novinho pra gente. Também tinha muita coisa do meu irmão, que lia e lê muito até hoje. Os livros dele também eram gostosos, então deu pra aproveitar. Eu gostava muito das capas, coloridas, que chamavam a atenção (S₄).

Além de adquirir o material, os sujeitos apontam que os pais apresentavam-no de uma maneira marcante, que os deixavam interessados e curiosos. O livro tornava-se um objeto interessante a partir do momento em que os pais incentivavam a sua leitura e a exploração das imagens e das histórias.

A não-imposição da leitura, a ausência do caráter obrigatório associado ao manuseio dos livros foi uma estratégia de mediação considerada positiva pelos sujeitos, pois caracterizou a leitura como um momento livre de cobranças, que deveria ocorrer motivada pela diversão e pelo prazer. Os sujeitos sentiam-se interessados pela leitura e participavam, por iniciativa própria, das experiências organizadas pelos pais, pois eram situações não forçadas, que propiciavam prazer e a reunião em família.

Ah, ela mostrava a capa, dava na nossa mão e dizia: "– Olha, trouxe estes livrinhos pra vocês, vão lendo um de cada vez." As vezes ela já deixava com a gente, as vezes ela mostrava direitinho onde ia guardá-los. Ela sempre foi muito carismática, daquelas que abrem o sorrisão e contagiam os filhos. E era assim que ela vinha, toda feliz e sorrindo. Pôxa! Pra mim, este já era um motivo suficiente (S$_4$).

Outra estratégia de incentivo que contribuiu positivamente para a constituição dos sujeitos enquanto leitores foi a leitura conjunta, isto é, situações onde os pais e os sujeitos reuniam-se com o propósito de ler – havia momentos em que o sujeito era o leitor, e outros em que era ouvinte de histórias lidas ou contadas oralmente por seus pais.

Estar próximo aos pais, no momento de leitura, envolvia a troca de idéias, o diálogo e o contato físico, que tornavam a atmosfera afetiva do momento muito intensa e significativa. Ao fazer parte dessa situação tão prazerosa, o livro também acabou ficando marcado positivamente, inspirando os sujeitos a manterem a prática de leitura, uma vez que agora ela suscitava sensações sempre agradáveis.

Muitas vezes, a leitura de histórias era apenas uma estratégia para fazer as crianças adormecerem; no entanto, ela atingiu um resultado que foi além disso, pois é caracterizada pelos sujeitos como uma experiência extremamente positiva, que marcou o processo de elaboração da concepção de leitura que cada sujeito possui atualmente.

Na hora de dormir, meu pai ou minha mãe liam uma história pra gente. Às vezes a gente pedia, eles liam e a gente dormia mais sossegado. Era super legal... Juntava eu meu irmão e minha irmã na cama de casal e meu pai no meio, lendo pra gente. Aí a gente dormia e meu pai carregava cada um pra sua cama (S$_2$).

Meu pai contando história pra gente na cama, geralmente histórias bíblicas que ele mudava pra ficar mais engraçado... Então acho que foi muito bom. Eles não fizeram tanto com a consciência de incentivar a leitura... foi mais pelo prazer, por ser gostoso, e no fim isso acabou incentivando (S$_3$).

Eu lembro de sempre pedir para minha mãe ler livrinho. Às vezes ela dizia que estava cansada, às vezes sentava do meu lado, e pelas imagens do livro eu é quem ia contando as historinhas, ia imaginando o que estava acontecendo e ia falando. Cada vez que eu lia o livro era uma história diferente (S₄).

A presença dos pais durante as situações de leitura também contribuiu para que o incentivo ao uso dos livros fosse constante e tivesse um sentido real, pois os sujeitos não ouviam apenas a recomendação para ler, mas vivenciavam a participação ativa dos pais nos momentos de leitura. Dessa forma, os pais tornaram-se modelos coerentes, pois, além de valorizar a prática de leitura, eles também a realizavam junto com seus filhos, confirmando, na prática, sua importância.

Em casa eles não deixavam eu ver muita TV – já iam dizendo pra desligar e pegar um livro. Aí eles sentavam junto comigo, a gente pegava um livro de história e ía ler. Isso incentivava muito a gente – eles estavam sempre ali dizendo: Tenta, tenta (S₂)
.

Finalmente, vale ressaltar que a ênfase na fala dos sujeitos é sempre ao fato de que a leitura com os pais aconteceu de forma livre, sem o caráter obrigatório, e em momentos onde todos estavam reunidos em locais confortáveis e mantinham-se próximos, física e emocionalmente, imprimindo à experiência de leitura com sensações sempre positivas.

b) Formação dos pais

Esse subnúcleo reuniu falas caracterizando a formação dos pais dos sujeitos – níveis de escolaridade e áreas em que os pais trabalham atualmente.

O nível de formação dos pais mostrou-se coerente com a valorização e o incentivo, por meio de diferentes estratégias, da prática da leitura. Nos quatro relatos encontram-se pais formados no nível superior,

O papel da família na constituição do leitor   245

outros já cursando mestrado e doutorado, todos em universidades públicas. Essa característica revela que os pais desses sujeitos vivenciaram um processo de formação que envolveu o contato intenso com a leitura. Ao solidificarem o hábito de ler, os pais tiveram a oportunidade de entender sua importância, uma vez que era a geradora de novas idéias e reflexões que contribuíram com a sua formação.

Dessa forma, entendendo a leitura como uma prática fundamental ao crescimento intelectual, os pais mobilizaram-se para organizar experiências que pudessem trazer os mesmos benefícios aos seus filhos. Outro aspecto que concerne à formação dos pais, e que influenciou o processo de formação dos sujeitos como leitores, foi o fato de que uma boa formação acadêmica possibilitou a garantia de um emprego que pudesse oferecer boas condições econômicas às famílias dos sujeitos. Possuindo recursos financeiros disponíveis, os pais puderam investir na compra de livros e escolher ambientes educativos que também valorizassem a leitura enquanto uma prática fundamental para a formação dos filhos.

c) A relação entre os familiares

Este subnúcleo reuniu trechos dos relatos que descrevem a qualidade da relação entre os sujeitos e seus pais. Na fala dos quatro sujeitos, a relação cotidiana no ambiente familiar foi caracterizada positivamente. São descritos momentos em que os membros se reúnem e conversam, trocando idéias e discutindo, produzindo sensações positivas e aproximando ainda mais os membros da família.

Há ênfase na presença do diálogo – os sujeitos afirmam estar sempre dialogando com os pais de maneira amigável, podendo, desta maneira, trocar idéias, questionar, emitir opiniões e resolver problemas coletivamente.

Quando a gente tem tarefa e precisa saber alguma coisa, ele senta, conversa, dá dicas de livros, mostra onde a gente pode pesquisar, como fazer, o porquê daquilo, no que aquilo vai servir, enfim, ele fala tudo, ele explica (S$_2$).

246   Afetividade e Práticas Pedagógicas

A gente sempre almoça e janta juntos, é meio tradição da família e tem um negócio que chama conselho familiar que meu pai organiza – uma vez por mês a gente se reúne pra conversar, resolver problemas da família, trocar idéias (S₃).

Manter uma relação aberta ao diálogo entre os membros da família possibilitou que a amizade se fortalecesse e as recomendações dos pais fossem sempre bem-vindas pelos sujeitos, sendo uma delas, o incentivo ao hábito da leitura.

d) Pais leitores

Aqui foram reunidas falas apontando o fato de os pais de todos os sujeitos serem bons leitores, isto é, manterem um hábito constante de leitura dentro do ambiente familiar, o que se mostrou uma estratégia de incentivo ao hábito de leitura dos próprios sujeitos.

Os relatos apontam que os pais não só incentivaram os sujeitos diretamente, por meio do incentivo da leitura, mas, ao manterem hábitos pessoais de leitura, configuraram-se como modelos inspiradores aos sujeitos.

Eles [os pais] *mostravam que ler é gostoso, ler é legal. Eles ficavam ali, incentivando também... Serviam como modelos e eu pensava: se eles estão ali lendo, porque eu também não posso?* (S₂).

Percebe-se que, ao observarem os pais lendo, os sujeitos entendiam que ler era algo importante, pois era uma prática que merecia espaço na rotina de pessoas que tanto admiravam. Além disso, ao perceberam a sensação de prazer que os pais transmitiam nesses momentos, os sujeitos sentiam-se motivados a fazer o mesmo.

A mediação dos avós

Neste núcleo foram reunidos relatos de situações em que os principais mediadores foram os avós. Um primeiro aspecto que se destaca nos relatos é a *contação de histórias*. Os sujeitos descrevem

O papel da família na constituição do leitor   247

situações em que os avós contavam histórias oralmente, descrevendo épocas e contos antigos, histórias bíblicas e de fantasias, permitindo que o sujeitos imaginassem cenas e personagens próprios, tornando o momento marcado pelo prazer, num ambiente de muita diversão.

Tem a minha outra avó, que costumava contar bastante história da vida dela, dos bailes, da época antiga... Era engraçado, a gente morria de dar risada! Ela acordava a gente no meio da noite e como meu pai não deixava ela dar doce pra gente, ela dava durante a noite no quarto dela. Enquanto a gente comia, ela ia contando as histórias dela. Eu achava o máximo! (S_3).

Os momentos relatados envolvem a descrição de avós dóceis e carinhosas que, ao contarem histórias, colocavam-se próximas aos sujeitos, abraçando-os e sempre sorrindo. Essa descrição aponta a intensa troca afetiva desses momentos, o que marcava as histórias envolvidas na experiência de forma positiva.

Tem a minha avó por parte de mãe... ela era daquele jeitinho de pegar na mão, olhar nos olhos e contar alguma coisa, alguma história (S_4).

Observa-se que, mesmo não sendo um personagem tão constante quanto o pai ou a mãe na vida da criança, a avó deixou marcas profundas na trajetória de constituição de cada sujeito como leitor, o que faz de sua mediação um momento fundamental ao desenvolvimento e ao sucesso das relações que cada sujeito estabeleceu com o universo da leitura.

Outros personagens/situações mediadores

Este núcleo agrupa relatos que apontam outras experiências, algumas fora do ambiente familiar, que contribuíram para que os mesmos construíssem uma relação positiva com os livros. São falas

248   Afetividade e Práticas Pedagógicas

que identificam diferentes personagens/situações que ajudaram a transformar a leitura em algo apaixonante para o sujeito.

Para melhor discutir cada um dos personagens/situações de mediação, o núcleo foi fragmentado em cinco subnúcleos. Apresentaremos dois deles, que mais revelaram aspectos marcantes na trajetória de formação dos sujeitos como leitores.

Música

A música aparece como um incentivador da leitura em duas situações: na primeira, a música foi uma fonte de inspiração. O sujeito admirava compositores e a cultura elaborada que possuíam e entendia que o elevado nível intelectual deles era conseqüência de práticas de leitura que geravam reflexões e construíam novos saberes. O sujeito, na busca da ascensão intelectual para "igualar-se" aos artistas que admirava, interessou-se pela leitura.

> *Tem também a influência da música, dos artistas que eu realmente gosto. Eu percebi que, para chegaram até onde estão, passarem a sua mensagem de um jeito tão bonito e perfeito, passaram por um processo que envolveu muita leitura, que trouxe bagagem e amadurecimento (S $_4$).*

A segunda situação coloca a música como uma prática que exige criações originais, as quais só seriam possíveis pela busca por novas idéias que, por sua vez, seriam encontradas nos livros ou geradas a partir da reflexão que acontece no momento da leitura.

O sujeito escrevia letras de música para sua banda e, nos momentos em que compunha, buscava inspiração em autores e compositores não só relacionados com a música, mas em outros que discutissem os temas de cada música como, por exemplo, a política e as emoções.

> *Eu tinha uma banda. Então precisávamos escrever letras de música e eu gostava de escrever em poesia, mas queria escrever coisas*

O papel da família na constituição do leitor 249

legais, e por isso comecei a procurar autores para ler mais sobre isso (S₃).

Podemos observar que não é somente por meio de uma pessoa física que o contato com a leitura pode acontecer – nas situações descritas, a música foi um agente mediador que contribuiu positivamente para a relação entre o sujeito e os textos.

Irmãos

A primeira característica que pode ser apontada nestes relatos é a natureza da relação entre os sujeitos e seus irmãos – era uma relação de forte amizade e companheirismo e, sendo os irmãos mais velhos, uma relação de respeito e admiração.

Somente pelo fato de serem mais velhos, já se configuravam como modelos, pois suas atitudes, seus gostos e comportamentos estavam sendo constantemente observados e imitados pelos sujeitos. A relação afetivamente positiva com os irmãos contribuiu ainda mais para que a sua imagem se tornasse um referencial e suas práticas cotidianas fossem tomadas como exemplo pelos sujeitos.

Nos relatos, os irmãos mais velhos também eram leitores e, ao serem observados em seus momentos de leitura, atuavam como modelos inspiradores. A curiosidade em saber o que o irmão estava lendo e a vontade de imitá-lo aproximaram o contato do sujeito.

Eu acho que o que me fez ler foi o meu irmão – ele é um cara que lê muito, muito mesmo. (...) Ver ele ler me inspirou a correr atrás dos livros, porque eu percebi que isto trazia certos benefícios. (...) Eu também lembro de ficar observando ele ler, de um jeito interessante, entretido, silencioso. Quando ele parava de ler, assim que saía do quarto eu ia correndo ver qual o era o livro e sobre o que ele falava (S₄).

Assim como os pais e os avós, observamos que os irmãos desempenharam um papel de peso afetivo muito importante para trajetória dos sujeitos. Ao transmitirem paixão pelo momento da leitura e indicarem obras interessantes aos sujeitos, contribuíram para que esses se aproximassem ainda mais dos livros e experienciassem essa prática com prazer.

Considerações finais

Acreditamos que a principal contribuição deste trabalho encontra-se na ênfase dada à família como um ambiente mediador e educativo tão ou mais importante quanto a escola. Foi possível identificar que, no ambiente familiar, são vivenciadas experiências sociais que contribuem profundamente para o processo de constituição do indivíduo. Por meio do contato com os pais, irmãos, avós, e objetos culturais presentes no espaço familiar, o indivíduo inicia seu contato com o mundo, com as informações e as práticas necessárias para que seja capaz de interagir no ambiente social.

Em relação à leitura, a família demonstrou-se extremamente importante, pois foi responsável por organizar e mediar as primeiras situações de leitura vividas pelos sujeitos. Por serem personagens que mantinham uma relação extremamente íntima com os sujeitos, os pais revelaram uma capacidade intensa de influência em relação às crianças e as experiências organizadas por eles pareceram marcar de forma consistente a trajetória de formação dos sujeitos enquanto leitores.

Durante a infância, período no qual a pesquisa focou seu olhar, o ambiente familiar abriga o indivíduo na maior parte do tempo, o que nos mostra o potencial mediador que esse ambiente possui na vida de cada indivíduo, uma vez que aí ele terá a possibilidade de estabelecer os primeiros contatos com o "outro" e com os objetos culturais característicos de seu ambiente social. Em nosso meio, o ambiente familiar configura-se como o principal espaço de aprendizagem do indivíduo, e as experiências vivenciadas aí serão essenciais para o seu futuro.

Na família, durante o período da infância, o indivíduo mostra-se totalmente receptivo a modelos e experiências novas, que o coloquem em contato com a cultura. Dessa forma, a família pode contribuir de forma determinante para a relação entre o sujeito e a leitura, ao possibilitar uma série de situações que os aproximem. Por se mostrar um espaço aberto a tais situações, as experiências de leitura aí vividas marcaram profundamente a trajetória de constituição de cada sujeito como leitor.

Durante todo o processo de formação, pudemos identificar conteúdos afetivos, como carinho, atenção, proximidade física, respeito, aconchego, prazer, os quais, segundo o relato dos sujeitos, foram os fatores facilitadores pelo sucesso da relação deles com a leitura.

As sensações e os sentimentos, envolvidos nas experiências de leitura organizadas pela família, participaram do processo de significação elaborada pelos sujeitos, em relação às experiências que viveram. Portanto, os conteúdos afetivos, presenciados durante as experiências de leitura, foram internalizados pelos sujeitos e associados à prática de leitura, o que marcou, de maneira única e de forma afetiva, a relação com a atividade. No caso da pesquisa aqui referida, os sujeitos internalizaram uma série de sentimentos positivos associados à leitura, o que contribuiu para que a relação com ela fosse bem sucedida, e se mantivesse nos anos seguintes.

Dessa forma, entendemos que, durante o processo de constituição dos sujeitos, a *qualidade* das mediações realizadas pela família foi determinante, uma vez que, ao promover experiências agradáveis, contribuíram para que a leitura se tornasse uma prática afetivamente positiva para os sujeitos. Essa relação agradável com a leitura não se manteve apenas dentro do espaço da família, mas acompanha os sujeitos até os dias de hoje, conservando seu caráter positivo e apaixonante.

Referências bibliográficas

Abramovich, F. *Literatura Infantil: gostosuras e bobices*. São Paulo: Scipione, 1997.

Arantes, V. A. e Aquino, J. G. (Orgs). *Afetividade na escola – alternativas teóricas e práticas*. S. Paulo: Summus Editorial, 2003.

Bock, A. M. B, Gonçalves, M. G. M., Furtado, O. *Psicologia Sócio-Histórica: uma perspectiva crítica em psicologia*. São Paulo: Cortez, 2001.

Flores, J. V. *Influência da Família na Personalidade da criança*. Porto: Porto, 1994.

Freire, P. *Ação Cultural para a liberdade e outros escritos*. Rio de janeiro: Paz e Terra, 1976.

Freire, P. *A importância do ato de ler*. São Paulo: Cortez/ Autores Associados, 1982.

Grota, E. *Processo de Formação do Leitor: relato e análise de quatro histórias de vida*. Dissertação de Mestrado. Campinas: Faculdade de Educação da Unicamp, 2000.

Lajolo, M. Leitura: você faz a diferença. *Revista Nova Escola*. São Paulo: p.14, dezembro, 2003.

Werebe, M J. G, Nadel-Brulfert, J. org. Henri Wallon. *Coleção Grandes Cientistas Clássicos*, n. 52. São Paulo: Editora Ática, 1999.

Significação das práticas de leitura escolar sob a ótica do aluno leitor

LÍLIAN MONTIBELLER SILVA[1]

> Se refaço hoje o percurso, como posso me dizer só e pretender ver só com meus olhos o que vejo? Os pontos de vista dos que subiram comigo a rua tornam minha evocação múltipla e profunda e alicerçam minhas visões.
>
> *Ecléa Bosi*

O que nos move na produção deste texto é, essencialmente, a possibilidade do diálogo com os professores que, como nós, sentem uma inquietação e buscam refletir sobre seus fazeres em torno das práticas de leitura na escola. O que pretendemos partilhar originou-se na sala de aula. Entre motivações e recusas frente às propostas de trabalho com a leitura, o olhar mais sensível do professor foi necessário para trazer à baila alguns questionamentos: Que significados o aluno constrói a partir das práticas de leitura escolar? Quais são as marcas deixadas pela escola nas trajetórias de leitura dos que passam por ela?

Foi com esse propósito que partimos em busca de leituras que apoiassem nossas idéias ou nos apontassem outras, novos olhares,

---

1. Pedagoga. Mestre em Educação pela Faculdade de Educação da Unicamp. Professora do Ensino Fundamental na rede particular de Campinas e professora do EJA (Educação de Jovens Adultos) da prefeitura de Campinas.

254 Afetividade e Práticas Pedagógicas

caminhos que ainda não tínhamos trilhado, como, também, fomos em direção aos alunos, sujeitos primordiais do nosso empreendimento, pois eram suas vozes, suas impressões e suas histórias que queríamos ouvir. As discussões em torno da leitura têm sido bastante profícuas nos últimos anos; os investimentos provenientes de, praticamente, todas as instâncias têm sido intensos: das editoras, da mídia, da família, da escola, de campanhas de órgãos públicos e privados, enfim, dificilmente, há quem ouse pronunciar um discurso que desmereça ou coloque em questão a função da leitura. Reconhecemos sua importância para uma convivência plena numa sociedade letrada como a nossa; no entanto, nossa intenção não consiste em idealizar ou considerar como natural uma atividade que foi construída socialmente, que foi valorada de diferentes maneiras, de acordo com a época e com a cultura em que estava inserida.

Cabe ressaltar, aqui, que entendemos a leitura como prática humana inserida, influenciada e produzida nas relações sociais, que é tomada por seus usuários e está imbuída de crenças, concepções e representações determinadas historicamente. Como prática cultural, a leitura comporta apropriação, invenção e produção de sentidos (Chartier, 1994,1998 e Certeau, 2002).

Ao transitar por essas idéias, temos pensado na atividade de leitura numa perspectiva que extrapole o seu caráter instrumental, que possa, também, ser vista nos meandros de nossas vivências, nos significados que construímos, na relação que estabelecemos com ela, ou seja, como experiência. Nessa direção, nos reportamos a Kramer (2001), que, preocupada com a formação de professores, faz algumas reflexões sobre o significado das práticas de leitura e escrita como experiência. Inspirada nos trabalhos de Benjamim, a autora define experiência como: *"... ação que é contada a um outro, compartilhada, se tornando infinita. Esse caráter histórico, de permanência, de ir além do tempo vivido e de ser coletiva constitui a experiência"* (p. 106).

Esclarece que não pretende uma definição exclusiva de leitura, pois admite que essa atividade comporta informação, comunicação, fruição, divertimento e instrumentalização, como muitos trabalhos já apontaram. Mas, segundo Kramer (id), *"...para se constituírem como formadoras, a leitura e a escrita precisam se concretizar como experiências"* (p. 106).

Deste modo, propomo-nos a refletir sobre a leitura como uma experiência no sentido de permanência, por ter se constituído como significativa. Assim, em nosso estudo, importa-nos saber que histórias de leitura foram além do tempo vivido, possíveis de serem compartilhadas, pois formam, de acordo com Kramer (id), *um solo comum de interlocutores*. Pensamos que essas histórias de leitura trazem consigo o caráter da experiência porque foram significativas, porque de alguma forma ou por algum motivo marcaram a trajetória do leitor no ambiente escolar.

Nessa direção, inspirados pelas idéias de Benjamin, percebemos a experiência como a possibilidade de intercambiar situações vividas, ou seja, poder contar, narrar – habilidade humana não muito valorizada no mundo contemporâneo, automatizado e *sem tempo*. Essa possibilidade de poder rememorar acontecimentos vividos indica, a nosso ver, uma valorização dos diferentes modos de fazer, de ser e compreender, especificamente humanos, haja vista que quando se narra uma história ou se conta um episódio, o que ganha materialidade são os sentidos que produzimos.

Sinalizamos, portanto, a leitura como experiência, como um acontecimento que, por transpor o tempo e permanecer, pode novamente ser provado, apreciado, re(descoberto), recusado, nos seus múltiplos significados; pois, como nos ensina Larrosa (1996):

La experiência sería lo que nos pasa. No lo que pasa, sino lo que nos pasa. Nosotros vivimos en un mundo en que pasan muchas cosas. Todo lo que sucede en el mundo nos es inmediatamente accesible. Los libros y las obras de arte están a nuestra disposición como nunca antes lo habían estado. Nuestra propia vida está llena de acontecimientos. Pero, al mismo tiempo, casi nada nos pasa (p. 18).

E, ainda:

Pensar la lectura como formación supone cancelar esa frontera entre lo que sabemos y lo que somos, entre lo que pasa (y que podemos conocer) y lo que nos pasa (como algo a lo que debemos atribuir un sentido en relación a nosotros mismos) (p. 19).

Naquilo que trazemos como experiências, construídas em nossas trajetórias de vida, o que marca, *aquilo que nos passa*, nem sempre é a vivência positiva na relação com a leitura; muitas vezes, o que permanece é a recusa, a tensão, a crítica... mas são, por nós, consideradas experiências de leitura, no sentido de que podem ser contadas e (re)interpretadas, pois deixaram rastros.

Leitor e escola: Que relação é essa?

De acordo com nosso aporte teórico, centrado na abordagem histórico cultural, a constituição do leitor configura-se a partir de um processo decorrente de diferentes práticas sociais em diferentes ambientes. Enfatizamos a dimensão histórico-cultural do desenvolvimento humano e, ao fazê-lo, pressupomos que a pessoa nasce num ambiente pleno de significados culturalmente estabelecidos. Porém, a relação que mantém com esse meio é dinâmica e dialética: ao apropriar-se e constituir-se, também influencia e transforma, num movimento que inclui re(interpretação) e re(criação) de significados.

Sabemos que a escola é, por excelência, um local legitimado historicamente para que as práticas de leitura se efetivem. Mas, sabemos também que este não é o único lugar onde elas acontecem, principalmente se considerarmos o momento atual, em que é crescente a quantidade e a diversidade de textos que circulam em diferentes espaços da sociedade.

Buscamos compreender e identificar um conjunto de indícios e idéias que nos levem a pensar na relação entre a constituição do leitor e o espaço escolar. A escola é uma invenção humana e, como espaço criado, tem uma função a desempenhar; expectativas em relação a ela foram forjadas historicamente e, atualmente, a relação escola-sociedade é alimentada por objetivos interdependentes. As expectativas que se tecem em torno da escola provavelmente influenciam, de forma importante, nossas concepções e nossas práticas.

Parece-nos inegável que formar leitores faz parte dessas expectativas em relação à escola, por ser o espaço designado socialmente para o aprendizado sistematizado da língua. Assim, em nossa sociedade, no momento histórico atual, a escola é vista como uma das instâncias onde a formação do leitor configura-se, talvez para muitos, como a principal delas.

O discurso que circula, hoje, acerca da educação, segue numa direção em que a transmissão do conhecimento, por mais relevante e atualizado que seja, não é suficiente para inserção e participação plena da pessoa na sociedade contemporânea. Assim, a forma como a sociedade capitalista está organizada, marcada pela contradição, pela desigualdade e por exigências crescentes em relação ao uso da tecnologia e ao domínio de habilidades relativas à leitura e à escrita, delineia as demandas da época em que vivemos.

Nas palavras de Kleiman e Moraes (1999): *"(...) As sociedades altamente tecnologizadas precisam de indivíduos que possam continuar o processo de aprendizagem independentemente, e, para isso, o cidadão precisa ler"* (p. 90).

Quando pensamos no espaço escolar, não há como negar uma dinâmica relacional marcada por processos de formação. Essa relação sustenta as idéias que formamos sobre as ações escolares, que perpetuam e modificam-se conforme nossas necessidades e interesses. A escola ganhou existência, formou-se, ganhou vida e rege vidas. Foi produzida e produz. É nesse contexto que estamos pensando na

258   Afetividade e Práticas Pedagógicas

constituição do leitor e nas relações que estabelece a partir das situações de leitura.

Sobre nosso o percurso[2]

Nossa intenção é possibilitar uma re(construção) das experiências de leitura de alunos, ocorridas de 1ª à 8ª série, objetivando saber o que dizem os próprios leitores de suas histórias construídas no espaço escolar. Nas oportunidades de leitura que a escola oferece, o que fica marcado como significativo, como experiência de leitura.

Optamos pela História Oral como caminho possível para ouvir as histórias de leitura dos alunos. Este caminho de investigação sinaliza uma importância fundamental no entendimento do universo de pessoas comuns, que são vistas como testemunhas de sua própria experiência. Portanto, penetrar nas narrativas e reconstruir cada história significa uma maneira de resgatar elementos que abrem a perspectiva de um conhecimento que se encontra em suas trajetórias, em um saber fazer que se concretiza nos atos humanos (Guedes-Pinto, 2002).

Neste sentido, propusemo-nos a construir um espaço de comunicabilidade com as experiências de leitura que foram possíveis nesse processo de pesquisa. Tivemos a oportunidade de conversar com um grupo de sete alunos, que, gentilmente, participou desse estudo. São jovens de, aproximadamente, 16 anos, que estudam numa escola particular de Campinas. Eles contaram suas histórias de leitura, sinalizando o que julgaram importante, o que consideraram significativo.Viveram histórias parecidas, compartilharam situações, livros, professores, amigos, espaços, tempos, tarefas... pois estão juntos na mesma escola há 9 anos, pelo menos. Mas, suas histórias também trazem a marca da singularidade, da diferença... possibilitando uma outra percepção: como cada um

---

2. Pesquisa de Mestrado realizada na Faculdade de Educação – UNICAMP, no período de 2002 a 2005, sob a orientação do professor Dr. Sérgio Antonio da Silva Leite. A pesquisa intitulada *Memórias de leitura: a constituição do leitor escolar,* teve como objetivo refletir sobre as experiências de leitura escolar, consideradas pelo sujeito como importantes na sua constituição enquanto leitor .

utilizou diferentes chaves para interpretar e significar o que a escola propôs.

Para atender ao que nos propusemos neste texto, selecionamos alguns significados da análise que fizemos de uma das trajetórias de leitura. Essa escolha se deu por considerarmos que uma história traz consigo marcas do coletivo e que remete a questões por nós consideradas centrais na constituição do leitor na escola. Concordamos com Moraes (2001) quando afirma que *"a construção de uma história de vida não se esgota em seu aspecto único e singular, mantém uma relação profunda com os fatos e acontecimentos do coletivo, por isso mesmo encontra eco em outras histórias que perpassam e se tecem no social"* (p. 184).

Dito isso, gostaríamos de partilhar com o leitor algumas idéias que temos discutido acerca da leitura na escola e para isso fazemos um convite: mergulhar na história de Bruno[3], aproximar-se do que ele percebeu e construiu ao longo do Ensino Fundamental. O que ora apresentamos é um recorte proveniente dos relatos e do material de leitura[4], considerados pelos participantes como relevantes na sua formação como leitores.

Ao optarmos por narrar fragmentos de uma das trajetórias de leitura, temos claro que será o nosso olhar, a leitura que pudemos realizar que compartilharemos; cientes, portanto, de que são múltiplos os significados em cada narrativa, passíveis de inúmeras leituras. Como nos ensina Prieto (1999), *"... cada história tem uma história a nos contar. Algo que diz respeito a nós, ao tempo em que vivemos, a valores ancestrais, a modas passageiras"* (p. 10).

---

3. Bruno é um nome fictício. Este sujeito faz parte de uma classe socioeconômica favorecida: estuda numa escola particular conceituada na região e tem fácil acesso a diferentes bens culturais como cinema, teatro, livros, restaurantes, viagens... Seus pais têm formação universitária..

4. Utilizamo-nos de alguns encontros para a realização de entrevistas recorrentes com o intuito de obtermos os relatos referentes às trajetórias de leitura na escola e o material de leitura foi solicitado num desses encontros. Pedimos que os alunos trouxessem os materiais que considerassem importantes na sua formação, ou seja, que marcaram de forma diferenciada sua trajetória de leitura na escola.

260 Afetividade e Práticas Pedagógicas

Um convite: mergulhar na história do leitor

Bruno é um jovem alegre, que fala de forma descontraída de suas vivências, considera a escola um espaço de aprendizagem, mas também de diversão:

Eu vejo como um lugar que você vem para aprender e ao mesmo tempo se divertir. Tem os dois lados na escola... Eu vejo a escola como um lugar onde eu me sinto bem, me sinto à vontade... não sei se eu diria uma segunda casa ou alguma coisa assim, mas é um lugar onde eu me sinto à vontade, um lugar que tem sempre alguém pra ajudar, que possa me corrigir quando eu precisar, chamar minha atenção...

Das lembranças que tem, em relação aos professores, fica o cuidado da professora do pré quando caiu e precisou levar pontos! As conversas com a professora de ciências, da amizade do professor de educação física, o "pegar no pé" por causa da ortografia da professora da 4ª. série, as histórias e os gestos do professor de matemática, as brincadeiras da professora de português, a impaciência nas aulas expositivas e a atenção de alguns professores como sinônimo de gostar:

Eu gostava dela, ela era atenciosa. Não era só comigo, era com a classe toda. Ela gostava de mim. Mostrava que se preocupava...ela sempre me deu muita atenção." Ou ainda: "Da ... [nome da professora] na 4ª. série, lembro das broncas que ela dava porque eu tinha muito erro ortográfico. Eu ficava bravo com ela, eu dizia que não estava certo, que eu não era 'Médio', que eu era 'Bom'. Por causa dos erros ortográficos ela tirava ponto de mim... eu ficava bravo e não gostava. Isso marcou.

Entre aquilo que recorda das experiências de leitura vividas na escola e o que ficou borrado, vago, esquecido, ele repete, algumas vezes, o livro que marcou – *A Bolsa Amarela*[5] – não por sua história

---

5. Bojunga, Lygia. *A Bolsa Amarela*. Rio de Janeiro: Agir, 32ª. ed., 2002.

Significação das práticas de leitura escolar sob a ótica do aluno leitor 261

ou pelas personagens enigmáticas de Lygia Bojunga, mas pela possibilidade de confeccionar uma bolsa, levá-la para escola e compartilhar com seus amigos:

> *... falou de livro, eu lembro da Bolsa Amarela, que a gente leu e cada um fez a sua bolsa... a gente vinha pro colégio e trazia o material dentro da bolsa amarela... Ah, todo mundo fazendo, trazendo material, uma bolsa diferente da outra... 'Olha minha bolsa amarela!' 'Que legal, que não sei o quê...' A classe inteira vendo tua bolsa amarela, acho que é diversão e tal...*

Das viagens da Bruxa Onilda[6] para vários lugares ou das estripulias que a personagem aprontava, não há recordação, mas consegue ter imagens da roda e da professora lendo o livro na sala, mesmo não tendo certeza de quem era a professora. E o que mais marcou foi o dia em que teve que desenhar a árvore genealógica de sua família. Ao folhear o livro da bruxa à procura da árvore, ele encontra e conta: *"Ela lia bastante em aula... quando a gente teve que desenhar a árvore, teve que ler... o que eu mais lembro é da árvore... que nem da Bolsa".*

Diante das pintas do *Raul da Ferrugem Azul*[7], mostra a página do livro colorida, recordando o dia em que, com ou sem ordem da professora, pintou aquela folha e de como gostava de fazer isso.

Robson Crusoé[8] remete ao filme que a professora passou, mas que não viu porque faltou à aula, porém recorda o entusiasmo dos amigos contando a cena da machadada, que ele havia perdido.

Com o livro *O Signo de Lúcifer*[9] em mãos, lembra que o tema era de mistério e que foi divertido tentar entender:

---

6. Larreula, E. *Coleção Bruxa Onilda*. (Trad. Mônica Stahel) São Paulo: Scipione, 4ª. ed., 1998.

7. Machado, Ana Maria. *Raul da Ferrugem Azul*. Rio de Janeiro: Salamandra, 1979.

8. Defoe, Daniel. *Robinson Crusoé: A conquista do mundo numa ilha..* (Adaptação em Português de Werner Zotz). São Paulo: Scipione, 1997.

9. RIVERA, Luiz Lorenzo; PEETERS, Benoit; GOFFIN, Alain. *O signo de Lúcifer*. São Paulo, Scipione, 1992.

262   Afetividade e Práticas Pedagógicas

Lembro que tava todo mundo com o livro sentado na roda e ela começou a ler... Falou do mistério que tinha aqui... Foi massa porque cada um tinha uma opinião de como ele tinha desvendado o mistério no final e tal... É... tá todo mundo discutindo e faz uma pergunta pra você e, se não sabe, fica o maior sem graça. Porque é legal essa dinâmica, está todo mundo conversando, colocando sua idéia... eu gosto, né.

Para ele, é importante participar das discussões, ter o que dizer, ser ouvido, trocar idéias, ir bem na avaliação, ler um livro que o colega indicou. Gosta de ler quando o tema é do seu interesse e diz que lê com certa freqüência. Costuma ler materiais diversificados, principalmente revista e gibi. Mas, frente a um livro que considera chato, a estratégia é *"ler mais ou menos"*, ou seja, ler algumas partes, pedir para os colegas contarem a história, ler o resumo ou esperar a professora comentar o livro na classe.

Traz lembranças da biblioteca da escola como um lugar onde era possível ler, alugar livro e se divertir com os amigos: *"Toda semana tinha um dia que era o dia de ir à biblioteca (...) Eu lembro que a gente deitava na almofadinha da biblioteca, brincava de jogar almofada..."*

Em meio a risos e gestos, fala sobre o modo como as professoras (5ª à 8ª série) lidam com a questão da interpretação de texto:

Se você defender o que você está colocando, ela considera, mas se você coloca isso e pronto, não! Tem que ser coerente. Pode ter vários pontos de vista. Se você pega uma prova de interpretação de texto de Português, você fica com dó da professora porque ela tem que dar certo para questões que não têm nada a ver uma com a outra...

Conta que, até mais ou menos a 6ª. série, costumava ler os livros indicados pela escola, mas que depois a preguiça e outras coisas como dormir, internet e *videogame* ficaram mais interessantes para ocupar o tempo. Comenta que, hoje, em função do vestibular, deve ler os

Significação das práticas de leitura escolar sob a ótica do aluno leitor

livros que a escola sugere, pois são indicações que seguem um objetivo e que, portanto, são necessários para sua formação. Considera importante ler e pensa que os professores devem cobrar a leitura dos alunos, mas lembra como é chato ter que ler um livro para fazer prova ou fichamento: *"Eu lembro já mais para 5ª. série que a gente ia, na aula de Português, para biblioteca ler o livro e fazer fichamento do livro...era chato! Depois começou a ter algumas provas de livros e parou de ter fichamento."*

Dentre as lembranças dos livros comprados e lidos *mais ou menos* está o livro *Minha Vida de Menina*[10], considerado chato pelos colegas e, portanto, não merecia ser lido. Ou ainda *Germinal*[11], livro de que sabe contar parte da história e do qual ainda se lembra de uma questão pedida na prova.

Sua história de 5ª. à 8ª. série é marcada por leituras que iriam ser cobradas numa prova, num trabalho, num fichamento e, quando questionado sobre a finalidade desses procedimentos, sua resposta, a princípio, surpreende o ouvinte:

Acho que funciona. A maioria, assim, não gosta de ler o livro do colégio porque sempre tem um tema que você gosta mais e tal. Acho que se não tivesse prova não ia ler... Fichamento, você tem que correr atrás, se você não leu, você vai, pelo menos, saber da história porque vai ter que correr atrás de resumo e tal... os amigos vão ter que contar a história pra você.

Quando lhe é sugerida a possibilidade de o professor trabalhar com temas de interesse do aluno, discorda de que isto seja o melhor caminho para sua formação como leitor:

Acho que não. Primeiro porque é difícil agradar a todos e tem livros que eles passam que é programado, tem um objetivo, não é qualquer

---

10. Morley, Helena. *Minha vida de menina*. São Paulo: Companhia das Letras, 1998.
11. Zola, Émile. *Germinal*. (Trad. E adaptação de Silvana Salerno). São Paulo: Cia das Letras, 2000.

livro... você lê porque você quer, tem os objetivos. Da Bolsa Amarela, eu lembro dele, por quê? Porque tinha essa atividade, tinha um objetivo. Agora no vestibular, tem os livros. Vamos ter que ler os livros para nos prepararmos, nós vamos começar por Macunaíma, tem um monte do Machado de Assis... não adianta você ficar só passando o tema do aluno porque se ele gosta de ler sobre o tema, vai procurar ler fora, extra-sala, como lazer, não sei...

Justifica sua resposta, apontando que a escolha do livro pelo professor é importante, pois é ele quem conhece os objetivos do que está ensinando e pode relacionar com outras disciplinas: *"...porque todo livro, vários livros que a gente lê está relacionado com história, uma parceria com artes... por isso que eu acho que pra todo livro tem um objetivo, há um cronograma. Se ela for fazer cada um ler o seu, não há como cobrar..."*

Fala do controle da leitura de forma natural, como se fosse o único meio de garantir que todos entrassem em contato com determinados livros. Ratifica os procedimentos do professor como necessários para a boa formação do leitor, mesmo não lendo na íntegra boa parte dos livros pedidos de 5ª à 8ª série.

Quando perguntado sobre o que mais marcou sua experiência de leitura ou quais as contribuições da escola na sua constituição de leitor, sua resposta leva-nos a outras estratégias de que a escola também lança mão para assegurar a leitura:

Atividade em grupo, maquete, ou ela passa um filme relacionado ao livro e isso é legal. Acho que quando você faz uma atividade diferente você ganha um conhecimento mais geral e não fica só com o que acontece no livro. Que nem, passa o livro e um filme, são duas coisas diferentes, dois pontos de vista diferentes, a discussão é mais geral e engloba mais... cada um tem uma opinião. Quando fica só no livro, acho que fica mais restrito. A atividade diferente marca bem mais porque a prova, não sei... dos livros que eu fiz prova até hoje, é um negócio assim, normal. O livro que você faz uma atividade diferente fica mais marcado, que nem o livro do Robson Crusoé e tal.

Conta sobre o teatro de que o professor propôs a partir da leitura do livro *O Pagador de Promessas*[12], empolga-se e comenta como sentia curiosidade para ler o que iria acontecer e saber qual seria sua participação. Mais uma vez, ele marca sua escolha do que contar a respeito do que foi significativo na sua trajetória de leitura na escola, não o conteúdo do livro, mas o que procede dele: a possibilidade de participar de um teatro.

Em meio às reflexões: sinalizando nosso olhar

As experiências de leitura narradas por Bruno permitem-nos discutir algumas questões nevrálgicas presentes na escola, sugerindo mais um diálogo em torno de nossos fazeres acerca da leitura nesse ambiente:

• Escola: lugar de aprendizagem e diversão

Pensamos que todo educador, ou pelo menos boa parte, sonha que seus alunos construam uma relação afetiva com o espaço escolar, que se identifiquem e que percebam significados das práticas que ali se efetivam. Ouvimos esse discurso dos pesquisadores, da sociedade, dos leigos e de nós mesmos. O relato de Bruno ecoa nessa direção: a escola significa lugar de aprendizagem e também de diversão.

Parece-nos, a partir de seu depoimento, que essa possibilidade ganhou existência nas situações que ele vivenciou. Consideramos importante atentarmos para o fato de que seus relatos não traduzem somente experiências harmoniosas, cheias de compreensão e consenso, mas que também são marcadas por situações de conflito, de recusa, de esforço, de aborrecimento... relações caracteristicamente humanas.

---

12. Gomes, Dias. *O Pagador de Promessas.*

Neste sentido, gostaríamos de pontuar que na escola há lugar para confrontos, pois é construída de riqueza e de diversidade, que brotam das histórias coletivas (Kramer, 2003). Além disso, essa análise deve ser empreendida no sentido de termos clareza de que os discursos, os fazeres e os deveres escolares são sempre históricos e socialmente produzidos.

A prática escolar evidencia uma cultura específica, um modo de fazer e acontecer, que age como força formadora do sujeito. Portanto, gestos, comportamentos, hábitos, atitudes, valores e idéias que circulam no interior desse espaço marcam a formação dos que ali participam. A escola, como agente educativo, está permeada/construída por saberes implícitos ou explícitos que atuam legitimando alguns conceitos e revogando outros. Tais escolhas encontram-se imbricadas às necessidades e aos interesses sociais, culturais, econômicos, produzidos historicamente.

Nessa direção, Savcli (2001) faz uma observação bastante interessante:

> *É possível afirmar que a escola é uma invenção de indivíduos que vivem em sociedade, mas que esta criação não é mais do que a resposta a certas necessidades, a certas condições que favorecem essa invenção. Ela está sempre num processo de reinvenção permanente, com o objetivo de atender a novas demandas sociais. É um caminhar constante que exige trazer na bagagem, novos objetivos, novos destinatários, novas faces, novos rumos de como ensinar e de como aprender* (p. 30-31).

Por meio das informações que obtivemos no nosso trabalho de pesquisa, o espaço escolar, no contexto pesquisado, é significado como um lugar onde os jovens passaram e continuam a passar boa parte de seu tempo diário, um lugar onde constroem amigos, convivem com situações de aprendizagem, com uma diversidade de relações humanas e com diferentes objetos; e, assim, vão constituindo-se como pessoa.

Mediante de alguns enunciados, Bruno revela-nos a relação afetiva que construiu com a escola, sinalizando, de modo constante, a presença do outro como parte constitutiva dessa relação.

• Escola: espaço de diferentes mediações

A mediação[13] entre os pares, ou entre professor e aluno, encontra-se estreitamente imbricada à questão que vínhamos discutindo sobre a escola e as relações que se estabelecem nesse ambiente. Movidos pela argumentação de Góes (2001), a respeito da mediação social e do papel do outro, que enfatiza as características heterogêneas e conflituosas subjacentes à relação entre as pessoas na escola, consideramos importante pontuar que a mediação entre aluno e professor, sinalizada no depoimento do Bruno, retrata um conjunto de ações que evidenciam tanto os aspectos afetivos, no sentido de acolhimento, atenção e respeito, assim como formas de contraposição professor-aluno, compondo as práticas educacionais. Nesse sentido, ele nos chama a atenção para o fato de que o professor *pega no pé*, apontando que a relação traz divergências, como também, o papel que cada um ocupa nesse jogo.

A esse respeito, não há como negar uma dinâmica relacional que atravessa e compõe os gestos, as falas e os comportamentos de cada um, que é marcada por conflitos e ajustes. Evidenciam-se práticas caracterizadas pela heterogeneidade, pela diversidade e, ainda, um espaço que ancora processos em formação, que supõe trocas de vivências, aprendizagens, interações sociais, enfim, uma infinidade de situações relacionais. Recorremos a Góes (id) para apoiar nossas idéias a esse respeito:

---

13. O conceito de mediação constitui-se como fundamental referindo-se a um importante elo intermediário na relação. Nas palavras de Vygotsky: *"(...) na medida em que esse estímulo auxiliar possui a função específica de ação reversa, ele confere a operação psicológica formas qualitativamente novas e superiores..."* (1984, p. 45). Assim, a relação entre o homem e o mundo não é natural e nem direta, mas construída historicamente e mediada por produtos culturais humanos como os instrumentos e os signos, e pela relação com o outro. Segundo o autor, a transição para a atividade mediada muda, substancialmente, as operações psicológicas.

Nos esforços da professora para articular o instrucional e o disciplinar, para manejar os focos de atenção e para conduzir as crianças a elaborações quase-categoriais, podemos ver que o papel do outro é contraditório, e que o jogo dialógico, que constitui a relação entre sujeitos, não tende apenas a uma direção; abrange circunscrição, expansão, dispersão e estabilização de significados e envolve o deslocamento "forçado" de certas operações de conhecimento (p. 85).

No esboço da trajetória de leitura de Bruno, percebemos que a construção do conhecimento e das relações entre os pares envolve relações de cooperação, de cumplicidade, de atenção, como também, relações de disputas e tensões. Essas mediações vão compondo seus gestos, idéias e diferentes expressões. Alguns trabalhos, inspirados nas idéias de Wallon, (Tassoni, 2000; Grotta, 2000; Almeida, 2001; Galvão, 1998, etc.) têm apontado para a importância da qualidade da mediação como um eixo central na constituição humana; assim, o modo como nos relacionamos com as pessoas e com os diferentes objetos parece marcar uma diferença essencial na formação humana.

Esses autores têm ressaltado a importância da dimensão afetiva na mediação entre os pares e na relação que estabelecemos com os objetos do conhecimento. Nessa ótica, o que ocorre é a composição de um eixo de influência e interdependência entre intelecto – afeto e a presença do outro, como participante da construção de significados e da constituição do eu, assegurando, além da sobrevivência física, a sobrevivência da cultura pela apreensão de valores, instrumentos, idéias e afetos.

Nesse sentido, entendemos que a trajetória de leitura escolar, relatada por Bruno, traz indícios do processo pelo qual passou na sua constituição de leitor nesse espaço e o que ele apresenta instaura-se, essencialmente, em experiências que apontam a qualidade da mediação como um elemento relevante no seu percurso. Sustentamos essa idéia na forma como se refere à escola, aos amigos, aos professores, aos materiais de leitura e às práticas que anuncia quando re(constrói) sua trajetória.

Significação das práticas de leitura escolar sob a ótica do aluno leitor   269

• Projetos literários

A partir do material visto e das conversas que tivemos com os participantes, uma questão que se destacou atenção foi o trabalho de leitura centrado em projetos literários, especialmente, de 1ª à 4ª série. A proposta de projeto literário inclui um conjunto de ações (atividades em folha, confecção de objetos, comemorações, dramatizações, apresentações...) que tem como princípio a leitura do livro e as diferentes relações que são possíveis estabelecer entre ele (livro), as atividades propostas e as vivências (repertório individual e coletivo) dos alunos. Esses projetos procuram contemplar diferentes disciplinas.

Bruno aponta três livros que, seguramente podemos afirmar, fizeram parte de projetos literários realizados de 1ª à 4ª série: *Bruxa Onilda*, *Bolsa Amarela* e *Raul da Ferrugem Azul*. Como procuramos evidenciar em seu relato, o que parece ganhar importância ou marcar a trajetória de leitura são os elementos que permaneceram a partir da leitura, ou seja, o que o livro suscitou a realizar, discutir e criar. Os rastros que essas leituras deixaram apontam-nos para as estratégias que o professor utilizou para trabalhar com a leitura ou a partir dela. Assim, a árvore genealógica da *Bruxa Onilda* levou o professor a propor uma atividade semelhante relacionada à vida da criança. A bolsa de Raquel (personagem do livro) mostrou outra estratégia: a confecção de uma bolsa, em que cada um poderia guardar, assim como a personagem, *suas vontades gordas e magras*. As ilustrações sem cor, do livro *Raul da Ferrugem Azul*, fazem um convite à pintura.

Essas observações são apenas exemplos de como, possivelmente, o trabalho com os livros, nessa fase da escolarização, pode ter ocorrido. O que nos instiga à discussão é a visão do trabalho que ancora tais procedimentos que, ao nosso ver, encontra-se especialmente ligada à necessidade de contextualizar o trabalho escolar, construir significados relacionados às vivências pessoais e estabelecer um elo entre diferentes áreas do conhecimento.

A análise detalhada de cada parte do livro, sempre em relação com variadas propostas de trabalho, sugere que o professor percebe o livro como um instrumento que sustenta um rol de atividades de natureza pedagógica.

Os projetos literários são sinalizados, por Bruno, como marcas que ficaram nessa fase da trajetória do leitor. Ao falar sobre eles, percebemos emoção na fala, nos gestos, no olhar, no tom da voz e nos risos, que acompanharam a palavra... Procuramos estar sensíveis às diferentes expressões do contar, pois também se revelaram, para nós, como indícios do que foi a experiência de leitura.

• Produção de sentidos

No início do nosso trabalho, preocupamo-nos com a maneira como a escola tem encarado a produção de sentidos em relação aos textos lidos. Essa questão tem ocupado alguns estudiosos desse objeto, evidenciando práticas que restringem a relação: leitor, autor e texto.

Chartier (1996) e Certeau (2002) interrogam as operações dos usuários, supostamente entregues à conformidade, e defendem a idéia de que não existe uma única forma de recepção: a uma produção expansionista e legal, corresponde uma outra, que também se insinua com maneiras diferentes de empregar os produtos da ordem dominante.

No campo da leitura, este pensamento abre caminhos para as diferentes interpretações, denunciando a precariedade de um sentido único – o autorizado – seja pelo autor, pelo editor ou pelos mestres.

A idéia de incompletude do texto, levantada por Orlandi (1999), caracteriza-se pela multiplicidade de sentidos possíveis ao texto: *"(...) o(s) sentido(s) de um texto resulta(m) de uma situação discursiva, margem de enunciados efetivamente realizados. Esta margem – este intervalo- não é vazio, é o espaço determinado pelo social"* (p. 49).

Cabe aqui ressaltar que vimos e ouvimos, na história do Bruno, indícios de que, nesse contexto escolar, o espaço para produção de sentidos é preservado; assim, podemos dizer que os alunos são respeitados nos seus pontos de vista, no que produzem, em termos de sentido, a partir da leitura de um texto. A possibilidade de expressar

Significação das práticas de leitura escolar sob a ótica do aluno leitor

sua compreensão, participar de uma discussão, argumentar, discordar e mudar de posição, a partir do intercâmbio de idéias, é apontada como uma prática existente e como uma marca deixada na formação do leitor.

A questão da interpretação do leitor, frente aos inúmeros materiais que estão à sua disposição, constituiu-se um ponto relevante desse trabalho e assumimos como premissa que a formação do leitor deve contemplar suas idéias, sua voz, sua expressão e as relações que estabelece a partir da leitura. E, assim, suas histórias alinhavadas às questões que suscitam os materiais de leitura. Entendemos que esse movimento instaura-se nas práticas dialógicas, em que os sujeitos (históricos) produzem e são produzidos na relação de significados que se projetam nos contextos sociais e no próprio sujeito.

A discussão das idéias do livro, proposta pela escola, constitui-se um caminho sinalizado como importante para Bruno, por permitir troca de informações, possibilidade de ampliar o repertório pessoal e, ainda, a oportunidade de obter informações do livro que foi lido *mais ou menos*.

O cenário que Bruno construiu acerca desta questão parece-nos importante e vai ao encontro do que temos compreendido como um dos caminhos viáveis no trabalho com a leitura. Reporta-se à discussão dos livros e à produção de sentidos como uma prática freqüente nesse ambiente. A socialização da produção de cada um é mencionada como algo que parece inerente ao trabalho desenvolvido. Então, produzir, mostrar, comparar, discordar, omitir-se e/ou compartilhar são procedimentos, segundo o que ouvimos, freqüentes e que vão marcando cada história e sua relação com a leitura.

• Leitura e avaliação: algumas reflexões

O relato de Bruno revela-nos que, basicamente, até a 4ª série, os contextos onde a leitura instaura-se e efetiva-se estão vinculados aos projetos literários e às idas à biblioteca. A partir da 5ª série aparece, de forma explícita, um outro contexto para a leitura: a avaliação.

Em seu depoimento, Bruno repete o que ouvimos com certa freqüência; nessa fase, o fichamento e a prova surgem como procedimentos recorrentes

272 Afetividade e Práticas Pedagógicas

de controle da leitura. Não constituem as únicas estratégias, pois ele sinaliza outros procedimentos como, teatro, maquetes, filme, atividade em grupo e, principalmente, a discussão oral como práticas relevantes. Entretanto, Bruno enuncia o procedimento de avaliação da leitura como uma experiência que marcou sua trajetória pela freqüência e pelo valor que atribui a essa prática a partir da 5ª série. Seu depoimento nos direciona a pensar que, nessa fase, há uma forte conotação em torno da leitura relacionada ao controle, *ler para prova ou fichamento,* o que é compreendido pelos alunos como uma atividade não agradável, porém necessária.

Dessa forma, percebemos que a imagem que Bruno constituiu em torno da leitura como experiência escolar, não inclui somente o prazer e o interesse pessoal; ele assinala a leitura obrigatória e os procedimentos de exigência dessa leitura como fazendo parte da função da escola, portanto, necessária para sua formação como leitor.

Gostaríamos de chamar a atenção, também, para certo desinteresse que ele sinaliza pela leitura, especialmente depois da 6ª série, que a princípio estaria relacionado a fatores externos como: internet, jogos eletrônicos, *shopping*, televisão, namoro, baladas... enfim, situações que *disputam* o tempo dos jovens com as práticas escolares. Entretanto, consideramos importante atentar para a forma de assegurar a leitura nesse momento (prova e fichamento) como um possível indicador que compõe esse desinteresse.

Inferimos essa análise em função da forma como o relato vai se compondo e dos gestos, às vezes contraditórios, que formam essa composição; melhor dizendo, percebemos que Bruno, ao apontar que está de acordo com todos procedimentos escolares e ao mesmo tempo sinalizar que as atividades de leitura, que se constituíram como relevantes, são aquelas marcadas por outras estratégias (discussão, trabalho em grupo, teatro...), revela uma certa contradição; pois pudemos observar que, para ele, o que marca sua experiência de leitura na escola não é o gesto de ler, mas o que é possível realizar a partir dele.

Outro fator que nos parece plausível nesse sentido é o conteúdo do livro, pois ele aponta que alguns são chatos e desinteressantes, como *Minha Vida de Menina*, por exemplo. E, ainda, a questão do momento em que esse desinteresse instaura-se mais ou menos a partir da 7ª série. Parece-nos que, nessa fase, as leituras exigidas passam a ser apreendidas com outras *tonalidades* e, portanto, algumas estratégias são criadas pelo aluno para atender às demandas da escola: ler parcialmente, ler o resumo, informar-se com os colegas e aguardar a discussão em sala, que sempre antecede a prova.

Mafra (2003), em sua pesquisa, alerta para questões, no mínimo incômodas, sobre a relação de distanciamento que algumas práticas escolares vêm mantendo com as diferentes linguagens que circulam na sociedade, provocando um desencontro entre adolescente e leitura, em vez de tornarem-se um referencial de leitura. O autor propõe que a cultura de massa, constitutiva das histórias de leitura do adolescente, seja considerada em sala de aula:

> *O docente renovado necessita reconsiderar teoricamente a conceituação de Literatura, despindo-se de preconceitos oriundos da 'tradição'. A sua prática, nestes termos, deve procurar enxergar o adolescente como um leitor que tem vindo para a escola com a sua trajetória de leitura alinhavada* (p. 19).

Assim, o autor defende a idéia do diálogo intertextual, o que consideramos também importante, por possibilitar o intercâmbio de experiências de leitura no contexto escolar. Concordamos com sua posição no que diz respeito a esse alargamento das fronteiras escolares, principalmente em relação à linguagem cultural, em termos de leitura que atrai o adolescente. Em nosso estudo, alguns dos depoentes mencionaram outros materiais (revistas, jornal, mangá, *anime*, gibi e internet) em seus relatos; no entanto, o que marcou, essencialmente, suas histórias de leitura na escola foram os livros literários.

Os dados da nossa pesquisa sugerem que o ambiente escolar representa um referencial de leitura para esse grupo de alunos, que reiteram e valorizam suas propostas, mesmo aquelas que não estão de acordo com seus interesses pessoais; pois consideram que os professores têm *um objetivo*, *um cronograma*, nas palavras de Bruno, para as leituras que propõem.

A partir do seu relato, é possível dizer que este ambiente é percebido como uma instituição responsável por instrumentalizar os alunos em relação ao rol de textos, que são vistos como importantes por seus professores, ou por serem livros que fazem parte de uma tradição literária, mesmo que para isso tenha que lançar mão, em alguns momentos, de recursos que não motivam os alunos em direção à leitura.

Diríamos que a avaliação inscreve-se no contexto das práticas pedagógicas como mais uma estratégia do professor para fazer com que seus alunos leiam os livros que são adotados. No entanto, questionamos esse procedimento, pois, de acordo com o depoimento de Bruno, outras propostas parecem ter um valor que influencia de modo mais positivo sua relação com a leitura, como a possibilidade de realizar um teatro, uma discussão, uma maquete ou um filme, procedimentos vistos e indicados por Bruno como práticas escolares que marcam positivamente sua trajetória de leitor. As relações que são oportunizadas, a partir do uso de diferentes caminhos, deixam indícios que permanecem no tempo, como a fala empolgada dos amigos a respeito de uma cena do filme, a exposição da bolsa ou a leitura rápida do livro para a apresentação de uma peça.

Nessa direção, gostaríamos de esclarecer que não alimentamos a idéia de que a constituição do leitor ocorre apenas através do prazer e da fruição, mas defendemos a idéia de que os modos de planejar, organizar e viabilizar as propostas escolares marcam de forma relevante o sujeito e a relação que estabelece com o conhecimento. Com isto, estamos dizendo que as ações do professor no espaço escolar afetam seu aluno na relação que este vai estabelecer com os diferentes objetos culturais.

O que ora pretendemos não é impor uma interpretação, mas desenvolver uma reflexão, sinalizando nossas idéias; mesmo porque, consideramos que a leitura não ocorre sempre da mesma maneira, com os mesmos gestos, posições, interesses e significados, mas possui usos e sentidos plurais, cujos esquemas interpretativos estão diretamente relacionados a configurações culturais, que se modificam através dos tempos. E é nesse sentido que procuramos compreender as ações que se efetivam na escola.

Podemos dizer que esses modos de atuar com a leitura na escola são característicos desse espaço e constituem ações e idéias que a escola tem produzido em torno dessa prática. São modos de apreender a leitura num tempo e num espaço determinados. Modos de significar que produzem outros, que formam conceitos e imagens acerca da leitura.

Oportunidades de leitura que a vida escolar revela

Finalizar esse diálogo traz a sensação de muitas inquietações, pois complexo é o ambiente do qual estamos falando – a escola; complexo é o sujeito do qual tentamos nos aproximar – o leitor. E a relação entre eles é ainda mais complexa. Sentimo-nos num labirinto à procura de uma saída, mas o que encontramos são apenas caminhos, alguns já conhecidos por experiência e, de outros, temos apenas idéias...

Arriscamo-nos por um caminho: contar o que o leitor considera importante e significativo na sua experiência de leitura na escola. Essa trilha mostrou-nos alguns indícios: modos de apreender, de significar, de driblar, de produzir as recordações com as impressões do presente; indícios vistos, por nós, como oportunidades de leitura que a vida escolar tem revelado, ou melhor, tem produzido.

As lentes que usamos, para nossas reflexões, remetem-nos à questão das estratégias usadas pelos professores e analisadas por nós como um meio de assegurar a leitura na escola. Parece-nos que a ênfase em relação ao trabalho com a leitura, significado pelos alunos, encontra-se nos procedimentos, na forma como o professor encaminha o que vem após ou durante a leitura. Entendemos que aquilo que ficou marcado como experiência de leitura para Bruno apóia-se no que foi possível dizer, realizar ou criar a partir dela.

Dessa forma, entre os diferentes modos de tentar garantir a leitura na escola, é possível dizer que os professores têm marcado as trajetórias de leitura no contexto analisado, com as estratégias que lançam mão, sinalizando, portanto, o lugar que as escolhas e as propostas ocupam ao se concretizarem neste espaço. Pudemos observar que, além das estratégias evidenciadas como marcantes na relação que o aluno estabelece com a leitura na escola, os livros literários aparecem como eixo condutor do trabalho, aí realizado, de acordo com o relato de Bruno; pois são deles (os livros) que o aluno fala e são eles que apresenta como material de leitura que marcou sua trajetória.

Neste sentido, um ponto que se destaca é o valor que a tradição literária é significada nesse ambiente. Os materiais e o próprio discurso do aluno mostram-se como sinais de que o trabalho com a leitura, provavelmente, é pautado numa visão que apóia a formação do leitor ancorada em obras consideradas pela sua tradição.

Alguns estudos, como o de Mafra (2003), têm procurado alertar para a necessidade de ampliarmos o trabalho com a leitura na escola. Ele aponta alguns caminhos: (re)significar os conceitos e as idéias em torno da literatura, abrir espaço para outros materiais que circulam na sociedade e possibilitar que as histórias de leitura dos alunos, muitas vezes *à revelia da escola*, tenham um lugar na interlocução entre professor e aluno.

Gostaríamos de ressaltar que os alunos que fizeram parte da nossa pesquisa têm fácil acesso aos mais variados materiais de leitura: quer porque sua situação financeira permite a compra da maioria dos livros exigidos pelos professores, quer porque a escola possui uma biblioteca central e estantes com alguns livros em todas as salas de aula de 1ª à 4ª série. Consideramos que as condições físicas e estruturais da escola em questão, bem como as propostas de trabalho, direcionam para o favorecimento da formação do leitor.

Diante do exposto, queremos destacar algumas idéias. Primeiramente, pontuar que a formação de leitores passa por diversas instâncias que, certamente, influenciam e marcam as trajetórias de leitura, sejam as modas passageiras, as obras canônicas, a cultura escolar, a cultura de massa, os investimentos do mercado... A escola mostra-se como mais um local dentre outros; no entanto, deve ser considerada como um espaço diferenciado, no sentido de que formar leitores faz parte dos objetivos que lhe são atribuídos. Além disso, os sujeitos que organizam o trabalho nesse ambiente têm a possibilidade de refletir, interpretar, (re)significar suas próprias ações em função dos objetivos que se propõem e das concepções que defendem. Pressupomos que as condições de produção da leitura não se encerram na relação aluno – escola. No entanto, consideramos as ações que se desenrolam nesse espaço como possibilidades concretas que, certamente, têm grande poder de influência na constituição do aluno como leitor.

Um segundo aspecto diz respeito à idéia de que todo conhecimento se constrói de modo sensível e reflexivo; assim, a escola, ao pensar na sua função de formar leitores, deve levar em conta tanto a dimensão intelectual quanto a pessoal ou afetiva. Nesse sentido, percebemos a qualidade da mediação do professor como primordial na interação dos sujeitos com os materiais de leitura, pois seus gestos, expressões e discursos atuam como importantes condições na relação do aluno com os objetos. Assim, pensamos que os modos de fazer do espaço escolar, ou ainda, as maneiras como os jovens relacionam-se com os objetos culturais são especialmente importantes para as condições de leitura que vão se configurando e influenciando suas histórias.

E, terceiro, a forma de significar se constrói no âmbito da cultura, do social e do histórico, mas, como educadores, é importante considerarmos que as diferentes maneiras de ser, de estar no mundo e, portanto, de apreender o que está sendo *ensinado* marcam nossa humanidade. Assim, como nos ensina Sacks (1995), imersas nas experiências, nos desafios e nas vicissitudes da vida, as pessoas (re)constroem modos de agir pessoais e idiossincráticos.

Os desdobramentos dessa reflexão remetem aos processos que se constituem ao longo da história pessoal, caracterizando a dimensão microgenética do desenvolvimento do sujeito. Nesta perspectiva, a pessoa percebe e reage de forma singular em relação às influências sociais. Na nossa opinião, observar o desenvolvimento humano sob esse prisma sinaliza uma referência ao trabalho escolar, no sentido de considerar, na elaboração do projeto pedagógico, a diversidade, a heterogeneidade, as diferentes maneiras de significação, de apreciação, enfim, a complexidade que marca os processos de constituição da pessoa.

Referências bibliográficas

Almeida, Ana Rita S. *A emoção na sala de aula*. São Paulo: Papirus, 2001 - 2ª. ed.

Bosi, Ecléa. *Memória e Sociedade: Lembranças de velhos*. São Paulo: Companhia das Letras, 1994 - 3ª. ed.

Certeau, Michel de. *A invenção do cotidiano*. Rio de Janeiro: Ed. Vozes, 2002 – 8ª. ed.

Chartier, Roger. *A aventura do livro: do leitor ao navegador*. São Paulo: Editora Unesp, 1998. (Tradução de Reginaldo de Moraes).

_____. R. "Comunidade de leitores". In *A ordem dos Livros*. Brasília: Ed. UNB, 1994.

_____. R. *A História Cultural – Entre práticas e representações*. Rio de Janeiro: Bertrand Brasil, 1996. (Tradução de Maria Manuela Galhardo).

Galvão, I. *Henri Wallon: Uma Concepção Dialética do Desenvolvimento Infantil*. Petrópolis, RJ: Vozes, 1998 – 4ª. ed.

Góes, Maria C. R. de. A construção de conhecimentos e o conceito de zona de desenvolvimento proximal. In Smolka, A. L. B. e Mortimer, E. F. (Orgs.). *Linguagem, Cultura e Cognição: Reflexões para o ensino e a sala de aula*. Belo Horizonte: Autêntica, 2001.

Grotta, E. C. B. *Processo de formação do leitor: relato e análise e quatro histórias de vida*. Dissertação de Mestrado. Campinas: Faculdade de Educação da Unicamp, 2000.

Guedes-Pinto, Ana Lúcia. *Rememorando trajetórias da professora-alfabetizadora: a leitura como prática constitutiva de sua identidade e formação profissionais*. São Paulo: Mercado da Letras, 2002.

Kleiman, Ângela B.; Moraes, Silvia E. *Leitura e Interdisciplinaridade: tecendo redes nos projetos da escola*. São Paulo: Mercado das Letras, 1999.

Kramer, Sônia. Leitura e escrita como experiência – notas sobre seu papel na formação. In Zaccur, Edwiges. (Org). *A magia da linguagem*. Rio de Janeiro: DP&A:SEPE, 2001 – 2ª. ed.

_____. Sônia. *Por entre as pedras: Arma e sonho na escola*. São Paulo: Àtica, 2003.

Larrosa, Jorge. Literatura, experiencia y formación. In *La experiencia de la lectura – estudios sobre literatura y formación*. BA: Editorial laertes, 1996.

Mafra, N. D. F. *Leituras à revelia da escola*. Londrina: Eduel, 2003.

Moraes, Ana Alcídia de A. Histórias de leitura em narrativas de professoras: uma alternativa de formação. In Silva, Lílian L. M. da. *Entre Leitores: Alunos, Professores*. Campinas: Komedi, 2001.

Orlandi Eni.P. A produção da leitura e suas condições. In Barzotto V. H. (Org.) *Estado de Leitura*. Campinas, SP: Mercado de Letras: Associação de Leitura no Brasil, 1999.

Prieto, H. *Quer ouvir uma história? Lendas e mitos no mundo da criança*. São Paulo: Angra, 1999.

Sacks, O. *Um antropólogo em Marte: Sete histórias paradoxais*. São Paulo: Cia. das Letras, 1995.

Saveli, Esméria de Lourdes. *Leitura na escola: as representações e práticas de professoras* Tese de Doutorado. Campinas: Faculdade de Educação da Unicamp 2001.

Tassoni, E.C.M. *Afetividade e produção escrita: A mediação do professor na sala de aula*. Dissertação de Mestrado. Campinas: Faculdade de Educação da Unicamp, 2000.

Vygotsky, L.S. *A Formação Social da Mente*. São Paulo: Martins Fontes, 1984. (Tradução de José Cipolla Neto, Luis Silveira Menna Barreto e Solange Castro Afeche).

PARTE III
AFETIVIDADE E CONSTITUIÇÃO DO PROFESSOR

Análise de um memorial de formação: a afetividade no processo de constituição de uma professora

MARIA CRISTINA ROSOLEN MORETTO PELLISSON[1]

> Assim comecei
> a construir a minha prática:
> revendo modelos que eu conhecia,
> renegando em minha postura de educadora
> aquilo que eu criticava em meus antigos
> professores, tentando absorver aquilo que de bom
> havia ficado marcado.
> *L.C.T.Rheder*

Introdução

O tema deste capítulo é a afetividade e a constituição do professor. Uma pessoa que freqüenta regularmente a escola durante a infância e a adolescência, que se constitui professora no curso de

---

1. Pedagoga. Mestranda do programa de Pós-graduação em Educação da Faculdade de Educação da Unicamp. Professora de Língua Portuguesa da rede municipal de ensino de Americana.

282   Afetividade e Práticas Pedagógicas

magistério e volta a ser aluna na universidade é a personagem que elegemos para nossa discussão.

Pretendemos registrar, no decorrer deste texto, que ser professor não é um ato natural. Não há dom para o exercício dessa profissão e sim um processo de constituição ao longo do percurso de vida do indivíduo. *Flashes* dessa constituição pessoal e profissional são recontados e discutidos por nós a partir do memorial de conclusão de curso[2], trabalho acadêmico em que essa professora retrata sua trajetória de vida.

No momento em que vincula sua história pessoal, seu acesso à docência e sua atuação profissional numa escrita que evidencia o caráter reflexivo de sua trajetória, passando por um curso superior de formação continuada para professores, ela nos dá indícios de como a questão da afetividade esteve presente em sua vida, quer como aluna, quer como professora. Trazemos esses elementos para a discussão dentro do foco pelo qual nos norteamos: o da afetividade.

Pretendemos contar uma história sobre alguém que acaba de escrever seu memorial de formação e deixa sua marca na memória educacional como professora de uma classe de 4ª série do Ensino Fundamental de uma rede municipal de ensino. Que, praticante e questionadora, buscou maiores conhecimentos no campo universitário, local que a ajudou a rever alguns conceitos, avaliar sua prática, ressignificá-la. Enfim, alguém que desenvolveu outro olhar sobre si mesma, seu trabalho e seus alunos.

Optamos tratar nosso personagem por Clara[3], cuja história de formação docente vale a pena ser contada por outro narrador que não seja ela. Nossa proposta não é recontar seu memorial como narradores, sujeitos-historiadores, mas analisar em que momentos de sua escrita fica evidente sua reflexão sobre a prática pedagógica e como a afetividade emerge nesse contexto.

---

2. Memorial de Formação: Escrita acadêmica em 1ª pessoa, cujo relato do narrador evidencia sua prática como professor e sua reflexão sobre a mesma, diante de novos conhecimentos adquiridos e experiências vivenciadas a partir de um curso superior de formação de professores.

3. Nome fictício.

Análise de um memorial de formação: a afetividade no processo de constituição de uma professora 283

Formação

Iniciando os estudos

Para começarmos a falar sobre a professora desta narrativa, nada melhor que apresentá-la com suas próprias palavras e percebê-la oriunda de família humilde, porém ciente do valor do papel da educação na vida das pessoas:

Nasci e cresci na zona rural, num bairro chamado Vila dos Ipês, que faz parte de um pequeno município do estado de Minas Gerais: Jacutinga. Ali vivi até os 15 anos. A escola rural ficava a uns trezentos metros de minha casa, de modo que não havia grandes dificuldades em freqüentá-la. No ano em que completaria sete anos, meus pais matricularam-me, compraram um caderno tipo brochura, lápis, borracha e já de saída para a escola, eu, de mãos dadas com minha irmã, um ano mais velha, ouvi a recomendação de minha mãe: "Presta atenção na aula e vê se obedece à professora". Essa frase iria ecoar em meus ouvidos durante vários anos seguintes, a cada vez que eu saía para a escola. Como se fosse preciso, tímida que eu era, fruto de criação por parte de pais humildes, praticamente sem estudo, mas que queriam o melhor para as quatro filhas mulheres, e que faziam todo tipo de sacrifício para que pudéssemos estudar (p .13 e 14).[4]

Notamos, neste relato, a evidência do empenho dos pais em proporcionar estudo às filhas. Fica, no entanto, evidente que o curso de Formação para o Magistério situa-se como o caminho quase que "natural" para Clara.

Do percurso inicial de Clara na escola, as lembranças que traz a respeito de antigos professores evidenciam que, diferentemente do que muitos pensam, a criança avalia muito bem o que se passa em sala de aula, mesmo que, aparentemente, escondida em seu silêncio. Clara percebia, por exemplo, que sua primeira professora, na primeira

---

4. Todas as citações foram extraídas de Rheder (2004).

284 Afetividade e Práticas Pedagógicas

série, faltava demais, ao menos uma vez por semana. O comentário em seu memorial – *"Nem sei explicar como consegui me alfabetizar"* (p. 14) –, soa-nos como marca de uma reflexão profunda, saída provavelmente de amargas lembranças. Lembranças de tantas ausências sem que se soubesse o motivo. De sua narrativa, extrai-se um tom de decepção, de frustração, quando diz que outra professora avisava a classe sobre a falta: *"A professora da 3ª e da 4ª série chegava e dizia: 'A dona Eulália não veio, a 1ª e 2ª série podem ir embora'. E íamos."* (p. 14).

Ao continuar seu comentário sobre as dispensas de alunos diante das faltas consecutivas dessa professora, ela se posiciona como privilegiada porque morava perto da escola, o que não acontecia com muitos colegas, que caminhavam extensos percursos até a escola e dali para casa. Para que Clara relatasse isso em seu memorial, foi preciso buscar na memória aspectos significativos desse processo.

Passada essa primeira experiência, a chegada da segunda série foi benéfica para Clara. Sua segunda professora tinha algo que fazia com que se destacasse. Ensinava de uma maneira diferente, sem receitas milagrosas e conseguia que os alunos aprendessem. O motivo desse destaque, a própria Clara nos relata:

> *Foi em sua pessoa afetiva que encontrei o sabor do aprender (...) a maneira com que lidava com os conteúdos, a mediação que fazia como professora, as comparações com o cotidiano e o modo todo especial de tratar os alunos (...) fizeram toda a diferença entre o 'estar' e o 'querer estar' na escola* (p. 14 e 15).

A questão da afetividade surge em sua escrita como ponto crucial para estabelecer a diferença. Notamos em seu depoimento que ser afetivo é estar perto, acolher. Ser professor e ensinar com propriedade é uma das tarefas, mas antes de qualquer coisa o professor precisa estabelecer laços que garantam uma convivência harmoniosa com o aluno. Clara continua falando carinhosamente sobre sua professora, fazendo-nos entender o porquê desse carinho: *"Na hora do recreio, ela sentava-se com a gente, perguntava as novidades. Conhecia nossos pais pelos nomes, penteava nossos cabelos e arrancava bicho de pé de alguns. Era 1973, e foi um ano inesquecível"* (p. 15).

Desse perfil diferenciado de professora – que conversava com as crianças durante o recreio e se aproximava delas, não temendo que o contato físico com os alunos, da forma como fazia, diminuísse sua autoridade – ficou a doce lembrança de alguém que olhava para os alunos e os ouvia, transformando aquele ano, para Clara, em um período ímpar.

Se trouxermos para a discussão a questão do ato de olhar, não erraríamos se disséssemos que uma das melhores táticas externas de controle é o olhar (Foucault, 2004). O professor pode controlar ou cativar alunos através do olhar. A hierarquia do olhar interdita o indivíduo ou assegura-lhe franca passagem. No caso dessa segunda professora, estava explícito o aval de passagem. Passagem para um relacionamento amistoso e de confiança entre ela e os alunos, que foi o que certamente contribuiu para que os alunos quisessem aprender com ela.

A terceira professora foi a mesma nas terceiras e quartas séries. Nos escritos da nossa personagem, percebemos que havia, da parte da professora, total falta de planejamento e de um olhar mais comprometido para o tipo de alunos que recebia. O conteúdo trabalhado com as classes era o mesmo, todo ano. Clara relata: *"As lições que ela dava, eu as via no caderno de minha irmã, uma série à minha frente"* (p. 15). Clara não só percebia isso, como também pesquisava no caderno da irmã as respostas dos exercícios para não levar tarefas erradas para a escola. Afinal, ali já estava tudo corrigido, tudo pronto. Mas sua mãe, sempre atenta, não permitia que ela agisse assim, chamando sua atenção.

Não poucas vezes, a professora Eugênia humilhava os alunos chamando-lhes a atenção diante da classe, pela letra ilegível que possuíam. Mesmo que as avaliações evidenciassem conhecimento do conteúdo, letra feia seria referencial para nota baixa e Clara sentiu na pele esse fato:

Lembro-me que algumas vezes dona Eugênia reclamava de minha letra e mandava, através de minha irmã, recados para meus pais. A orientação desses recados era dada perante a classe toda. Eu me envergonhava muito (p. 15).

Outra lembrança da falta de afeto e do jogo de poder dessa professora, era a varinha de bambu utilizada para punir alunos inquietos, colhida num terreno vizinho da escola, segundo Clara. Um fato marcante é que, além de aparecer em sua escrita a inesquecível varinha, percebe-se que até a origem desse objeto ficou gravada em suas lembranças. E que apenas o fato da presença da varinha na classe, que ficava exposta para intimidar as crianças, já era fator de desagrado para ela:

De vez em quando a varinha fazia um 'carinho' na cabeça de alguém. Não era um carinho tão afoito, mas eu nunca me vi seduzida por ele, e o fato é que nunca o experimentei. Para evitá-lo, tinha medo até de me mexer na carteira. Dessa forma, dona Eugênia conseguiu ensinar-nos a obediência e a passividade (p. 15).

Sabendo que a afetividade é a forma como o sujeito elabora suas emoções, tendo como base as apropriações simbólicas e culturais daquilo que vivenciou (Leite e Tassoni, 2005, p.3), podemos inferir que só pelo fato de ver um objeto que lhe traga recordações infelizes a criança demonstra uma atitude de esquiva perante esse objeto. Clara não precisava sentir o toque da varinha: apenas vendo-a e sabendo a que servia, mantinha-se praticamente paralisada durante as aulas.

O curso ginasial

Sua reflexão perpassa também pelo período do ginásio, da quinta até a oitava série, que a escola rural não oferecia, fato que fez com que os pais de Clara se mobilizassem no intuito de arrumar transporte para a filha. Despenderam para isso suas parcas

Análise de um memorial de formação: a afetividade no processo de constituição de uma professora 287

economias, demonstrando valorização dos estudos da criança, lembrança também difícil de sair da mente de nossa personagem. Os pais arrumaram um carro particular e, com muito sacrifício, pagavam por ele para que seus filhos não ficassem sem aula e não fossem a pé para a escola, o que era inviável, dada a distância da zona rural até a cidade.

Essa preocupação constante dos pais com a questão escolar dos filhos denota o envolvimento com o compromisso assumido com a continuidade do processo educacional iniciado e reflete a importância que a família atribui à escola. Serviu de modelo para acentuar em Clara o valor da escola, do estudo e os laços afetivos reforçados pelo exemplo positivo dos pais. No penúltimo ano do curso ginasial, a prefeitura cedeu um micro-ônibus para os estudantes da zona rural e a viagem era uma aventura.

A antiga professora da terceira série, quando soube da locomoção dessas crianças para a cidade, a fim de prosseguirem os estudos, ao invés de ficar feliz com o esforço de seus ex-alunos, manifestou-se dizendo algo que acabou chegando aos ouvidos de Clara, deixando-a aborrecida:

> *Um fato que marcou muito essa fase foi que a professora Eugênia, quando soube que íamos estudar na cidade, teve a infelicidade de fazer um comentário a respeito na secretaria da escola para onde íamos (à qual a escola rural onde estudei era vinculada), argumentando: "O que aqueles coitadinhos vêm fazer aqui?". Não sei como, mas acabei ficando sabendo desse comentário e nunca mais me esqueci. Hoje, penso sobre que tipo de ensino ela nos proporcionou, se nem mesmo ela acreditava que ele proporcionasse condições para prosseguirmos* (p. 16).

Desse período, Clara lembra-se que teve alguns desafios para sua adaptação. A cada ano, novos colegas e novos professores, o corre-corre do ginásio, tudo isso fez com que ela sentisse saudade do sossego da escola rural, com sua paz peculiar e seu número

288 Afetividade e Práticas Pedagógicas

reduzido de alunos. A escola da cidade tinha aproximadamente quatrocentos alunos. O fator positivo foi que ela conseguiu passar também por essa experiência: *"Mas a adaptação foi acontecendo, aos poucos fui me enturmando com os novos colegas, me adaptando ao jeito compreensivo de alguns professores, de outros nem tanto"* (p. 16).

O ensino médio

No ensino médio, nova dificuldade. Além da falta de transporte, o horário era noturno, fato que obrigou sua família a se mudar para a cidade, num esforço inaudito que resultou na compra de uma casa por parte de seus pais. Quanto aos outros alunos, muitos deixaram os estudos, dada a impossibilidade de locomoção. Clara, no ensino médio, cursou um colegial com verniz de magistério, pois de magistério mesmo pouco aprendeu, posto que seus professores, segundo ela, eram inexperientes e não tinham muito a ensinar:

> *Como era a primeira vez que lecionavam para o magistério, os professores não tinham experiência nesse curso e na verdade não sabiam bem o que fazer com a gente. Posso afirmar que as "meninas" que se formaram comigo e seguiram a carreira de professoras, aprenderam foi na prática mesmo. Tirando um ou dois professores que se esforçaram por mostrar-nos as teorias da educação (o professor Miguel e a professora Nina), o que tivemos foi um curso colegial maquiado de magistério* (p. 17).

Concluiu o curso em 1984 e verificou, depois, que foi na prática que aprendeu a profissão, pois ela tinha *"muita vontade de dar certo como professora"* (p. 17). De seu percurso de acesso à docência, podemos notar, pela consistência de seus relatos, quais professores ela buscaria como modelos positivos e quais elegeria para serem esquecidos.

O curso de magistério

Ao apresentar-se em seu memorial, Clara nos conta por que foi cursar o magistério e que esse curso foi a porta de entrada para sua inserção na profissão docente:

> *Sabendo das dificuldades que teria para pagar uma faculdade, optei pelo magistério. É, a história da minha formação como professora começou assim: por falta de opção. De acordo com Arroyo, "A condição de vida está presente em nossas escolhas ou condiciona nossas escolhas. Não escolhemos a profissão que queremos, mas a possível" (2000, p. 126) e a profissão de professora foi para mim, a alternativa a meu alcance naquele momento* (p. 17).

Apesar de optar pela possibilidade mais viável no momento, ao tornar-se professora e se ver diante de uma classe com alunos esperando aprender com ela, Clara relata-nos que sempre procurou superar-se em sua atuação, buscando ajuda e fazendo cursos, visando fugir de uma prática medíocre.

A professora

Modelos

Interessante ressaltar como os professores deixam marcas nos alunos. Se positivas, exemplos a serem seguidos. Se negativas, exemplos para nunca serem imitados. Mas sempre exemplos. Professores podem afirmar isso quando refletem sobre situações aversivas vivenciadas com ex-professores ou situações carinhosas. Leite e Tassoni (2005), salientam que *"(...) a natureza afetiva da experiência (prazerosa ou aversiva) depende da qualidade da mediação vivenciada pelo sujeito, na relação com o objeto; as condições de mediação são planejadas e desenvolvidas pelo professor"* (p. 5).

Podemos dizer que, dos exemplos dos antigos professores, Clara trouxe elementos fundantes para sua prática. Da primeira professora,

290 Afetividade e Práticas Pedagógicas

suas lembranças fizeram com que desenvolvesse um forte senso de responsabilidade para com a causa da Educação, procurando não faltar ao trabalho, preocupando-se com sua presença nas aulas para que pudesse acompanhar o processo de desenvolvimento de seus alunos: *"Fui construindo minha noção de responsabilidade com a aprendizagem das crianças, por exemplo, ao recordar da falta de compromisso de dona Eulália"* (p. 18).

Das marcas deixadas pela segunda, certamente não se esqueceu de quanto a afetividade interferiu no processo de aprendizagem e fez do caráter de sua mediação em sala de aula o diferencial para o avanço de suas crianças: *"Fui compreendendo a necessidade do aluno sentir-se atraído pela aprendizagem ao remeter-me às deliciosas lembranças do afeto de dona Ane"* (p. 18).

Da terceira professora, sem dúvida, o que ficou foi a imperiosa necessidade de respeitar o aluno e acreditar em seu potencial, contribuindo para que ele se sinta capaz de aprender:

> *Fui aprendendo o respeito por meu aluno ao remeter-me às censuras e à varinha de bambu de dona Eugênia. Ah, com ela eu ainda aprendi mais: a investir na capacidade de meu aluno, de modo que não só ele, mas também eu acredite nela* (p. 18).

Quebra de paradigmas

Em sua prática, Clara procurou utilizar recursos diferentes daquele que seus professores cansaram de lhe mostrar: o livro didático – *"Apesar de meus únicos 'modelos' de professores serem aqueles que eu havia tido no decorrer de minha vida escolar, comecei tentando uma prática um pouco diferente do que eu havia visto até então"* (p. 17). Assim pensando, munia-se de materiais que tivessem significado na vida dos alunos, como jornais, revistas, folhetos, enfim, nada mágico, mas coisas que evidenciassem utilidade, inclusive fora da escola.

Transformava também a vivência dos alunos em situações de sala de aula, como a colheita do algodão e da laranja, produtos com

Análise de um memorial de formação: a afetividade no processo de constituição de uma professora 291

os quais as crianças conviviam no dia-a-dia e que emergiam em produções textuais: *"Eu procurava ouvir as crianças e trazer para nosso dia-a-dia na sala de aula os assuntos que elas contavam"* (p. 17). Assim procedendo, conseguiu fazer com que os alunos percebessem na escola algo mais que apenas um lugar para sentar e ouvir. A escola servia também para pensar, aprender coisas que fizessem sentido: *"Não era uma prática revolucionária, mas era diferente para aquelas crianças, e consegui conquistá-las para o aprender"* (p. 17).

Temos aqui um forte indício da preocupação de Clara com a aprendizagem de seus alunos. Na busca de algo significativo para eles, ela envolve-se com o histórico de vida da comunidade escolar e da sua preocupação em fazê-los progredir surge, inevitavelmente, algo que atinge o aluno positivamente: a afetividade.

Trabalhar com a realidade do aluno, para ela, não era colher varinhas nos arredores da escola para intimidá-los, mas sim, conhecê-los melhor para explorar o que do conhecimento acumulado seria interessante para aquela comunidade e de que maneira poderia ser aplicado. Trabalhar com a realidade do aluno, em sua concepção, é algo que passa pela cultura e isso passa pelo planejamento do professor.

Avanços

Foi exatamente nesse processo que Clara percebeu que seus estudos anteriores não davam conta de explicar que aluno era aquele que tinha diante de si, questionador e não apático. Aprendera que deveria ensinar alguém que chegaria para receber o que ela tivesse a ensinar, mas não falaram sobre outros detalhes, que ela descobriu sozinha: *"Parecia que minha formação não previa o aluno real, dono de uma história própria, portador de sentimentos, de saberes, de toda uma cultura anterior à escola"* (p. 18). O curso de Magistério não previra o aluno como ser pensante e sim como um mero receptor de informações.

No afã de responder a esse e a tantos outros questionamentos, enveredou-se pelos cursos de capacitação. Mas, aos poucos, percebeu que, por mais diplomas que acumulasse, não obtinha respostas de como sanar as dificuldades daqueles alunos aparentemente com problemas de aprendizagem. Numa análise profunda de sua prática, coloca-se como alguém que, como professora, por mais que se esforçasse pela busca de soluções, não passava de um elemento a mais que entrava na vida dos alunos no início do ano e saía no final, para dar lugar e vez a outro professor que viria. Uma personagem de passagem. Essa insatisfação, não por tudo aquilo que tentava fazer de melhor, mas pelo que poderia avançar e desconhecia como, motivava-a a refletir constantemente sobre seu agir como professora, por que fazia determinadas coisas e o que deveria fazer para acertar nos pontos que julgava nevrálgicos na questão da aprendizagem.

Tornamos a enfatizar que ser professor não faz parte de um processo natural. Por mais que o professor goste de sua profissão, isso só não basta. Para se desenvolver profissionalmente, necessário se faz que tome conhecimento das concepções teóricas atuais, no campo da educação, acompanhe as mudanças que ocorrem nesse meio e, a partir delas, ressignifique suas práticas, num processo contínuo de reflexão, preferencialmente coletivo.

A faculdade

A caminho do vestibular

Até um tempo atrás, o curso de magistério dava conta de formar o professor que atuaria nas séries iniciais do ensino fundamental. Porém, com as mudanças ocorridas na sociedade, que passou a exigir cidadãos e docentes mais críticos e autônomos, a Educação viu-se forçada a reformular seus currículos, considerando que somente essa formação inicial do professor não daria suporte para um exercício docente mais competente, dentro do espaço escolar.

Surgiram, então, cursos paralelos ao de formação de professores, a fim de aprimorarem-se em sua prática. Esses cursos receberam e recebem, até hoje, inúmeras nomenclaturas: cursos de reciclagem, capacitação em serviço, formação continuada, enfim, nomes muitas vezes atribuídos por necessidade de se denominar algo que se suponha estar contribuindo para a prática pedagógica.

Em muitos casos, os cursos não passam de mero acúmulo de informações, aglomerados teóricos, de que tentam se apropriar os professores, mas não conseguem alterar sua prática, pois em geral os cursos oferecidos não partem da prática do professor e sim de práticas validadas por outras pessoas, outros pesquisadores, em outros contextos. Outras vezes, oferecem modelos prontos de atividades que já deram certo para outros professores, em outros contextos e outros momentos. Não se problematiza a prática real do professor que freqüenta esses cursos, mas parte-se de práticas previamente planejadas e trazidas para tais cursos de capacitação. O professor, sem oportunidade de expor sua prática e discutir sobre ela, perde boa oportunidade de aprendizagem e reflexão.

Nesse processo de busca pela melhor qualidade no ensino, foi aprovada no ano de 1996 a nova Lei de Diretrizes e Bases da Educação Nacional, Lei Federal nº 9.394/96. Um de seus artigos, especificamente o artigo número 62, deu margem a uma interpretação equivocada. Entendeu-se que o professor, que apenas possuísse o curso de magistério, deveria cursar dentro de um prazo estipulado de dez anos, a contar da data da promulgação da lei, o curso superior de Pedagogia, sem o que não poderia atuar, dali para frente, como professor, posto que apenas o magistério não lhe outorgaria mais o direito de exercício da profissão, dadas as exigências da melhoria da qualidade de ensino.

Um perfil indagador, questionador, inquieto, levou Clara a exigir para si um estudo de qualidade, *'já que tinha que voltar a estudar'*, como ela mesma afirmou (p. 09). Não aceitou o curso relâmpago oferecido pelo governo estadual[5], entre o período de julho de 2001 a dezembro de 2002 aos professores efetivos da rede, desprovidos de formação universitária. Buscou então o vestibular

---

5. PEC – Programa de Educação Continuada.

294   Afetividade e Práticas Pedagógicas

da Unicamp e, aprovada, passou a freqüentar o curso de Pedagogia[6], no ano de 2001. Importante salientar que, ao evidenciar ter ido para o vestibular por exigência da lei, Clara expõe-se em seu relato, buscando ser o mais fiel possível em suas reflexões. Entendemos que um importante passo para o professor que busca melhorar sua prática é começar por não fugir de suas verdades. Enxergar-se como verdadeiramente é, para entender como se constituiu, saber o que busca e que passos dará dentro da profissão, a caminho desse desenvolvimento buscado.

Na universidade

Clara vivenciou situações de reflexão e momentos de perplexidade na universidade, ao tomar contato com teorias que desvelavam quais concepções estavam por trás de alguns materiais que dão suporte ao trabalho do professor. Entre eles, o livro didático. Ao citar essa passagem em seu memorial, nos faz ler nas entrelinhas a maneira como encarava a seriedade daquelas aulas e a importância do professor:

Aqui, na universidade, aprendi, nas aulas do professor André, a analisar minuciosamente os livros didáticos. Nessas aulas, entre as coleções cuidadosamente analisadas, percebemos que nenhum livro ou coleção saiu isento de alguma crítica significativa. Aprendemos a ser muito mais criteriosas na escolha de livros ou materiais para trabalhar com nossos alunos (p. 35).

Na universidade, teve oportunidade de analisar criteriosamente livros didáticos e aprender como olhar para eles com a visão do profissional que quer realmente trabalhar com material significativo e não alienante.

Em determinado momento de sua escrita, Clara chega a essa reflexão: quanto maior o número de pessoas com acesso à escola, maior o controle do Estado sobre o papel do professor e isso passa

---

6. PEFOPEX – Programa Especial de Formação de Professores em Exercício.

pelo livro didático, que pressupõe facilitar a forma como o professor transmitirá os conhecimentos e os valores necessários a determinada sociedade. E conclui analisando, ainda, o fato de a criança chegar à escola com conhecimento de material veiculado pela mídia, noticiários de TV, propaganda, filmes, e outros diferentes programas, deparar-se com o sistema formal de ensino que, na grande maioria das vezes, oferece-lhe apenas o livro didático como material de estudo. Nesse trecho de sua reflexão, tece o seguinte comentário, que não é surpresa para nenhum de nós: *"E ainda, ironicamente, queremos que ela sinta-se motivada por estar ali"* (p. 33).

É evidente a constatação da prática a-histórica da escola a que chegou nossa personagem. Sua própria prática, neste sentido, também precisa ser revista e ela consegue enxergar isso e expor-se. Mas ela não muda porque alguém falou que é necessário. Ela muda porque refletiu sobre o papel do professor e percebeu a necessidade da mudança. Acima de tudo, percebeu que o aluno só se envolve com aquilo que desperta seu interesse. Estava a caminho de entender que a aprendizagem só ocorre quando há envolvimento do sujeito com o objeto e que a afetividade é fator indissociável nesse processo. O aluno não só precisa aprender, mas gostar do que aprende, ver significado naquilo que aprende e daquilo que se apropria. Entender, compreender.

O papel do professor é propiciar, instigar, gerar conflitos, no sentido de contribuir para que o aluno, na busca de soluções, avance. Sua contribuição nesse sentido é observar para saber o momento e a maneira exata de intervir, auxiliando esse aluno.

Mudanças significativas

Lembranças de professores universitários

Julgamos necessário fazer aqui um comentário sobre a questão da constituição do professor. Uma formação que não gere reflexão, não garante mudança na prática. Trazemos para esta discussão o que diz Pontes (2004) sobre a questão do estudo em cursos de formação continuada:

296 Afetividade e Práticas Pedagógicas

Assim o professor que equivocadamente já passou por processo de reciclagem, treinamento, aperfeiçoamento, capacitação e outros processos de formação limitados, estanques, desconexos, fragmentados(...), vê-se diante da exigência de superação dessas concepções fragmentárias, exclusivas, maniqueístas ou polarizadas de formação" (p. 31).

Nesse sentido, Clara evidencia o significado que o curso do PEFOPEX teve em sua constituição como professora. Nomeando em seu memorial cada professor desse curso universitário que contribuiu para que passasse a enxergar detalhes antes não percebidos como importantes no processo escolar, ela demonstra que não avançou sozinha e evidencia a necessidade da interação entre professor e aluno para que ocorra a aprendizagem – a mudança. Como aluna, vivenciou isso e, escrevendo sobre seus professores e a forma como discutiam em aula, deixa claros os laços afetivos entre eles.

Importante ressaltar que a afetividade passa também por relações de segurança em relação ao conhecimento com o qual se trabalha, não se constituindo de diálogos adocicados, nem de contatos epidérmicos apenas. A esse respeito, Leite e Tassoni (2005) enfatizam que:

É importante destacar que a afetividade não se restringe ao contato físico. Como salienta Dantas (1993, p.75), conforme a criança vai se desenvolvendo, as trocas afetivas vão ganhando complexidade: "As manifestações epidérmicas (...) se fazem substituir por outras, de natureza cognitiva, tais como respeito e reciprocidade" (p .8).

Sentindo segurança em seus professores, Clara teve elementos para poder buscar complementos de leitura e verificar onde realmente residia a fundamentação do que ouvia:

Um dia, logo no 1º semestre, o professor Adolpho, que então ministrava a disciplina de Prática Pedagógica, falou sobre algumas citações dos PCN. Não fez críticas declaradas, mas pudemos

Análise de um memorial de formação: a afetividade no processo de constituição de uma professora 297

perceber claramente que ele as fazia. Indaguei-lhe o porquê de alguns professores da Unicamp posicionarem-se contra os PCN, se no cotidiano da escola eles eram nosso apoio, pois davam a direção para nosso trabalho. Não obtive resposta, mas sim outra pergunta: "E você acha que isso acontece por acaso?" Ele deixou-me a pergunta e eu, intrigada, comecei a pensar mais sobre o assunto. Confesso que foi difícil enxergar a resposta que hoje me parece tão óbvia. Voltei a falar com o professor e obtive a confirmação: os PCN são criticados exatamente por aquilo que nós, professores, achamos que eles têm de bom, direcionam nosso trabalho. Era isso! Como pude demorar tanto a perceber algo que me parece tão evidente? As Propostas Curriculares do Estado e os PCN, embora nem sempre, ou quase nunca tenhamos consciência disso, afetam diretamente nosso trabalho pedagógico, na medida em que são compreendidos como orientação a ser seguida. Confesso que fiquei chocada! (p. 26 e 27).

O fato de o professor instigar o aluno, desejando que avance em sua aprendizagem, implica a presença de afetividade no processo. As trocas, os diálogos e os questionamentos são importantes componentes dessa relação.

Clara registrou os passos de seu crescimento como aluna, como aprendiz, como professora, como indivíduo que reflete, como profissional consciente que reflete em sua prática aquilo que aprende porque internalizou de forma significativa sua conceituação. Deixa claro que não discrimina totalmente os PCN nem os livros didáticos. Enxerga uma possibilidade desses materiais serem parte do material de consulta do professor, ao preparar suas aulas, e não fonte única para o exercício pedagógico.

O professor pode transformar seu trabalho se quiser, mesmo com materiais impostos, e fazer disso seu maior desafio como profissional. Evidenciar sua não-subserviência aos modelos pré-formatados e impostos, é papel do professor que se preocupa verdadeiramente com os avanços do aluno em termos de aprendizagem. O professor geralmente não aceita o que é imposto, em especial se contrafeito às suas crenças.

Esse novo olhar sobre a prática pedagógica, por parte do professor, favorece a criação de vínculos de afetividade entre o aluno e o objeto de estudo. Clara revela-se ciente da importância de valorizar o conhecimento do aluno para ampliar as possibilidades de sua prática: *"Tenho que admitir que também aprendi muito com as informações que as crianças trouxeram e, além disso, tive que pesquisar sobre muitas coisas que até então não sabia"* (p. 60).

Partindo do conhecimento prévio do aluno

A valorização do que o aluno sabe, a forma como aprende, o olhar do professor, tudo contribui para que aumente a auto-estima da criança e isso influi de maneira positiva em sua aprendizagem. Leite e Tassoni (2005, p. 11) são claros ao tratarem desse assunto, ao enfatizarem que o professor deve iniciar seu trabalho tendo o aluno como referência: *"Isso significa que planejar o ensino a partir do que o aluno já sabe sobre o objeto em questão aumenta as possibilidades de se desenvolver uma aprendizagem significativa, marcada pelo sucesso do aluno em apropriar-se daquele conhecimento".*

Para Vigotski (1998), em situações de aprendizagem, o ponto de partida é aquilo que a criança já domina e, principalmente, está em processo de apropriação. O aluno, acreditando na sua capacidade de aprender , torna-se mais seguro para expor-se e questionar, contribuindo para uma situação de interação no espaço da sala de aula.

Paulo Freire (2002), preocupado com as questões da aprendizagem relacionadas com a necessidade do vínculo entre professor e aluno, muito falou sobre esse assunto. Tratando de uma situação vivenciada por ele próprio, demonstra a fragilidade do aluno e a necessidade da relação afetiva com o professor, mesmo que através de um simples, mas significativo modo de olhar:

Análise de um memorial de formação: a afetividade no processo de constituição de uma professora 299

Às vezes, mal se imagina o que pode passar a representar na vida de um aluno um simples gesto do professor. O que pode um gesto aparentemente insignificante valer como força formadora ou como contribuição à do educando por si mesmo. Nunca me esqueço, de um desses gestos de professor que tive na adolescência remota. Gesto cuja significação mais profunda tenha passado despercebida por ele, o professor, e que teve importante influência sobre mim. (...) O professor trouxera de casa os nossos trabalhos escolares e, chamando-nos um a um, devolvia-os com o seu ajuizamento. Em certo momento me chama e, olhando ou re-olhando o meu texto, sem dizer palavra, balança a cabeça numa demonstração de respeito e de consideração. O gesto do professor valeu mais do que a própria nota dez que atribuiu à minha redação. O gesto do professor me trazia uma confiança ainda obviamente desconfiada de que era possível trabalhar e produzir. De que era possível confiar em mim mas que seria tão errado confiar além dos limites quanto errado estava sendo não confiar. (...) Este saber, o da importância desses gestos que se multiplicam diariamente nas tramas do espaço escolar, é algo sobre que teríamos de refletir seriamente (p. 47-48).

Percebemos a força do gestual do professor, a força impactante do olhar. O que o professor fala e a forma como age, influenciam de maneira significativa o aluno. Novamente citamos Leite e Tassoni (2005, p. 6), que em seus estudos enfatizam a importância da questão da afetividade e do caráter da mediação no momento da aprendizagem: *"Nesse processo de inter-relação, o comportamento do professor, em sala de aula, através de suas intenções, crenças, valores, sentimentos e desejos, afeta cada aluno individualmente"*.

Nesse sentido, ao longo de seu memorial de formação, Clara deixa evidente a necessidade de o professor rever sua prática e entender o vínculo entre aprendizagem e afetividade. Não encontramos em seu relato algum trecho escrito sobre a questão do olhar da maneira aqui mencionada por nós. Porém, numa análise mais minuciosa de sua reflexão, percebemos que ela sabe do valor que o olhar tem,

300 Afetividade e Práticas Pedagógicas

dessa necessidade de saber enxergar seus alunos: *"(...) cada turma de alunos é única e dentro dela cada um possui sua individualidade. Por isso é fundamental que o professor interaja com seus alunos no sentido de compreendê-los e conhecê-los o máximo possível"* (p. 46).

Ao observar alguns alunos que *"mostravam-se completamente apáticos durante as aulas"* (p. 47) e após tentar de várias maneiras conquistá-los para o aprender, não obtendo o êxito esperado, demonstra, em seu inconformismo, que olhava para eles incansavelmente, refletindo como poderia efetuar alguma mudança a respeito de motivá-los a participarem das aulas:

> *Ficava me perguntando o que havia sido feito até então, por esses alunos. E eu, o que podia fazer por eles? Podia me conformar em ser simplesmente mais uma professora na vida deles, sem ter-lhes acrescentado nada? Como conviver com essa situação, sem ao menos contribuir de alguma forma para fazê-la diferente, ou quem sabe interferir de modo a mudá-la?"* (Rheder, 2004, p. 49).

> *Outro episódio interessante nesse sentido foi uma verdadeira aula de dobraduras que o aluno (...) proporcionou à classe. Começou com uma aluna que se sentava junto no grupo dele vindo reclamar que não agüentava mais ganhar origamis dele. Eu, que nem havia percebido essa habilidade do menino, fui verificar e fiquei encantada com a facilidade com ele faz as tais dobraduras. Não deu outra: dois dias depois, ele foi "professor por um dia", ensinando dobraduras para a classe* (p. 57).

Clara deixa ainda mais visível sua reflexão com a questão da importância do olhar, quando escreve sobre isso, demonstrando o quanto esse fator era premente em sua prática:

> *(...) comecei a me despojar dos óculos antigos com os quais via meus alunos até então, e busquei adotar lentes novas, multifocais, que me permitissem conhecê-los como são. Estava*

aprendendo com eles a ver o outro de modo diferente do que via até então, procurando enxergar neles as habilidades que realmente possuem, e não aquelas que a escola, e eu até então, esperava que eles tivessem. E melhor, acreditava que meus alunos estavam ganhando com isso, pois estavam aprendendo a descobrir-se e percebendo que seus saberes também possuem valor (p.65).

A aprendizagem, para ocorrer, depende do interesse do aluno. Porém, o professor é responsável por propiciar situações favoráveis para que esse interesse surja e a aprendizagem aconteça. Educação e cultura são as bases para qualquer sociedade em desenvolvimento. Segundo Almeida (2003):

> *O professor não só é o mediador entre a cultura e o aluno, mas é o representante da cultura para o aluno. (...) É ele que faz a aproximação do aluno com a cultura de sua época. Tanto a seleção dos saberes como sua transposição didática aos alunos dependem do compromisso e da competência do professor. O aluno está à mercê dele! E quando o professor transmite uma informação está construindo a inteligência e desenvolvendo a personalidade de seu aluno. (...) Wallon ressalta que é dever da escola oferecer às crianças, sem discriminação, o que há de melhor na cultura* (p. 80-81).

Na concepção de Mahoney (2003), faz parte da construção do conhecimento do professor buscar entender o processo de desenvolvimento do aluno:

> *Se tomarmos a teoria de Wallon como instrumento para pensar as atividades em sala de aula, poderemos afirmar que educar significa promover condições que respeitem as leis que regulam o processo de desenvolvimento, levando em consideração (...) as condições de existência do aluno* (p. 17-18).

Para Wallon, que possuía um *"interesse profundo pela educação"* (Mahoney, 2003, p.10), é a própria cultura que cria uma condição motivadora. O motor do processo está na mediação, na qualidade da mediação do professor.

Ampliando os estudos

Para melhor entender a relação afetividade-aprendizagem nas situações específicas que vivenciava com seus alunos, Clara buscou suportes de leituras nas obras de Vigotski, Piaget e Wallon, para quem a afetividade é o fio condutor do desenvolvimento. Esses teóricos, a partir da área da Psicologia, deixaram importantes contribuições para a área da Educação quanto a essas questões. A esse respeito, ela comenta:

> *Minha classe era muito boa de rendimento, era bastante dinâmica e participativa. Eu tinha 33 alunos, porém quatro deles mostravam-se completamente apáticos durante as aulas. Tentei por diversas vezes diversificar as aulas para atrair-lhes a atenção, mas não conseguia avanços significativos. Para mim era difícil entender, pois enquanto alguns alunos chegavam a dizer que a aula estava tão gostosa, que não viram o tempo passar, os quatro ficavam lá, na deles, não faziam, não perguntavam, não discutiam, nem mesmo "incomodavam" as aulas, como seria natural se imaginar a princípio. Dessa forma, para mim, embora nem sempre conseguisse resultados satisfatórios, era um desafio constante a busca de alternativas para trabalhar com esses alunos* (p. 47 e 48).

Desejando um trabalho significativo, após entender o papel da afetividade no processo de aprendizagem, o professor precisa refletir constantemente sobre a concepção de homem que traz consigo. Partindo do pressuposto que o indivíduo é um sujeito sócio-histórico e que sua interação com o meio passa pela cultura, o professor muda totalmente sua ação, em contraste com uma concepção maturacionista, que gera uma prática pedagógica totalmente diferente.

Sabemos que somente a prática do professor não é suficiente para que ele reflita sobre ela e busque mudanças. Tampouco a teoria, sozinha, garante que a mudança ocorra. É da relação entre as duas, teoria e prática, num processo de reflexão contínua, que o professor encontra as condições para mudar. Foi através dos estudos teóricos, que ajudaram Clara a olhar de forma diferenciada para sua prática, que ela pôde afirmar:

> *Com o estudo desses autores, pude concluir que existe entre eles um consenso de que não é possível separar os aspectos afetivos e cognitivos e que a escola, enquanto instituição e lugar de apropriação de conhecimentos, deve estar atenta e levar em conta tanto os aspectos cognitivos quanto afetivos da criança, sem dissociá-los, buscando proporcionar seu desenvolvimento pleno. (...) Hoje sei que a concepção de ser humano é essencial para que o educador possa definir seu papel acerca da relação entre aprendizagem e ensino* (p. 52).

A visão sócio-histórica permite também compreender as idiossincrasias pessoais e isso é fator relevante a ser considerado na escola. Cada aluno é único e aprende à sua maneira. Isso não significa que o professor deva deixar cada um por si mas reforça a idéia da mediação pedagógica, permitindo que o professor procure entender o processo de cada aluno e busque o progresso do aluno na apropriação e produção do conhecimento. Nesse aspecto, conta muito a metodologia que o professor elege para sua atuação. Clara, em seu memorial, demonstra clareza sobre o papel do professor: *"(...)não basta ensinar, faz-se necessário criar condições afetivas para que o aluno goste de aprender"* (p. 54).

Para que o professor saiba que conteúdos eleger para suas aulas, qual a metodologia mais apropriada e de que maneira avaliar seu aluno, necessário se faz que esse professor tenha conhecimento do objeto de ensino com o qual trabalha. As concepções sobre educação mudaram e novas contribuições surgiram de áreas afins e o professor precisa estar atento para não ficar isolado desse processo. O que estamos querendo dizer é que o professor não pode ficar acomodado em sua prática. Precisa ler, estudar, para entender o aluno que está diante dele, pertencente a uma sociedade que avança em suas práticas e conhecimento acumulado.

Sabemos que nesse processo, planejamento e escolha de conteúdos significativos são etapas que contribuem para o sucesso da prática. Leite (2005, p.3) pensa o seguinte a esse respeito: *"Tenho defendido a idéia de que todas as decisões pedagógicas que o professor assume, no planejamento e desenvolvimento do seu trabalho, têm implicações diretas no aluno, tanto no nível cognitivo quanto no afetivo"*. Situações sociais, que fazem parte do cotidiano dos alunos, tornam-se muito mais interessantes que conteúdos estagnados, que nada têm a ver com a realidade fora da escola. Isso só é previsto na prática, se passar anteriormente pelo crivo do planejamento criterioso e centrado nas necessidades do aluno. O professor que planeja suas aulas e acompanha sua realidade, está ao mesmo tempo conectado com as informações recentes e com o conhecimento acumulado, que pode utilizá-los para ampliar os conteúdos que discutirá com seus alunos.

Nesse sentido, Clara evidencia seu desejo de entender o processo de aprendizagem de seus alunos, bem como de acompanhar seus avanços, procurando de forma afetiva, motivos para que participem ativamente de suas aulas:

Um professor preocupado em desenvolver uma prática educativa significativa para o aluno, que crie e intensifique o desejo de aprender, precisa acreditar na capacidade que o aluno possui de transformação, criação, descoberta e crescimento. Tem que considerar que cada aluno traz consigo uma riqueza de experiências, conhecimentos e possibilidades, que dadas as oportunidades, vão se revelando ao longo do processo, na construção do seu próprio saber. Nesse sentido, procurei criar oportunidades para que todos participassem realmente das aulas, explorando o potencial de cada um (p. 56).

Envolvimento com o ensino

O ato de ensinar exige do professor que, em primeiro lugar, goste dessa prática. O aluno envolve-se quando percebe, no professor, laços afetivos que este possui com seu objeto de trabalho. A exemplo disso, lembramos de um trecho de Van Der Veer & Valsiner (2001, p. 27), ao narrarem como Vigotski conseguia manter a atenção de seus ouvintes:

> *Em anos posteriores fez palestras fascinantes que atraíam grandes platéias e tinham um efeito realmente hipnótico sobre a maioria das pessoas. Um de seus alunos descreveu-as da seguinte maneira: "É difícil determinar o que exatamente nos atraía nas conferências de Lev Semyonovich. Além do conteúdo profundo e interessante, éramos encantados pela sua genuína sinceridade, pelo esforço contínuo de se desenvolver, com o qual ele cativava seus ouvintes, [e] pela bela expressão literária de seu pensamento. O próprio som de sua voz suave de barítono, flexível e rica em entonações, produzia uma espécie de prazer estético. Ficava-se com muita vontade de sentir a influência hipnótica de seu discurso e era difícil evitar a involuntária sensação de decepção quando ele terminava"* (citado por Kolbanovsky, 1934c, p. 388).

O aluno percebe quando o professor gosta de ser professor. Galvão (2003) salienta que esse gostar não deve ser entendido como um entusiasmo fictício, *"forjado"*, mas real, *"genuíno e verdadeiro"* (p. 85). Esse gostar envolve o aluno nas situações de aprendizagem, pela emoção que o professor sente ao lidar com seu objeto de trabalho. O acréscimo vem de seu conhecimento, da metodologia que deve ser estabelecida de acordo com o objetivo a que se propõe atingir.

Clara termina seu trabalho demonstrando consciência sobre o importante papel que a escola desempenha na construção do conhecimento sistematizado junto à sociedade, sobre a necessidade de se repensar como e por que se selecionae tal conteúdo e como é

306   Afetividade e Práticas Pedagógicas

trabalhado esse conhecimento. Evidencia sua preocupação com o aluno, indivíduo pensante e agente, e não mero receptor de conhecimentos prontos. Preocupa-se com o importante papel da cultura na formação da sociedade e, consequentemente, do indivíduo e com a ação da escola numa perspectiva democrática. Discute a necessidade de um novo olhar da equipe pedagógica para a elaboração de um trabalho conjunto, que se volte realmente para a aprendizagem do aluno e seu processo, e não meramente para avaliações finais.

Conclui que o professor precisa rever seu papel, olhando para sua prática, valorizando-se como indivíduo e como profissional (p. 11).

Sem medo de expor-se, após tanto refletir sobre sua constituição, mesmo porque a própria escrita do Memorial de Formação exige isso, Clara termina descrevendo como se via no contexto escolar, antes de passar pelo PEFOPEX: *"Tornei-me ciente do papel que exercia dentro do currículo pré-estabelecido: o de transmissora do saber"* (p. 83).

Não nega que ter aprendido mais sobre a Educação e ter revisto sua prática fizeram-na avançar e mudar, mas tal reflexão também a fez, e continua fazendo, sofrer: se de um lado aprendeu como, por que e para que deve mudar, de outro existe o sistema, engessado e ainda detentor do controle, que dita o que e como as coisas devem ser feitas. O enfrentamento com aquilo em que não mais acredita, exige dela, além de coragem, boa dose de utopia:

> *Aprendi muito, mas tenho consciência de que sempre haverá muito a aprender, pois como muito bem disse Paulo Freire "...inacabado, sei que sou um ser condicionado, mas, consciente do inacabamento, sei que posso ir mais além dele" (1993, p. 59). Se antes dessa minha tomada de consciência eu não tinha uma concepção de educação em que acreditar, agora eu a tenho. Tornei-me ciente do papel que exercia dentro do currículo pré-estabelecido: o de transmissora do saber. Agora, porém, numa prática mais consciente, meu sofrimento é muito maior: nego, o tempo todo,*

Análise de um memorial de formação: a afetividade no processo de constituição de uma professora 307

tantos papéis que me atribuem e tantas vezes tenho que trabalhar de forma contraditória às minhas crenças. Mas assumi uma busca constante de ir me aprofundando nas brechas que encontro, acreditando que, aos poucos, posso transformá-las em caminhos de transformação da realidade que se impõe majestosa diante da minha tão pequenina existência. Mas é preciso acreditar. E eu acredito. Tenho consciência de que posso parecer utópica, mas como li no livro do professor Sérgio Leite (2001), as utopias servem para fazer caminhar...(p. 83).

Clara esclarece que, após seus processos de descobertas, perplexidades, decepções, reflexões, percebia saltos positivos depois da crise. O que podemos confirmar, com as palavras encontradas em Vigotski (1999):

Em contraposição àqueles que viam na crise somente decomposição, desmoronamento de todos os pilares, àqueles que se sentiam, conforme palavras do conhecido psicólogo russo N. N. Langue, "na situação de Príamo diante das ruínas de Tróia", Vigotski considerava que na crise atua um princípio não apenas destruidor, mas criador (Epílogo, por M. F. Iarochevski e G. S. Gurguenidze, p. 503).

Embora estivessem tratando da crise na psicologia, na visão de Vigotski crise não é só destruição, mas momento para construir. Em momentos de crise pode haver crescimento. Para Clara, tantas buscas, tantas indagações e tanto aprendizado nunca foram motivos de recuo ou abandono da busca de seu ideal. Queria aprender a ser uma professora que fizesse diferença na aprendizagem dos alunos. E seu esforço contínuo nesse sentido é perceptível, à medida que tomamos conhecimento de seu relato reflexivo como professora.

De todos os trechos de seu memorial de formação, em que ficam evidentes os laços afetivos entre Clara e seus alunos, escolhemos um para finalizar este ponto de nosso texto. Um trecho que retrata não apenas momentos explícitos de amizade e compreensão entre professora e alunos,

308 Afetividade e Práticas Pedagógicas

mas, mais que isso, o respeito de Clara por aquelas crianças e a nítida vontade que ela demonstra em ensinar, além de conteúdos, maneiras que contribuam para que cada aluno sinta-se importante no processo ensino-aprendizagem e desenvolva seu lado cidadão:

> *Visando tornar a aprendizagem e a convivência escolar o mais agradável possível em minha prática na sala de aula, tenho procurado discutir e combinar com os alunos sobre o que será feito, por que e como será feito. Dessa forma, pretendo fazer com que os alunos participem do processo de decisão sobre o que vão estudar, de como será desenvolvido o trabalho e quais os objetivos a serem alcançados. Procuro tornar o processo o mais transparente possível, de tal forma que os alunos possam assumir a aprendizagem como uma responsabilidade individual também, compartilhada comigo, enquanto professora* (p .58).

Conclusões

Elegemos a discussão com o memorial de formação de Clara a fim de retratar quão significativa foi para ela, para sua prática e para seus alunos, a passagem pela universidade, que a fez enxergar muitos aspectos de maneira mais crítica, consciente, principalmente a função da afetividade no processo de ensino-aprendizagem, antes vistas pela ótica do senso comum. A universidade, segundo Soares (2001, p. 22) *"talvez seja a única instituição da sociedade capitalista cuja função e fim é a crítica social aliada à ação social, a única instituição em que é possível viver plenamente a contradição entre crítica e ação, contradição que é o verdadeiro motor do progresso social".*

O que queremos enfatizar é que o caráter da universidade, por ser um centro de criação do conhecimento, pressupõe situações de pesquisas e questionamentos que contribuem para a ampliação do perfil crítico do aluno que ali se insere. Também acreditamos não

Análise de um memorial de formação: a afetividade no processo de constituição de uma professora 309

serem as teorias e os diplomas que farão do indivíduo um bom profissional e sim o que esse indivíduo fará com essas teorias e com os significados de seus diplomas. Muito além dos títulos, que também são importantes e qualificam o profissional, o perfil do educador deve estar fortalecido pelo compromisso com o ato de educar, não cristalizando suas crenças. Nesse momento, o professor torna-se aluno, inverte papéis e necessita também de um aprendizado significativo.

Ninguém escreve um memorial de formação através do que vivenciou na universidade tão-somente: o que constitui esse indivíduo antes e durante esse processo é o ponto de ancoragem para essa ampla reflexão. Toda a vida do sujeito está contida em sua formação, posto que ele é um indivíduo sócio-histórico. Todos os seus momentos acadêmicos, sejam eles universitários ou não, fazem parte de sua constituição como profissional.

Diante do extenso trabalho de Clara em analisar sua prática educativa, pudemos conhecer etapas desses momentos. Trouxemos aqui vivências de uma professora que, ao expor-se em seus relatos, evidenciou quão significativa é a marca da afetividade na constituição do aluno; quão importante é o professor enxergar isso e passar a olhar de forma diferente para a maneira como conduz suas aulas.

Pensamos que, da mesma forma que Clara, também nós, como alunos, temos nossas histórias para contar a respeito de nossos professores. E como professores, sabemos que nossos alunos têm muito que dizer sobre nós. Nossa intenção não foi encerrar a discussão e sim ampliar a reflexão a respeito da questão da afetividade como fator indissociável da aprendizagem. Citamos mais uma vez Almeida (2003) para evidenciar como é gratificante encontrarmos em relatos orais ou escritos, a maneira como certos professores marcam afetivamente seus alunos:

> *Ao falar sobre quando, aos vinte anos de idade, assistiu pela primeira vez a uma aula de Wallon, Zazzo assim se refere ao mestre, que na época contava 50 anos: "Não é de idéias que me apercebo,*

310 Afetividade e Práticas Pedagógicas

não seria capaz de tal, mas de palavras, de um estilo e, através desse sentido, é o homem que adivinho. Esse grande homem ruivo, que me choca com sua espantosa juventude... juventude da voz, juventude do comportamento. Aliás, é nessa altura que descubro com espanto que os adultos podem ser jovens... na disponibilidade, no entusiasmo, na sinceridade que animam um rosto. Então, aquele que possui essa qualidade espiritual da juventude, conservando todo o prestígio do adulto, tem vocação para modelo e mestre (Zazzo, 1978:150-151)" (p. 85).

Na escola, dentro da sala de aula, sendo o principal mediador entre o aluno e o objeto de ensino, ao professor cabe a tarefa de, acreditando na importância de seu trabalho e na capacidade de seu aluno, seduzir esse aluno para a questão do querer aprender, do querer ouvir a lição do dia e a do dia seguinte. Cabe ao professor encontrar meios para despertar no aluno o desejo de estar na escola e na aula. É do professor a tarefa de aumentar a curiosidade do aluno, trazendo para as aulas assuntos que despertem seu interesse e que o motivem para a aprendizagem. Fazer com que o aluno sinta-se afetivamente envolvido com a tarefa de estudar.

Referências bibliográficas

Almeida, L.R. de. Wallon e a Educação, in: Mahoney, A.A. e Almeida, L.R.(org.) *et.al. Henri Wallon – Psicologia e Educação*, São Paulo: 3ª edição, Loyola, 2003.

Arroyo, M. *Ofício de Mestre: imagens e auto-imagens*. Petrópolis, RJ: Vozes, 2000.

Dantas, H. Emoção e ação pedagógica na infância: contribuição de Wallon. Temas em Psicologia. Sociedade Brasileira de Psicologia, São Paulo, nº 3, p.73-76, 1993, in: Leite, S.A. e Tassoni, E.C.M. *Afetividade e ensino*, texto mimeo 2005.

Leite, S.A.S.(org) *et al. Alfabetização e Letramento – Contribuições para as práticas pedagógicas*, Campinas: Editora Komedi, 2001.

Análise de um memorial de formação: a afetividade no processo de constituição de uma professora 311

Leite, S.A. e Tassoni, E.C.M. *Afetividade e ensino*, texto mimeo, 2005.

Foucault, M. *A ordem do discurso*. 10ª edição, São Paulo: Loyola, 2004.

Freire, P. *Pedagogia da Autonomia – Saberes necessários à prática educativa*. 23ª edição, Rio de Janeiro: Paz e Terra, 2002.

Galvão, I. Expressividade e emoções segundo a perspectiva de Wallon. In: ARANTES, V. A. (org.). *Afetividade na escola: alternativas teóricas e práticas*. São Paulo: Summus, 2003.

Mahoney, A.A. Introdução, in: Mahoney, A.A. e Almeida, L.R. (org.) *et.al. Henri Wallon – Psicologia e Educação*, São Paulo: 3ª edição, Loyola, 2003.

Nóvoa, A. Formação de Professores e Profissão Docente. In: Nóvoa, A. (Org.) *Os professores e sua formação*, 2ª edição, Lisboa: Publicações D. Quixote, 1995.

Pontes, A *et al. Educação e Formação de Professores: Reflexões e Tendências Atuais*, São Paulo: Zouk, 2004.

Rheder, L.C.T. *A formação continuada do professor: memórias e reflexões de uma professora em exercício*, TCC, Campinas: Unicamp, 2004.

Soares, M. *Metamemória-memórias: travessia de uma educadora*, 2ª edição, São Paulo: Cortez, 2001.

Van Der Veer, R. e Valsiner, J. *Vygotsky – Uma Síntese*, 4ª edição, São Paulo: Edições Loyola, 2001.

Vigotski, L.S. *Teoria e Método em Psicologia*, 2ª edição, São Paulo: Martins Fontes, 1999.

_____. *A Formação Social da Mente*, São Paulo: Martins Fontes, 1998.

Zazzo, R. *Henri Wallon: psicologia e marxismo*. Trad. Calado Trindade. Lisboa, Veja, Coleção Perfis, 1975/1978.

Impresso por :

Graphium
gráfica e editora

Tel.:11 2769-9056